湖北省学术著作
Hubei Special Funds for
Academic Publications
出版专项资金

司法改革背景下我国民事诉讼运行机制完善研究丛书／总主编　占善刚

民事诉讼运行的内在机理研究

占善刚　著

WUHAN UNIVERSITY PRESS
武汉大学出版社

图书在版编目(CIP)数据

民事诉讼运行的内在机理研究/占善刚著 . —武汉：武汉大学出版社,2020.12(2022.2 重印)
司法改革背景下我国民事诉讼运行机制完善研究丛书/占善刚总主编
湖北省学术著作出版专项资金资助项目
ISBN 978-7-307-21800-0

Ⅰ.民… Ⅱ.占… Ⅲ.民事诉讼—研究—中国 Ⅳ.D925.104

中国版本图书馆 CIP 数据核字(2020)第 179177 号

责任编辑:张 欣 责任校对:李孟潇 版式设计:马 佳

出版发行: **武汉大学出版社** (430072 武昌 珞珈山)
(电子邮箱:cbs22@ whu.edu.cn 网址:www.wdp.com.cn)
印刷:武汉中远印务有限公司
开本:720×1000 1/16 印张:19 字数:271 千字 插页:2
版次:2020 年 12 月第 1 版 2022 年 2 月第 2 次印刷
ISBN 978-7-307-21800-0 定价:88.00 元

总　序

民事诉讼乃为解决民事纠纷而设的司法程序。为妥当地解决民事纠纷，在民事诉讼运行的不同阶段，除应恪守各自固有的程序规范外，更应自觉遵循民事诉讼的基本原理。各国民事诉讼立法虽然具有各自不同的具体程序设计，但蕴含的基本法理是共通的。譬如，各国民事诉讼立法殆皆将处分权主义、辩论主义奉为民事诉讼运行的圭臬，将直接原则、言辞原则立为民事诉讼程序展开的基石。

自 1999 年最高人民法院颁行第一个司法改革五年纲要迄今，中国的司法改革已推行二十余载。从最初的民事审判方式改进、举证责任的落实到近来的互联网法院、诉讼电子化，我国民事诉讼总体上已由职权主义转向当事人主义。在民事诉讼运行中，体认并遵守处分权主义、辩论主义的本旨，明了并贯彻直接原则、言辞原则的要义已成为我国民事诉讼学者与法律职业共同体的共同鹄的。在当前司法改革的大背景下，立足于立法论及解释论，进一步探究民事诉讼运行的基本法理，并就我国民事诉讼运行机制的完善提出科学的学术方案是吾人责无旁贷之职责。受湖北省学术著作出版专项资金项目资助，笔者主持完成的《司法改革背景下我国民事诉讼运行机制完善研究丛书》正是因循这一思路的学术成果。

《司法改革背景下我国民事诉讼运行机制完善研究丛书》以民事诉讼运行原理与我国民事诉讼运行机制的完善为立论基点，分别研究了民事诉讼运行的内在机理及各具体制度良性运作应有的逻辑起点与妥当路径。本丛书共计九册，具体如下：

1. 占善刚博士的《民事诉讼运行的内在机理研究》以程序的整体推进为视角，对民事诉讼运行应遵循的基本法理做了深入的比较法研究；

第一章　民事诉讼运行的基本原则

第一节　民事诉讼运行基本原则之检讨

一、民事诉讼运行基本原则之内涵及确立依据

在现行立法框架中，所谓《民事诉讼法》的基本原则，其实指的乃是《民事诉讼法》第5条至第16条等冠以"基本原则"之名义的法律规范的总称。① 由于《民事诉讼法》仅从外延上对基本原则做了界定，而未能对其下一完整性定义，故关于《民事诉讼法》基本原则之内涵也就仅有学理上的界说了。依照传统的观点，所谓《民事诉讼法》基本原则，是指在民事诉讼过程中起指导作用的准则。毋庸讳言，对《民事诉讼法》基本原则作如此宽泛的解释，显然是由于对"基本原则"这个具有十分普适性的语词仅仅作一般语义学上的梳理并杂糅《民事诉讼法》这一特定界域予以统合而成之结果。唯其如此，这一界说不可避免地因未能精到地解读出关于《民事诉讼法》基本原则的确切内涵而失于肤泛。

---

① 这个结论其实是从《民事诉讼法》第一章标题"任务、适用范围和基本原则"之罗列次序中推衍出来的。该章共计16条法律规范，其中，第1条乃《民事诉讼法》之立法依据的规定，第2条规定了《民事诉讼法》的任务，第3、4条则分别为《民事诉讼法》对事的适用范围以及对人的适用范围之规定，余下诸条法律规范自然皆为基本原则之谓了。不过，传统观点认为，《民事诉讼法》第10条乃基本制度的规定。之所以作如是观，据笔者悬揣，盖因该条文中含有"制度"二字眼之故。依笔者之理解，该项法律规范被指称为基本原则似乎更契合立法之本旨。

或许会有人提出，既然《民事诉讼法》已经厘定了作为基本原则的法律规范，从这些法律规定中简约出关于《民事诉讼法》基本原则的一般性定义岂不是一绝佳路径？但答案显然是否定的。这是因为现行《民事诉讼法》所设定的冠以"基本原则"之名的诸项法律规范所蕴含之要义并非在同一层面上，明显缺乏能够统率各项法律规范之基轴，故而并不能由此衍生出关于《民事诉讼法》基本原则的一般性定义。其实，《民事诉讼法》基本原则作为一种法律规范，其之所以被冠以"基本原则"之字眼，乃是因为这种法律规范最为简括地昭示或者蕴含了民事诉讼的运行机制或曰运作规律，此也即为《民事诉讼法》基本原则所赖以确立的实质依据所在。因之，探寻出民事诉讼的运行机制或曰运作规律，问题亦就迎刃而解了。那么，何谓民事诉讼的运行机制或曰运作规律呢？

人所共知，民事诉讼其实乃国家运用司法力量在当事人等诉讼参与人参加下解决因当事人民事权益受到侵犯或者与人发生争执而由此生成的民事纠纷之动态过程。其中，与案件有着直接利害关系的双方当事人以及代表国家行使审判权的人民法院无疑是民事诉讼最为基本的主体。整个民事诉讼程序即是在双方当事人所实施的诉讼行为与人民法院所实施的审判行为之间的相互交替运作中演绎完成的。当事人诉讼行为与人民法院审判行为彼此之间交互运作所呈现出来的样式不同，民事诉讼的整个结构或曰模式亦就随之大相迥异，在此意义上讲，笔者认为，当事人诉讼行为与人民法院审判行为之间的互动关系，亦就成了民事诉讼的运行规律或曰运作机制。从具体层面加以进一步考察，当事人诉讼行为与人民法院审判行为之间的互动关系事实上则可以直观地化约为当事人诉讼请求与人民法院裁判之间的关系。这是因为：一方面，双方当事人参加民事诉讼的直接目的不外乎为最大限度地求得人民法院作出对自己有利之裁判，这种利益直接体现为在原告诉讼请求是否以及在多大程度上得到了实现，在被告则为诉讼请求是否以及在多大程度上予以了消解。在诉讼中，原告所实施的各种攻击性诉讼行为以及被告所实施的每一防御性诉讼行为，无一不服膺于此并以之为鹄的。由于双方当事人各自所主张的事实最终须在言词辩论程序中进行"短兵相接"式的"正面交锋"方能凸显诉讼程序对于双方当事人之意义，故当事人双方之间的言词辩论行为成为当事人所有诉讼行为之基核。

另一方面，就人民法院而言，其所实施的诸项审判行为最为重要的莫过于裁判这种诉讼行为，这也是由民事诉讼之解决民事纠纷这一目的所决定的。人民法院在作出裁判时不可避免地要涉及两个方面的问题；其一，人民法院应当在什么范围内作出裁判，或者说人民法院裁判之范围与当事人诉讼请求之关系如何；其二，人民法院应当以何种事实作为裁判之基础，或者说，作为人民法院裁判基础之事实与当事人所主张且经过言词辩论之事实之关系如何。对上述两个问题所作的回答亦就成为识别当事人诉讼行为与人民法院审判行为之间互动关系之圭臬，也因此成为判明民事诉讼运行机制或曰运作规律的一块"试金石"。也正因如此，所谓《民事诉讼法》基本原则，其不仅是指能够直接彰显当事人诉讼行为与人民法院审判行为之间互动关系的法律规范，而且应囊括昭示当事人诉讼请求与人民法院裁判之范围以及当事人所主张的且经由言词辩论之事实与人民法院裁判基础之间相互关系的法律规范。

二、我国民事诉讼法中基本原则之分类与检讨

从理论上廓清了《民事诉讼法》基本原则之确立依据及内涵之后，我们即可以此为基准检视现行《民事诉讼法》诸项基本原则了。基于行文方便，笔者试将《民事诉讼法》第5条至第16条这十二项法律规范分为两大类分别加以缕析。

第一类为依照宪法并参照法院组织法而制定的法律规范，它们皆可直接从宪法或法院组织法中找到依据，有的甚至是对后两者相关立法条文的直接摹写。故在刑事诉讼法、行政诉讼法中均可找到与之相类似的法律条文（立法本旨相同）。彼此之间主要或者仅仅存在由诉讼样式不同所决定的个别语词上的差异而已（一者谓"民事"，另二者谓"刑事""行政"）。这类法律规范分别是第6条的民事案件的审判权由人民法院行使原则；第7条的以事实为根据，以法律为准绳原则；第10条的实行合议、回避等制度的原则；

第 11 条的民族语言文字原则；第 14 条的检察监督原则；第 16 条的民族自治地方制定补充或者变通规定的原则。

　　不言而喻，上述 6 种法律规范由于其各自之意蕴不独为《民事诉讼法》所有，更由于其均与当事人诉讼行为与人民法院审判行为之间的互动关系无涉，故我们有足够的理由将其摒除在民事诉讼法基本原则之外。

　　另一类为《民事诉讼法》所特有的法律规范，它们分别是第 5 条的同等原则和对等原则，第 8 条的诉讼权利平等原则，第 9 条的法院调解原则，第 12 条的辩论原则，第 13 条的诚实信用原则和处分原则，第 15 条的支持起诉原则，第 16 条的民族自治地方制定补充或者变通规定的原则。对于这些法律规范，笔者认为：

　　其一，同等原则和对等原则不应作为《民事诉讼法》的基本原则，因为它们其实只不过是关于外国人在民事诉讼地位上享有国民待遇这个问题的两个相因相成之规范，根本就未涉及民事诉讼程序的动态运作过程。

　　其二，法院调解原则亦不能作为《民事诉讼法》的基本原则。因为法院调解这种审判权运作方式由于在适用上须以当事人双方自愿为前提并且须以法院裁判为后盾，故其运作并不具有普适性，因而亦就无法彰显民事诉讼运行的一般规律了。况且，如果法院调解能作为《民事诉讼法》的一项基本原则，从逻辑上讲，在适用畛域上远较其为宽泛的法院裁判则似乎更应成为《民事诉讼法》之基本原则。显然，这是荒谬的。

　　其三，由于辩论原则与处分原则均仅从行为层面上对当事人享有辩论权、处分权这两项诉讼权利作了规范，而对于这两项诉讼权利的行使在结果上会对人民法院的裁判起何种约束作用则未置可否，故其仅为当事人诉讼行为运作之单方规范而未能映现其与人民法院审判行为之间的互动关系，因此，它们同样不能作为《民事诉讼法》的基本原则。

　　其四，支持起诉原则与人民调解原则更不能称做《民事诉讼法》的基本原则。因为不管是支持起诉还是人民调解皆非民事诉讼行为，遑论作为《民事诉讼法》的基本原则了。

念。设若原告的攻击力量大于被告的防御力量抑或与此相反，均会在一定程度上破坏双方当事人之间的攻守平衡从而扭曲、异化民事诉讼结构并最终殃及程序公正的实现。

（2）诉讼权利平等原则另一不可或缺的层面是指人民法院应当保障当事人诉讼权利行使的平等性。人民法院保障当事人行使诉讼权利的平等性其实蕴含着两个方面的含义：其一，它要求法院审判权的运作应定位在保障当事人诉讼权利行使这一层面上。也即在当事人诉讼权利与法院审判权交互运作的过程中，当事人诉讼权利的行使是基点，居于优先审判权行使的本位地位，而审判权的行使，则应以保障当事人诉讼权利的充分实现为宗旨。综观现行《民事诉讼法》，其关于法院对当事人诉讼权利的告知的规定最为直观地体现了这方面的意蕴。《民事诉讼法》这方面的规定有第137条关于开庭审理时询问当事人是否提出回避申请的规定；第128条关于告知当事人合议庭组成人员的规定；第147条关于告知当事人阅读法庭笔录的规定；第148条关于宣告判决时，告知当事人上诉权利、上诉期限和上诉法院的规定等。其二，它要求人民法院审判权对当事人诉讼权利保障的平等性，也即要求人民法院保持审判权运作的中立性，以维持当事人双方之间的攻守平衡，为民事诉讼的良性运作提供保障。这同样是由民事诉讼结构所决定的。从某种意义上讲，法院审判权之功能最为典型地体现在裁判权的实施上。因此，人民法院审判权对当事人双方的主张一视同仁，而不能有丝毫偏袒。从现行《民事诉讼法》的规定来看，体现这一精义的制度安排并不明显，当然这主要是由于法院保持审判权运作的中立性更多的是由具体的审判实践予以关照和回应的。其实，《民事诉讼法》的制度设计与程序安排只要没有障碍，当事人双方攻守力量平衡的因子亦就有足够的理由认为法院审判权运作从制度层面上看是中立的因而也是公正的，从这一认识出发，笔者认为从整体上看，现行《民事诉讼法》在制度设计与安排上基本做到了这一点。至于审判实践中比比皆是的不公正审判现象则更多是缘起于制度外的因素。

三、诉讼权利平等原则贯彻中的制度缺陷及其补正

一如前文所析，尽管从整体上看，现行《民事诉讼法》在制度设计与程序安排上较好地体现了当事人诉讼权利平等原则之要义，然细究起来，立法上关于某些诉讼制度的建构仍未能够较好地体现诉讼权利平等原则。举其荦荦大端，笔者认为有以下三个方面：

其一，立法对被告提交答辩状的约束软化。在民事诉讼中，被告提交答辩状是其针对原告在起诉状（包括口头起诉）中所提主张及事实理由的一种防御，其目的在于消解原告的攻击，以维护自己的合法权益。因此，从一般意义上讲，被告提出答辩状的行为无疑是对其诉讼权利的行使，然而从更深层次的角度考虑，问题似乎并不那么简单。被告是否提交答辩状固然是被告对其自身权利的处分，但是它实际上还关涉到原告是否能借此及时地了解被告的防御要点以便进一步做好出庭准备，更为重要的是，它还关涉到法院能否迅速及时地确定双方当事人之间的争议焦点从而提高庭审效率等更深层面的问题。在此意义上，笔者认为，被告提交答辩状与其说是其所享有的一项诉讼权利，毋宁认为它是被告应尽的一项诉讼义务。

而从《民事诉讼法》第125条的规定来看，立法显然只是将提交答辩状视为被告的一项诉讼权利，而绝少对其有刚性约束。但正是由于立法对被告提交答辩状的行为缺乏应有的刚性约束，而导致审判实践中出现诸多弊端。从我国民事诉讼实践来看，被告一般均不按期向受诉法院提交答辩状。究其原因恐怕在于有相当多的被告，或是担心按期提交答辩状将会使自己的答辩内容在开庭前即被原告所掌握，从而有可能使自己在庭审中处于被动境地，或是出于玩弄诉讼技巧，向原告封锁自己的答辩内容，以便在庭审中展开"诉讼偷袭"并借此获得"攻其不备"的诉讼效果。事实上，这样做的结果，不仅会无谓增加庭审负担，降低庭审效率，而且更为严重的是，它将使原告因此丧失了作为诉讼当事人原本应享有的对于对方当事人诉讼主张的了解权，从而使其处于与被告相比显然并非

公平的诉讼境地。由此观之，如欲避免这一弊病发生，有必要从立法上强化对被告提交答辩状的约束力度并明定被告逾期不提出答辩状所应承担的后果。

其二，被告对原告撤诉权的行使缺乏相应的掣肘手段。毋庸置疑，申请撤诉是专为原告而设的一项诉讼权利。从理论上讲，原告既然享有请求获得司法保护即向法院起诉的权利，当然也就享有在起诉后对该权利予以处分也即向法院申请撤诉以终结诉讼程序的权利。故在法院宣告判决之前，原告均可向法院申请撤诉。这原本无可厚非，但问题在于，请求法院公正裁判不仅是原告同时它也是被告所应享有的一项诉讼权利，因此如果在诉讼过程中任由原告撤诉而无相应的制约手段必然使得被告对这一权利的充分且富于经济的实现大打折扣。况且基于撤诉视为未起诉这一诉讼原则的规制，原告在撤诉后就同一争议再次向法院起诉的，法院仍须受理从而开始新的一轮诉讼，显而易见，这对被告来讲又意味着要支出一笔新的诉讼成本，自然于其极为不公。

尽管《民事诉讼法》规定了法院具有是否准许原告撤诉的最终决定权，从而能在某种程度上钳制原告申请撤诉的随意性。但由于立法并未明定准许或不准许原告撤诉的标准，故而使得这种"钳制"力极富伸缩性。从最高人民法院司法解释的有关规定来看，法院也只是在其准许原告撤诉有使得违反法律禁止性规定之行为得不到纠正之虞的情形下才不准许原告的撤诉申请。由此观之，原告的撤诉申请在绝大多数情况下均会得到法院的准许。况且在"效益原则"的导引下，以裁定准许原告撤诉的方式结案，于法院亦可谓极为经济之举。法院对此恐怕更是"乐此不疲"。然而一如前述，《民事诉讼法》的如此安排"非但保护被告之利益不周"，且使"被告有受讼累之危险"。笔者认为，为求上述弊端的有效革除，有必要在立法上赋予被告掣肘原告轻率行使撤诉申请权的手段，使之能够有效制约原告对撤诉申请权的滥施。在此问题上，我们其实完全可以借鉴国外立法例中的普遍做法，即规定原告申请撤诉，若被告已为言词辩论的，则须征得被告的同意。如此上述目的便不难实现。

　　其三，法院主动调查收集证据之职权的存在直接破坏了法院保障当事人行使诉讼权利的平等性。依照《民事诉讼法》第 64 条的规定，当事人虽然对自己的主张有责任提供证据，但在当事人及其诉讼代理人因客观原因不能自行收集证据以及人民法院认为审理案件需要的情况下，人民法院应负依职权调查收集证据之责。撇开该条规定所存在的法院依职权调查取证范围与当事人举证范围畛域不清之立法缺漏不谈，仅从诉讼权利平等原则着眼，便不难发现，该条文在制度设计上实际上严重背离了诉讼权利平等原则中法院审判权的运作应以保障当事人诉讼权利的平等行使为宗旨这一层面的要义。道理很简单，因为在民事诉讼架构内，民事诉讼活动直接表现为当事人双方所提供的本证与反证之间相互较量的过程，并且法院判决的作出亦完全取决于本证与反证之证明力的强弱对比。而《民事诉讼法》第 64 条所赋予的法院主动调查收集证据之职权的存在使得法院主动"客串"了当事人之角色，导致原本只有当事人双方所提供的本证与反证之间的相互较量直接异变为本证、反证及人民法院主动调查收集所得之证据的三方混战，从而在相当大的程度上改变了本证与反证证明力的强弱对比，打破了双方当事人之间的攻守平衡，使得审判权与诉讼权利之间的运作样式发生了变异。由此观之，完善《民事诉讼法》第 64 条所规定的举证范式实属必要。其实，对其进行完善的立法路径非常简单，笔者认为，只须改该条所规定的人民法院主动调查收集证据之规则为由当事人提出申请，人民法院予以审查之范式即可。申言之，对于当事人因客观原因不能自行收集的证据，须先由当事人提出申请，人民法院方能依职权去调查收集，也即当事人之申请为人民法院调查收集证据的先决条件。而这样的处置自然也就避免了法院审判权僭越当事人诉讼权利的可能性，从而与诉讼权利平等原则相契合。

第二章 民事诉讼运行的诉讼要件

第一节 诉讼要件的一般适用

一、诉讼要件之内涵及立法体现

就民事诉讼而言，起诉通常是指公民、法人或其他组织认为自己的或者依法受自己保护的民事权益受到侵害时，或者与他人发生民事权利义务的争议时，以自己的名义请求法院对该项私权争议行使民事审判权，以期求得司法保护之诉讼行为。从诉讼法理上讲，当事人的起诉，既是其行使诉权寻求司法保护的起点，同时也是法院得以启动民事诉讼程序并进而对民事案件行使审判权的基础和前提。当然，原告如欲使其起诉得到法院的受理并进而作出有效的审理和判决，便应使自己的起诉行为完全符合法定件。申言之，原告的起诉如果与法定的起诉条件不相符合，便将被法院裁定不予受理，从而无法进入后续程序（审理与裁判）。即便原告的起诉因为受诉法院于立案时疏于审查（即误认为其起诉成立）而得以进入本案审理阶段，但据有关规定，受诉法院亦得于终局判决前随时依职权以该项起诉欠缺诉讼要件而裁定予以驳回。依我国现行《民事诉讼法》之相关规定，人民法院对原告之起诉进行审查的过程，同时也就是人民法院决定对原告的起诉是否予以受理的过程，故诉讼要件不仅直接规制原告之起诉行为，更与法院之受理行为密不可分，其重要意义显而易见。

就法院而言，应当如何具体界定原告之起诉是否符合条件，因而是否应予受理呢？就我国现行法层面而言，人民法院显然应以

《民事诉讼法》第119条之要求作为判断标准。而依《民事诉讼法》第119条之规定："起诉必须符合下列条件：（一）原告是与本案有直接利害关系的公民、法人和其他组织；（二）有明确的被告；（三）有具体的诉讼请求和事实、理由；（四）属于人民法院受理民事诉讼的范围和受诉人民法院管辖。"据此，从逻辑上讲，对于原告的起诉，人民法院仅需查明其是否符合上述四项条件即可得出受理与否的明确结论。而且，由此还可进一步得知，凡经法院审查后被裁定不予受理的起诉，均应是有违上述条件的起诉，这似乎是顺理成章、不言自明的事情。然而，如果我们对《民事诉讼法》的相关规定作系统、深入的考察，便会发现事情并非如此简单。具体来讲，在《民事诉讼法》第124条所列不予受理而应分别情形予以处理的七种起诉中，除了第（一）项第（三）项和第（四）项之规定，是从另一个层面对《民事诉讼法》第119条确立的起诉条件第（四）项"属于人民法院受理民事诉讼的范围和受诉人民法院管辖"的要求作进一步的阐释外，其余四种不予受理的起诉并非是因为它们不符合《民事诉讼法》第119条规定的起诉条件。恰恰相反，仅从其文义看，这四种起诉无一不符合《民事诉讼法》第119条所规定的起诉条件。因此，对于这四种起诉，人民法院显然也应予以受理。然而，同是《民事诉讼法》第124条之规定却将它们排除在"必须受理"的起诉范围之外。在此，我们暂且撇开有待完善的条文表述方式不谈，单就两个条款的内容而言，可以断定，它实际上蕴含了这样的要求，即一项起诉的成立（或曰人民法院对原告之起诉予以受理），除了必须符合《民事诉讼法》第119条所规定的四项起诉条件之外，同时尚须避免存在《民事诉讼法》第124条所规定的（二）、（五）、（六）、（七）共计四项不予受理的情形。易言之，在民事诉讼中，起诉的条件实际上是由两个部分构成的：第一个部分是指《民事诉讼法》第119条要求的四项起诉条件；第二个部分则指《民事诉讼法》第124条中如前所述之四种不予受理的情形。前一部分是每项起诉所必须具备的，所以我们将其称之为起诉的积极条件；后一部分是每项起诉必须避开的，因此我们将其称之为起诉的消极条件。我们认为，就民事诉讼而言，起诉条件应当是积极条件与消极条件的有机结合。任何一项起诉，如欲使其成立，得到法院的受理，除了必须具备积极条件外，还须同时避开消极条件。否则，均应将其认定为不合法定条件之起诉。

我国现行《民事诉讼法》虽然已对起诉之积极条件作了正面规定，但基于诉讼法理，以上诸项积极条件中因杂糅了诉的实体保护要素而非纯粹诉的成立条件，故其尚难说是完全合理的。而且，就起诉的消极条件而言，由于其仅仅只是被隐含在现行《民事诉讼法》第124条的相关规定之中而未能得到正面彰显，故较之起诉的积极条件而言，更易被当事人及受诉法院所忽略。因此，为精确规范当事人之起诉行为与人民法院之受理行为，切实保障当事人诉权与人民法院审判权的正确行使，从总体上全面、科学地厘定起诉条件，显然有十足的必要。

一般认为，原告想要获得胜诉判决，其针对被告提起的权利主张必须获得认可，而诉讼要件就是法院在审理及判断是否认可原告权利主张的时候必须具备的事项。通常而言，受诉法院针对构成请求内容的权利主张妥当与否所作的判断称为本案判决，诉讼要件因此可以说是法院作出本案判决的要件。关于诉讼要件，有以下两点值得注意。

第一，如果案件欠缺诉讼要件，法院无需进入或者继续进行本案的审理，而应当以驳回诉的判决终结诉讼程序，在此意义上，诉讼要件是本案审理要件。需要注意的是，诉讼要件是否具备并不是在案件审理前就可以判明的，有的诉讼要件须等到案件进入诉讼程序，进行审理后才能进行判断。因此，诉讼要件并不是开启诉讼程序的要件。

第二，诉讼要件是本案判决的要件，虽然其审理贯穿于诉讼程序的始终，但如果案件欠缺诉讼要件但法院依然作出本案判决则为违法之判决，当事人针对此判决是可以上诉的。

二、积极诉讼要件与消极诉讼要件

1. 积极诉讼要件

依据我国现行《民事诉讼法》第 119 条及其他相关规定，并秉持民事诉讼之基本法理，我们认为，实际上，起诉的四项法定积极条件从理论上可被"浓缩"概括为三个方面：（1）诉之主体须具有当事人能力；（2）该项争议属于法院受理民事诉讼的范围；（3）该项私权争议属受诉法院管辖。

（1）诉之主体须具有当事人能力

在现代法治社会中，私权争议之解决途径颇多，和解、调解、仲裁与诉讼，通常可任由争议主体从容选用。但比较而言，诸种途径中惟诉讼途径之利用须以争议主体具有当事人能力为前提。依诉讼法理，所谓当事人能力，系指私权争议之主体享有诉讼权利、承担诉讼义务，并承受其所实施的诉讼行为所发生之诉讼法上效果的资格，也即能够取得当事人之诉讼地位的资格。有当事人能力者，始得提起（或应对）民事之诉以获得司法救济；无当事人能力者，则概无获得司法保护之可能，其纵然为诉之提起，亦会因所提之诉欠缺主体要件而不能成立。因此，争议主体具有当事人能力显然是诉成立的主体要件，而且是首要要件。依我国现行《民事诉讼法》第 48 条，公民、法人和其他组织可以作为民事诉讼的当事人。故在现行法层面，公民、法人和其他组织均具有当事人能力，得为起诉、应诉之主体。据此，《民事诉讼法》第 119 条第（一）项所述"原告是……公民、法人和其他组织"之话语，即可被解析为与诉之主体须具有当事人能力这项起诉条件相一致。然而，民事之诉的主体并非仅指原告，与原告为私权争议之对造也即被告亦须具有当事人能力，诉之主体要件始告完备。反之，若被告不具有当事人能力，则原告之起诉同样应属不合条件。根据我国《民事诉讼法》第 119 条第（二）项，在被告亦须具有当事人能力这一诉之主体要件的设定上，虽未像该条第（一）项要求原告自身那样明定被告亦须具有当事人能力，但其"有明确的被告"之表述亦可被解释为实际上已蕴涵了要求被告亦须为具有当事人能力之公民、法人或其他组织之意旨。故从整体上讲，诉之主体须具有当事人能力这一起诉（应诉）条件在我国现行《民事诉讼法》第 119 条中已有完整体现之结论，基本上可以成立。

（2）属于法院受理民事诉讼的范围

原告所为之起诉行为，就其目的而言，不外乎欲求得法院终局性地解决其与对方当事人之私权争议。从另一层面观之，实际上亦可认为只有私权争议方可由法院依民事诉讼程序为终局性裁判。故凡不属私权争议之纠纷，概无获得法院受理之可能。对于这一点，《民事诉讼法》第124条第（一）项及第（三）项显然已有相应要求。从诉讼法理出发，法院判断原告所提之诉是否属于其受理民事诉讼之范围，系以该诉的诉讼标的是否属于私权主张为根据。具体而言，即法院通过对原告诉状（或口头起诉）所载明之诉讼请求和该项诉讼请求所赖以支撑的事实之初步审查，首先需对原告所提之诉的诉讼标的是否属于私权争议之主张进行判断，然后再就其是否属于人民法院受理民事诉讼的范围进行认定。但由此出发，《民事诉讼法》第119条第（三）项所列"有具体的诉讼请求和事实、理由"之文字表述作为起诉条件之一，实际上已经"依附"于第119条第（四）项中"属于人民法院受理民事诉讼的范围"这项起诉条件，或者说已被"吸收"了，故其仅在作为原告起诉状所应载明的事项层面上具有单独规范之实际意义。不仅如此，该条文将"理由"与事实并列，且和有具体的诉讼请求一道被设定为原告起诉的条件之一，则更是与诉讼法理不相符合。因为诉讼请求是否有"理由"，主要是在实体上关系到原告所提之诉是否能够以及在多大程度上能够被受诉法院之本案终局判决所认可，其与该诉是否能够在程序上成立也即其是否可以进入案件的审理基本无涉。因此，此等立法表述隐含了一个十分荒唐且充满危险的逻辑结论，即凡因符合法定条件包括经法院审查认定其诉讼请求为"有理由"而予以受理的起诉，无形之中，其原告即大多在逻辑上奠定了胜诉（起码是部分胜诉）的"坚实基础"。然而，这样一来，此后的庭审便会在相当程度上沦为"走过场"，其失当之处显而易见。

（3）该项私权争议须属于受诉法院管辖

基于诉讼法理，若仅就原告所提之诉而言，其成立不外乎应当具备两个条件：其一，诉之主体条件合格，即起诉之主体与应诉之对造均须具有当事人能力；其二，诉之客体条件具备，也即该诉之诉讼标的属于人民法院受理民事诉讼的范围。然而，由于原告起诉之目的乃是在于求得法院之终局判决以为私权争议之解决，故原告之起诉如欲得到法院的受理，仅仅具备该诉的内在成立条件是不够的，其尚须向有管辖权的法院起诉。这是因为，法院虽然负有行使审判权以解决私权争议之职责，然而这毕竟是在宏观意义上而言的。在全国范围内，审判机关乃为一个庞大体系而非"仅此一家别无分店"，故特定原告之特定起诉，即必须确定其应由哪一级别法院以及该级别中哪一具体的法院予以审判。法院就原告所提之诉予以裁判之分工即谓之管辖。就法院而言，其对特定原告之特定起诉具有管辖权乃是其对该诉予以受理并作出本案判决之必备前提。就原告而言，向有管辖权的特定法院去起诉，即成为其起诉能够得到法院受理的一项不可或缺的条件。不过，受诉法院须具有管辖权这一起诉条件，终究不同于如前所述之（起诉的）两项积极条件，从特质上讲，"受诉法院须具有管辖权"，显属起诉得以成立之外在条件，而如前所述之（起诉的）两项积极条件，则皆为诉之成立的内在条件（一为主体条件，一为客体条件）。

2. 消极诉讼要件

依民事诉讼法理及我国现行《民事诉讼法》之相关规定，我们认为，可将起诉的消极条件概括为：（1）不得在双方当事人已经达成有效书面仲裁协议的情况下向法院起诉；（2）不得重复起诉；（3）不得在法律规定的禁止起诉期限内起诉。

（1）不得在双方当事人已经达成有效书面仲裁协议的情况下向法院起诉

仲裁者，乃指当事人双方于私权争议发生前或者发生后，以书面方式合意确定彼此之间所发生之私权争议由双方共同选定的某一机构予以裁决解决之机制。基于私权自治之宗旨，私权争议发生后，双方当事人均可根据自己的意愿，选择其认为合适之方式用以解决该项私权争议，或为仲裁或为诉讼，不一而足。其中，就仲裁机构的性质而言，其为民间性组织，对于私权争议，不像法院那样享有法定的管辖权，其对私权争议之管辖权与裁决权均来源于双方当事人以书面仲裁协议之方式所为之合意授予，故当事人之间达成的有效仲裁协议，实乃仲裁机构得以对该项私权争议进行仲裁之前提与基础。不但如此，而且为保证仲裁机制不因与诉讼机制同时并行或仅为诉讼之前置机制而影响其解决争议的独立性、有效性与终局性，故有效的书面仲裁协议本身还具有排除法院管辖权之效力。易言之，就法院而言，其对私权争议的管辖权之取得固然不同于民间性质的仲裁机构，而是直接由法律加以明定，但这并非不可动摇，对于就不同的争议解决机制享有充分选择权的当事人而言，既然不愿以诉讼的方式去解决彼此间之私权争议，他们选择仲裁途径的意愿无疑应当得到充分的尊重。基于此理，仲裁协议一经有效成立，人民法院便会因此而无权管辖该项仲裁协议所涉之私权争议。此时的私权争议双方即应依约将该项争议提请仲裁而不得就该项争议向法院起诉。我国现行《民事诉讼法》第 124 条第（二）项"依照法律规定，双方当事人达成书面仲裁协议申请仲裁、不得向人民法院起诉的，告知原告向仲裁机构申请仲裁"之规定，即明确反映了这一要求。

（2）不得重复起诉

所谓重复起诉，是指民事案件同一当事人，基于同一事实与理由，就同一诉讼标的，再次向人民法院提起诉讼。因重复起诉不仅徒增当事人之讼累，且对当事人双方而言并无任何实益，故各国民事诉讼立法均对当事人之重复起诉采取明确禁止之态度。具体而言，重复起诉之态式有：其一，对于法院正在进行本案审理之案件，当事人又就同一案件向另一法院起诉；其二，在某一案件已由法院审理终结且其所为之裁判业已确定之情形下，当事人就该案件再次向法院起诉。通常认为，第二种情形乃重复起诉之典型态式。虽然无论何种态式之重复起诉皆被普遍奉行"一事不再理"之诉讼原则的各国立法所明确禁止，但其理由并非同一。譬如，在大陆法系国家，第一种重复起诉之所以被禁止，盖因此时诉讼已在"系属"中，允许重复起诉，便有可能形成两个直接抵触的矛盾判决，从而引起诉讼结果的极大混乱，故必须禁止这种"无益的诉讼"；第二种重复起诉之所以被禁止，则因其直接有悖于生效判决的"既判力"，此种重复起诉不仅会损及法院的应有权威，且会使得当事人之间本已确定的权利义务关系再次处于待决状态。从我国的情况来看，虽然同样奉行"一事不再理"之诉讼原则，但因长期以来缺乏相应的理论指导，亦未引入、移植大陆法系国家的"诉讼系属"理论和"既判力"理论，故在现行立法上，对重复起诉之禁止，缺乏应有的正面强调，至于完备、细致的具体规定则更是付之阙如。此种立法状况，无异于"放纵"和"鼓励"当事人在诉讼实践中屡屡犯禁重复起诉。除《民事诉讼法》第124条从诉讼要件视角反面规定消极诉讼要件外，《民诉法解释》第247条还对禁止重复起诉进行了正面规制。

（3）不得在法律规定的禁止起诉期限内起诉

从原则上讲，当事人行使诉权提起诉讼盖不应有期间之限制，但在某些情形下，基于对相对一方当事人合法权益的特殊保护，便需要从法律上对其行使诉权提起诉讼的初始时间作一定的限制，依据我国现行《民事诉讼法》第124条第（六）项"依照法律规定，在一定期限内不得起诉的案件，在不得起诉的期限内起诉的，不予受理"之规定，不得在法律规定的禁止起诉期限内起诉，显然已构成了原告起诉的一项消极条件。考察我国现行相关立法，此项消极条件之设定，迄今仅见《婚姻法》与《妇女权益保障法》两例。《婚姻法》第34条规定："女方在怀孕期间、分娩后一年内或中止妊娠后六个月内，男方不得提出离婚……"《妇女权益保障法》第42条规定："女方按照计划生育的要求中止妊娠的，在手术后六个月内，男方不得提出离婚……"上述规定的立法宗旨显然在于为女方（及其婴儿）的合法权益提供特殊保护故其正当性与合理性显而易见。但是，这一禁止起诉期限的适用并非绝对。基于对男方合理诉求的理性考虑，为防止矛盾激化，避免可能发生的恶性事件，《婚姻法》第34条、《妇女权益保障法》第42条同时亦规定："……人民法院认为确有必要受理男方离婚请求的不在此限。"此外，由于这一禁止起诉期限乃专为男方所设，故若女方在此期限内提出离婚请求的，人民法院自应予以受理。至于禁止起诉期限届满后，男方可向人民法院提出离婚请求且人民法院应当依法予以受理，则属不言自明之理。

确立基准之变动而更易之必要。①

其二，管辖恒定原则之确立有其必要性。此自反面缕析，则更为明了。设若已系属案件之管辖权因确立之基准的变动而更易，依诉讼法理，则自然有移送管辖制度之适用。也即已为本案审理的法院在上述情况下自应将案件移送给变更后有管辖权的法院去审理。基于民事诉讼中的直接原则与言词原则这两大民事审判基本原则之规制，原受诉法院与当事人两造所为之一切诉讼行为必然皆归徒劳。在原受诉法院，其对案件诉讼资料及证据资料所为之一切判断均不得直接为后一法院所斟酌援用。在当事人两造，其亦尚须在后受诉法院重新开始为诉讼行为。这不仅为司法资源的极大浪费，于当事人两造，更为苦不堪言之举。更有甚者，"诉讼不免因管辖问题而迟延，甚至有难于进行之虞"。②

二、管辖恒定原则的规范检视

按诸现行《民事诉讼法》，管辖恒定原则并未予以确立。不过，《最高人民法院关于〈适用中华人民共和国民事诉讼法〉的解释》（以下简称《民诉法解释》）第 37 条、第 38 条则部分地昭示了这一原则。其中，第 37 条规定："案件受理后，受诉人民法院的管辖权不受当事人住所地、经常居住地变更的影响。"第 38 条规定："有管辖权的人民法院受理案件后，不得以行政区域变更为由，将案件移送给变更后有管辖权的人民法院。判决后的上诉案件和依审判监督程序提审的案件，由原审人民法院的上级人民法院进行审判；上级人民法院指令再审、发回重审的案件，由原审人民法院再审或者重审。"

---

①　显而易见，管辖恒定原则不仅于第一审程序中适用，于上诉审程序亦同样适用。质言之，举凡诉讼系属时有管辖权的法院于诉讼系属中虽有管辖因素之变更，但在其所系属之程序中仍自始至终拥有管辖权。不惟如是，受诉法院为本案判决后，上诉法院应为原诉法院的上一级法院，而非为变更后有管辖权法院之上一级法院。

②　王云五：《云五社会科学大辞典（法律学）》，台湾商务印书馆 1971 年版，第 395 页。

考察该两项司法解释，其系分别从法院管辖权之确立基准与受诉法院辖区这两个层面解读管辖恒定原则的。毋庸置疑，由于该两项司法解释部分地消弭了立法上的缺漏，相对于立法在管辖恒定原则上的付之阙如来讲，有其可取之处固不待言。然则若从整体上对上述司法解释的内容作粗浅梳理，便不难窥见其本身亦存在缺漏。举其著者，概有以下两端：

其一，该两项司法解释所确立的管辖恒定原则仅仅关涉地域管辖恒定之适用，于级别管辖恒定则未为明定，故而在适用畛域上失之偏窄。

其二，该两项司法解释将管辖权确定之基准时界定在受诉法院受理案件之时，而非为当事人起诉之时颇失允洽。因为一如前述，受诉法院有管辖权乃诉的成立要件之一。当事人为诉之提起，诉讼即已开始系属于受诉法院，而受诉法院受理了当事人之起诉则标志诉讼开始进入本案审理程序，两者显然非为同一。故受诉法院审查其有无管辖权，自应以当事人起诉之时为断，受诉法院于当事人起诉之时有管辖权者，则对该案件恒有管辖权。不宁惟是，由于依据现行民事诉讼法之规定，受诉法院立案受理阶段距当事人之起诉尚有七日之隔，在此期间，确定管辖权之因素发生更易显然并非毫无可能之事。果复如此，依照上述司法解释之规定则并无管辖恒定原则之适用。很显然，这在一定程度上限定了管辖恒定原则之完整适用。故无论从哪一层面讲，皆应以当事人之起诉为确定管辖权之基准时。

三、管辖恒定原则的立法矫正

一如前述，笔者从诉讼理论上对管辖恒定原则之内涵及其确立依据作了一番粗浅的缕析，并在此基础上初步检视了《民诉法解释》第37条、第38条所确立的管辖恒定原则所存在之纰漏。笔者认为，由于司法解释本身尚具有刚性不足之固有弊端，故更会在一定程度上阻碍管辖恒定原则在我国民事审判实践中的充分适用，因此，在立法上明定管辖恒定原则实有十足之必要。笔者认为，从立法技术上着眼，不妨借鉴国外立法之通例，也即以正面简括地胪陈管辖恒定原则为要旨,① 而非如《民诉法解释》第 37 条、第 38 条对其作繁琐之铺陈。立法条文可以这样表达:"受诉法院管辖权之确定,以当事人之起诉为准。"

第三节 普通地域管辖与特别地域管辖

一、地域管辖的学理分类

从世界各国民事诉讼立法的规定来看,民事诉讼案件的地域管辖通常被分为三类,即普通地域管辖、特别地域管辖和专属地域管辖。这也是我国民事诉讼法的分类。然而,如果悉心考察我国现行《民事诉讼法》关于特别地域管辖的规定并将其与普通地域管辖及专属地域管辖之间的关系作一番粗浅的梳理,便不难发现:由于现行《民事诉讼法》关于特别地域管辖之规定所存在的瑕疵导致这三种地域管辖彼此之间的逻辑关系不甚清晰,适用畛域不甚明了。

通常认为,特别地域管辖是指以诉讼标的之特殊性与特定管辖法院的必要性所确定的管辖。② 特别地域管辖、专属地域管辖均是相对于普通地域管辖而言的。《民事诉讼法》之所以在规定了普通地域管辖的同时另行设置特别地域管辖和专属地域管辖是因为民事诉讼中某案件在诉讼标的诸要素上具有特殊性,如果遵循普通地域管辖的规则,确定与当事人所在地有辖区隶属关系的法院为唯一有管辖权的法院,在审判实践中则不免会发生既不能便利当事人进行诉讼活动,又不能方便法院对这些案件进行审判的情形。这还会无谓增加当事人及受诉法院在人力、物力、财力方面的各项投入,于诉讼成本之控制极为不利。故此《民事诉讼法》针对这些案件的特殊性,"另辟蹊径",设定了以诉讼标的诸要素作为确立管辖法院的连接点从而有别于普通地域管辖纯以当事人所在地为确立管辖

---

① 譬如日本《民事诉讼法》第 15 条规定:"决定法院管辖,应以提起诉讼为标准"。

② 柴发邦:《民事诉讼法学新编》,法律出版社 1992 年版,第 136 页。

法院的连接点的管辖制度。其目的在于兼顾双方当事人的利益，并求诉讼进行之便利。正是因为特别地域管辖与专属地域管辖均以诉讼标的诸要素作为确立管辖法院的连接点，准确地讲，是以诉讼标的物所在地或者引起法律关系发生、变更、消灭的法律事实所在地作为确立管辖法院的连接点，所以与普通地域管辖之对人管辖的性质不同，特别地域管辖与专属地域管辖在管辖性质上皆为对事管辖或曰对物管辖。尽管如此，特别地域管辖与专属地域管辖并未完全趋同，两者之间的差异仍然非常显明。这种差异性体现为它们在适用上仍具有不同的特质。① 就特别地域管辖来讲，其适用不排斥普通地域管辖之适用。也就是说，适用特别地域管辖的案件，依诉讼标的诸要素所确定的法院固然有管辖权，被告住所的法院也同时拥有管辖权，两者之间实际上为一种选择适用的关系。而具体选择向哪一个法院起诉，完全取决于原告的意愿。"特别审判籍与普通审判籍并存时并不互相排斥，原告得向其中任何一法院起诉。"② "诉讼虽有特别管辖，如非专属管辖者，原告得仍向普通管辖法院起诉，被告无要求原告向特别管辖法院起诉之权。"③ 与特别地域管辖之于普通地域管辖为选择适用之关系截然相左，专属地域管辖在适用上则具有绝对的排他性或曰独占性。申言之，举凡属于专属地域管辖的案件，除了法律明定的某一或某几个法院有管辖权外，其他任何法院均无管辖权。当事人固然不能依合意而变更，亦不能如普通审判籍与特别审判籍，遇二者并存时，得任向其中一个法院起诉。由是观之，是否能同时适用普通地域管辖实乃特别地域管辖与专属地域管辖实质性差异之所在。

---

① 由于适用特别地域管辖的案件与适用专属地域管辖的案件为不同种类、性质的案件，因此它们之间在适用上肯定是相互排斥的抑或不发生任何关联，此处所谓特别地域管辖与专属地域管辖在适用方面具有不同特点是以它们与普通地域管辖之间的关系作为基轴进行分析的。

② 《云五社会科学大辞典（法院学）》，台湾"商务印书馆"1971年版，第221页。

③ 姚瑞光：《民事诉讼法》，台湾大中国图书公司1981年版，第27页。

二、地域管辖的规范检视

从诉讼理论上厘清了特别地域管辖与专属地域管辖之间的差异后，我们便可以此为基准检视我国现行《民事诉讼法》关于特别地域管辖之规定所存在的舛误进而探寻消弭这一立法舛误之路径。现行《民事诉讼法》从第 23 条到第 32 条分别规定了九类案件的特别地域管辖，综观这些立法规定，其所存在的舛误大抵可缕析为以下两端：

其一，《民事诉讼法》第 23 条、第 24 条、第 25 条、第 26 条、第 27 条、第 28 条、第 29 条、第 30 条所规定的合同纠纷案件、保险合同纠纷案件、票据纠纷案件、公司运营纠纷案件、运输合同纠纷案件、侵权行为案件、交通事故请求损害赔偿案件、海事损害事故请求损害赔偿案件等七类案件的特别地域管辖无一例外地均将被告住所地作为确立管辖法院的一个连接点，尽管其仅是可供当事人选择的确定管辖法院的多个连接点之中的一个。然而正是"被告住所地"这一本属对人管辖即普通地域管辖之连接点的掺入，使得《民事诉讼法》所规定的这七类案件的特别地域管辖失去了其本应有的对事管辖或曰对物管辖之性质而杂糅了普通地域管辖之对人管辖的属性从而直接有悖诉讼理论。或许人们不禁要追问，立法为何会有如此"荒诞不经"之规定呢？其实，这缘起于现行《民事诉讼法》对 1982 年颁行的《民事诉讼法（试行）》在特别地域管辖上的修改。其所作修改，举其荦荦大端则为现行《民事诉讼法》在删除了试行法第 29 条"执行本法第 22 条至第 28 条确有困难的，可以适用第 20 条和第 21 条的规定"① 之同时将"被告住所地"作为上述七类特别地域管辖法院之连接点。平心而论，现行

---

① 《民事诉讼法（试行）》第 22 条至第 28 条皆为特别地域管辖之规定，在这些条文中，均无"被告住所地"之字眼，从而保有了特别地域管辖之对事管辖或曰对物管辖之性质。但该法第 29 条之规定则明显扭曲了特别地域管辖与普通地域管辖之关系。该法第 20 条和第 21 条为普通地域管辖之规定，前者确定由被告住所地法院管辖，后者则确定由原告住所地法院管辖。

《民事诉讼法》所作的上述安排在某种意义上无疑是正确的，因为一如前文所析，特别地域管辖之于普通地域管辖绝非试行法第29条所昭示的前者的适用优先于后者的适用之关系①，而是一种选择适用的关系。故现行《民事诉讼法》删除试行法第29条的规定勿容置疑应当予以肯定，而将"被告住所地"作为上述七类特别地域管辖案件之确立管辖法院的一个连接点，因凸显了特别地域管辖与普通地域管辖之选择适用关系同时亦因之将特别地域管辖与专属地域管辖相区别开来，因而也并无不当之处。然而，它也仅仅在这一点上才具有实际意义，从诉讼理论上讲，《民事诉讼法》作如此处置毋宁认为纯属"画蛇添足"。

其二，《民事诉讼法》第31条、第32条关于海难救助费用案件与共同海损案件这两类案件的特别地域管辖之规定并未继续因袭第23条至第30条所规定的八类案件特别地域管辖之立法样式，也即没有将"被告住所地"同时列为确立管辖法院的连接点。特别地域管辖立法样式的前后龃龉虽然从法律适用上讲并没有让人产生茫然无所适从之感，但立法理路上的逻辑紊乱则"昭然若揭"。尽管从诉讼理论上讲，《民事诉讼法》第31条、第32条之规定较之第23条至第30条的规定更为合理，但若据此认为，海难救助费用案件与共同海损案件的特别地域管辖亦不排除被告住所地法院拥有管辖权的话则显然是对立法文本的重大"误读"。按立法意旨，海难救助费用案件与共同海损案件之特别地域管辖显而易见是排斥了被告住所地法院所同时拥有的管辖权的。而由此所衍生出的一个问题是：既然这两类案件的特别管辖法院与被告住所地法院无涉（当然，这并不排除立法上所规定的管辖法院与被告住所地法院产生事实上的竞合），关于这两类案件的特别地域管辖与《民事诉讼法》第34条所确立的不动产纠纷案件、港口作业纠纷案件、继承遗产纠纷案件等案件的专属地域管辖则不论是在设定目的上、管辖

---

① 尽管《民事诉讼法（试行）》第29条没有明定特别地域管辖之适用优先于普通地域管辖之适用，但这一结论显然可以从该条文所蕴含的意旨中推衍出来。

性质上抑或适用规则上①岂不均无二致？既然如此，设置海难救助费用案件、共同海损案件的特别地域管辖岂不是徒有具文？

三、地域管辖的立法完善

基于前文在阐释特别地域管辖与普通地域管辖之一般关系的基础上针对现行《民事诉讼法》关于特别地域管辖之规定所存在的瑕疵所作的逻辑上的实证分析，为求立法之完善，笔者提出以下两点立法建议：

其一，删除《民事诉讼法》第 23 条至第 30 条等立法条文中"被告住所地"等字眼，还特别地域管辖以"庐山真面目"，同时考虑到现阶段我国公民之法律智识在理解特别地域管辖与普通地域管辖之关系上所可能存在的障碍，增设彰显特别地域管辖与普通地域管辖之间为选择适用之关系的衔接性条文。

其二，权衡海难救助费用案件与共同海损案件这两类案件之特质，以决定是否有必要在立法例上将它们一并纳入专属地域管辖。

第四节　专属地域管辖之特质

从诉讼理论上讲，民事诉讼之地域管辖，依管辖权之确定标准与适用之特质，别为一般地域管辖、特别地域管辖与专属地域管辖三类。《民事诉讼法》关于地域管辖之分类大率因之，然从其关于专属地域管辖的规范来看，专属地域管辖适用之特质在立法文本中并未得以真正彰显。盖《民事诉讼法》第 33 条虽然规定了不动产纠纷、港中作业中发生的纠纷、继承遗产纠纷这三类民事案件为专属地域管辖案件，分别专属于不动产所在地人民法院、港口所在地人民法院、被继承人死亡时住所地或者主要遗产所在地人民法院管辖，惟在适用上，这三类专属地域管辖案件与一般地域管辖案件（《民事诉讼法》第 21 条、第 22 条）和特别地域管辖案件（《民事诉讼法》第 23 至第 30 条）究有何区别现行立法上却语焉不详，

---

① 它们均不属于可由当事人协议管辖的案件之列。因为依照《民事诉讼法》第 34 条的规定，允许当事人协议管辖的案件仅限于合同纠纷案件。

学界亦鲜有专门探究。这无疑在一定程度上妨碍了专属地域管辖在民事审判实践中之正确适用。笔者认为，专属地域管辖在适用上委实有不同于一般地域管辖与特别地域管辖之诸多特质，端以其一般适用、不许当事人两造以协议变更、不许当事人为诉之追加或提起反诉、无管辖权法院所作之判决得为上级法院撤销等四个方面为著。

一、专属地域管辖案件排斥一般地域管辖之适用

自诉讼理论以言，专属地域管辖一如特别地域管辖，二者俱以与诉讼标的有涉之因子作为确定法院管辖权之基准。准此以解，专属地域管辖与特别地域管辖皆非如一般地域管辖之以当事人住所地作为确定法院管辖权的基准。故专属地域管辖与特别地域管辖从性质上讲均为对事管辖或曰对物管辖，从而有别于一般地域管辖之对人管辖之性质。尽管如此，专属地域管辖与特别地域管辖断非已趋于同一，彼此之间在适用上尚存有分际。举其荦荦大者，以在适用上是否排斥一般地域管辖之同时适用为著。质言之，在诉讼理论上，特别地域管辖案件并不排斥一般地域管辖之同时适用。也即在民事诉讼中，举凡适用特别地域管辖的案件，依诉讼标的诸要素所确定的法院固不无管辖权，被告住所地法院亦同时拥有案件之管辖权。而具体选择向哪一法院起诉，则悉取决于原告之意愿。《民事诉讼法》多将被告住所地作为确定特别地域管辖案件法院管辖权基点之一即明示斯旨。①

---

① 客观而论，现行立法关于特别地域管辖所作之上述安排颇失允洽。盖在特别地域管辖案件的法院管辖权之确定上，掺入被告住所地这一本属于一般地域管辖权确立基准之因素，虽彰显了一般地域管辖与特别地域管辖之选择适用关系，固与诉讼理论相伴，然立法作如此处置则显然扭曲了特别地域管辖之对事管辖或曰对物管辖之性质从而直接与诉讼理论大相睽异。不惟如此，现行立法关于特别地域管辖之规范，在立法样式上亦存有前后抵牾之弊。表现为《民事诉讼法》第 23 条至第 30 条所规定的合同纠纷等七类特别地域管辖案件中将被告住所地作为确定法院管辖权基点之一，而第 31 条、第 32 条所规定的海难救助费用案件，共同海损案件这两类特别地域管辖案件却并未一仍前者亦将被告住所地同时列为法院管辖权之确立因素。

与特别地域管辖案件不排斥一般地域管辖之同时适用大相悬绝，专属地域管辖案件则具有排斥一般地域管辖同时适用之特质。也即举凡属于专属地域管辖之案件，惟立法所明定某一或某几个与诉讼标的诸要素有涉之法院方有管辖权，而被告住所地法院并不同时拥有管辖权。此观《民事诉讼法》第33条所规定的不动产纠纷等三类专属地域管辖案件皆未将被告住所地作为确定法院管辖权基准之一足可为此解释。一言以蔽之，"诉讼虽有特别管辖，如非专属管辖者，原告仍得向普通管辖法院起诉，被告无要求原告向特别管辖法院起诉之权"。①

二、专属地域管辖案件排斥协议管辖之适用

协议管辖者，谓民事诉讼中，当事人两造于纠纷发生之前或发生之后以明示或默示之方式合意定管辖法院之制度。综观国外立法例，确定协议管辖制度几为通例。譬如，德国《民事诉讼法》第38条第1款规定："本来没管辖权的第一审法院，可以因当事人间明示的或默示的合意而取得管辖权……"第39条规定："在第一审法院里，被告不主张管辖错误而进行本案的言词辩论时，也可以发生管辖权。"日本《民事诉讼法》第11条规定："当事人以第一审为限，可以协议决定管辖法院。"第12条规定："被告在第一审法院不提出违反管辖的抗辩而对本案进行辩论或者在辩论准备程序中不提出违反管辖而进行陈述时，该法院则拥有管辖权"。盖民事诉讼既以私权纠纷之解决为目的，本诸私权自治之原则，自无不许当事人两造基于各种利益考虑合意选择管辖法院以更易法定管辖法院之理。惟协议管辖之适用并非无任何限制，征诸国外立法之通例，就案件范围而言，端以任意管辖案件为限始得许当事人两造选择管辖法院，专属地域管辖案件皆不在当事人可选择之列。② 良以

---

① 姚瑞光：《民事诉讼法论》，台湾大中国图书公司1981年版，第27页。
② 如德国《民事诉讼法》第40条第二款规定："……对诉讼定有专属审判籍者，不得成立管辖的合意。此种情形，也不得由于不责问地进行本案辩论而发生管辖权。"日本《民事诉讼法》第13条规定："本法……前两条之规定在法律对诉讼有专属管辖规定的情况下，则不适用。"是为适例。

专属地域管辖制度之确立："除为便于调查证据外，尚有立法政策上，于公益认为有专属管辖之必要的原因。"① 苟专属地域管辖案件亦可一任当事人之意愿而为管辖法院之选择，殊与专属地域管辖之本旨相违。《民事诉讼法》第 34 条一如国外立法之通例亦确立了协议管辖制度。该条规定："合同或者其他财产权益纠纷的当事人可以书面协议选择被告住所地、合同履行地、合同签订地、原告住所地、标的物所在地等与争议有实际联系的地点的人民法院管辖，但不得违反本法对级别管辖和专属管辖的规定。"惟因《民事诉讼法》所定专属地域管辖案件仅为不动产纠纷、港口作业纠纷和遗产继承纠纷这三类民事案件皆非为合同纠纷案件，故第 34 条"……不得违反……专属管辖的规定"之设徒有具文，初无任何实益。因循立法之意旨，协议管辖于一般地域管辖案件、合同纠纷案件以外的特别地域管辖案件及专属地域案件皆无适用余地，故排斥协议管辖之适用之特质，似不为专属地域管辖案件所独有，于一般地域管辖案件及合同纠纷案件以外的特别地域管辖案件亦同样具备。然则，依笔者之见，毋宁认为此乃现行立法关于适用协议管辖案件范围之规定过狭所由致，理论上殊难作同一解释，此观前述德国、日本之立法例即不难明了。是故修正《民事诉讼法》第 34 条，拓宽协议管辖之适用范围以凸显专属地域管辖排斥协议管辖之适用之特质洵属必要。为求立法之同一，笔者认为，国内民事案件协议管辖之适用范围似可一如涉外民事案件之协议管辖，即于所有的财产权益纠纷案件皆有适用余地。

三、专属地域管辖案件阻却诉之追加与反诉之成立

民事诉讼乃以解决私权纠纷为目的，为求私权纠纷之一次性解决并避免受诉法院就同一事实问题为相互抵触之裁判，各国立法例皆有诉之追加与反诉制度之设。诉之追加者，谓在诉讼系属中，当事人向受诉法院提起一独立新诉以与原有旧诉由受诉法院合并审理

———————
① 姚瑞光：《民事诉讼法论》，台湾大中国图书公司 1981 年版，第 27 页。

的制度。所谓反诉，是指在诉讼系属中，本诉被告以本诉之原告为被告向原受诉法院提起旨在抵销或吞并本诉的诉讼请求之诉的制度。不言而喻，不管是诉之追加抑或是反诉，二者的实质俱在于将两个或两个以上彼此之间具有内在牵连关系的诉由同一法院予以合并审理并统一作出裁判。由此滋生一问题，即成立诉之追加或反诉是否须以原受诉法院对原告所追加之诉或被告所提之反诉同时拥有管辖权为前提。征诸国外立法例，皆未有此种规定。推原其故，盖因诉之追加或反诉之提起，虽在一定程度上有滞延原有诉讼程序进展之虞，然若立法对当事人的诉之追加或反诉之提起予以过多限制，譬如一律要求原受诉法院对原告所追加之诉或被告所提之反诉同时拥有管辖权，则不免在很大程度上阻却诉之追加或反诉制度的适用从而会部分地影响到诉之追加或反诉制度设置宗旨之实现。两者相衡，自当以后者为重。① 因此，诉之追加与反诉之适用不以受诉法院对追加之诉或反诉同时拥有管辖权为前提条件。但原告所追加之诉或被告所提之反诉若系专属地域管辖案件，则难循斯旨，须原受诉法院对其同时拥有管辖权始得适用。概而言之，若原受诉法院对新诉无管辖权，当事人对该新诉便不得以反诉或追加之诉之态式提出，而只能由当事人另行向对该诉拥有管辖权的法院提起。虽然作如此安排间或滋生在同一事实问题上裁判抵牾之弊，亦不得不如此，此乃专属地域管辖之"专属"本质使然。若基于某种利益考量而更易专属地域管辖之适用，自有违专属地域管辖之本旨。按诸国外立法例，要皆专明定属地域管辖案件阻却诉之追加与反诉之适用。譬如，日本《民事诉讼法》第13条规定："本法第4条第1款、第5条至第7条以及前两条规定，在法律对诉讼有专属管辖规定的情况下，则不适用"。② 又第146条规定："被告以与本诉标的

---

① 不过，为从整体上求二者之均衡，国外立法率皆对诉之追加或反诉之提起之诉讼阶段有所限制。如日本《民事诉讼法》将诉之追加与反诉之适用均定在言词辩论终结以前即其著例。

② 日本《民事诉讼法》第7条规定："在一个诉讼中提出几个请求时，可向对于其中一个请求拥有管辖权的法院提起诉讼……"

的请求或者防御方法有关联的请求作为标的为限，可以在口头辩论终结之前，向本诉系属的法院提起反诉。但是，反诉标的的请求属于别的法院专属管辖……则不在此限。"

综观现行《民事诉讼法》，诉之追加制度在立法上付之阙如，《民事诉讼法》第51条虽有"反诉"一语，却并无反诉制度之具体设置。从《民诉法解释》第232条"在案件受理后，法庭辩论结束前，原告增加诉讼请求，被告提出反诉，第三人提出与本案有关的诉讼请求，可以合并审理的，人民法院应当合并审理"之规定来看，① 对于原告所增加之诉讼请求与被告所提之反诉是否要求非为专属地域管辖案件亦未明了。但衡诸前述之诉讼法理，笔者认为，在我国民事诉讼中成立诉之追加（增加诉讼请求）与反诉，自应以其非为专属地域管辖案件为断，今后立法之完善因循斯旨殆无疑问。

四、受诉法院违背专属地域管辖之判决得为上级法院撤销

依《民事诉讼法》第119条，受诉法院具有管辖权乃当事人起诉条件之一。因之，若受诉法院在审查当事人起诉时发现其对当事人所提之诉并无管辖权，自应依《民事诉讼法》第36条关于移送管辖的规定，将该案件移送给有管辖权的法院去审理。惟在民事审判实践中，某一民事案件由无管辖权之法院予以审理并作了本案判决虽非恒有，却亦并非鲜见。于焉生一问题，即在此情况下，当事人是否得仅据受诉法院无管辖权为由提出上诉，请求第二审法院撤销原一审判决。依《民事诉讼法》第170条第1款第4项"原判决……违反法定程序，裁定撤销原判决，发回原审人民法院重审"之本旨，无管辖权法院所作之判决，在民事诉讼中，并不当然得以为上级法院撤销，其是否得为第二审法院撤销应以该判决在实体结果上是否正确为断，而与受诉法院有无管辖权无涉。易言之，受诉法院仅欠缺管辖权依现行立法似并不能当然成为判决被上

---

① "增加诉讼请求"一语，因与诉之追加在内涵上大抵相埒，故二者差堪同观。

级法院撤销的理由。若仅以此为衡，笔者认为，民事诉讼法所作之上述安排庶可成立。① 盖因"管辖权之有无，固为诉讼成立要件之一，惟诉讼事件究由哪一法院管辖，乃法院相互间事务分配之问题……任一法院管辖，均适用相同之程序法与实体法，其裁判结果从程序上言之，应无不同。因之，无管辖权之法院如已就本案为实体上判决。若因管辖权问题，得由上级法院废弃第一审判决，再移送至有管辖权法院重为辩论裁判，使原法院及两造当事人所为之诉讼行为，归于徒劳，殊失诉讼经济原则"。②

惟在专属地域管辖案件要难为上述解释，否则专属地域管辖之"专属"性便因之部分甚或全部被消解，以至于专属地域管辖之设徒有具文。准此以言，《民事诉讼法》无视专属地域管辖案件本身固有之特质，于专属地域管辖案件与一般地域管辖案件及特别地域管辖案件未为区分，在无管辖权法院所为判决之效力上作同样的处理殊与理未合。其实，国外立法通例大率规定第一审法院仅在违背任意管辖时，所作之判决始得以为上级法院撤销。如日本《民事诉讼法》第 299 条规定："当事人在控诉审，不得主张第一审法院没有管辖权。但是，对于专属管辖不在此限。"基此，笔者认为，《民事诉讼法》实应正面胪陈受诉法院违背专属地域管辖所作之判决为可撤销判决庶几得以真正彰显专属地域管辖之特质。

---

① 征诸诉讼理论，诉讼行为乃以表示为其重心，非如私法行为以意思为重心，意思存有瑕疵，得为无效或撤销之理由。在诉讼行为，惟有重大瑕疵始得为撤销，若仅为一般瑕疵，该瑕疵则因当事人不及时行使责问权或判决确定而得以治愈，不得再为撤销。盖诉讼行为乃合成诉讼程序之基石。若一任诉讼行为随意为撤销，将影响程序的安定至巨，于当事人两造及受诉法院皆未免过酷。

② 杨建华：《民事诉讼法问题研析（四）》，台湾三民书局 1997 年版，第 23 页。

第三章　民事诉讼运行中的诉之架构

第一节　诉之追加

一、诉之追加之内涵及本旨

1. 诉之追加之内涵

从诉讼理论上讲，诉系由当事人、诉讼标的、诉讼请求三项要素所构成。因之，在最宽泛的意义上，原告于诉讼程序进行中，将诉之要素追加其一，即生诉之追加。[①] 诉之追加在一般意义上系以利用前一诉讼程序所得之诉讼资料就新诉予以审判为前提。而当事人之追加亦即由旧诉原告以外之人，利用既起之诉讼程序，对旧诉之被告提起新诉，或者由旧诉之原告利用既起之诉讼程序对旧诉被告以外之人提起新诉均难认有此特质。并且除必要的共同诉讼，为求诉讼标的之合一确定而有当事人追加之适用外，任意的当事人追加，为现行《民事诉讼法》所不采。故严格讲来，诉之追加应仅限于诉之客体的追加。准此以言，诉之追加乃指在诉讼程序进行中，原告针对同一被告向受诉法院提出一新诉，受诉法院将该新诉与原旧诉予以合并审理的制度。综观现行民诉法，其虽无诉之追加字眼，惟从第 140 条"原告增加诉讼请求……可以合并审理"之规定中，不难窥见现行法实有诉之追加制度之设定。因为同为诉之客体要素的诉讼标的与诉讼请求乃诉之客体之一体两面，原告增加

---

① 参见姚瑞光：《民事诉讼法》，台湾大中国图书出版公司 1981 年版，第 312 页。

诉讼请求必也同时增加了诉讼标的，诉讼标的未作更易，仅诉讼请求增加之情形殊难想象。故第 140 条所蕴含之"增加诉讼请求"就其本质内涵而言，与诉之追加应属同一。

从比较法上考察，德国、日本之民事诉讼中，诉之追加与狭义的诉之变更并未作特别区分。诉之追加在其立法条文中亦被指称为诉之变更。因此，在德国、日本《民事诉讼法》上，诉之变更包括两类形态：一类是追加的变更，即当事人在保持原来请求的基础上上增加新请求；另一类称为交换的变更，即原告撤销旧诉而易之以新诉。① 我国台湾地区"民事诉讼法"将德国、日本《民事诉讼法》上的交换的变更称之为诉之变更，而将追加的变更称之为诉之追加。依现行《民事诉讼法》第 51 条"原告可以放弃或变更诉讼请求……"之规定，结合同法第 140 条作体系考察，可以得知，现行法亦一如我国台湾地区立法例，对诉之变更与诉之追加作了区分规范。

2. 诉之追加之宗旨

就历史沿革以观，为防止被告防御之迟延及保持诉讼程序之安定性，日耳曼法及德国的普通法时代皆禁止原告于诉讼进行中追加新诉。② 后来立法者逐渐认识到为了诉讼程序而妨碍民事诉讼实质性目的之实现，乃本末倒置之举，并且只要将原告所为诉之追加限定在合理的范围内即不至于侵蚀被告的防御利益。③ 故自 1877 年德国《民事诉讼法》启缓和诉之追加禁止之端绪以来，大陆法系各国立法纷纷效尤，承认原告在一定条件下可为诉之追加。现行法第 140 条盖亦本诸此旨而设。

具体讲来，原告在诉讼程序进行中，发现其原先所提之诉讼请求已不适于其与对造间民事纷争的解决或者对该民事纠纷的解决难

① 参见骆永家：《民事法研究（Ⅲ）》，台湾三民书局 1990 年版，第 114 页。
② 参见民事诉讼法研究基金会：《民事诉讼法之研讨（三）》，台湾三民书局 1990 年版，第 570 页。
③ 参见〔日〕兼子一等：《民事诉讼法》，白绿铉译，法律出版社 1995 年版，第 183 页。

以发挥实际之效用。若不允许其为诉之追加，其只能另行向有管辖权的法院起诉，于前一诉讼程序中所为之诉讼行为由于不能于后一诉讼中当然发生效力势必皆归诸徒劳。原告于后一诉讼中须重为先前诉讼程序中已为之全部或部分诉讼行为，于原告而言，未免过酷。相反，若承认原告可为诉之追加，在当事人，即可节省另为诉讼之时间、劳力与费用。在受诉法院，其亦可在新诉的审理程序中，援用在旧诉中所为证据调查、言词辩论而获得的证据资料与诉讼资料，这不仅节省了相关程序费用，对于促进诉讼亦颇具实益。

不惟如此，由于原告追加的诉通常在基础上与旧诉具有共通性或具有其他方面的牵连关系，故而借助于诉之追加，不仅能一体化解决同一当事人之间的纷争且能有效避免两个有牵连关系的诉在共通事实认定上的矛盾从而避免裁判之抵触。一言以蔽之，诉之追加制度，不仅能减轻当事人在民事纷争解决过程中之负担，符合诉讼经济原则，且能促进当事人间民事纷争的终局性解决，于法院裁判之权威性之保持亦大有裨益。

二、诉之追加之条件

现行《民事诉讼法》第140条尽管允许原告在言词辩论结束之前可为诉之追加，但由于立法并未明定诉之追加应有之条件，致使诉之追加在审判实践中的适用发生困难。为杜疑义，民诉法日后修正时应增设原告为诉之追加之特别条件。为兼顾原被告利益之衡平保护，在诉之追加条件的设定上，两个方面的利益应当考虑：一者，被告之防御利益；另者，准许诉之追加以后，旧诉中的证据资料与诉讼资料在新诉有无继续使用之可能及价值。当然，原告追加之诉与旧诉有合并审理之可能乃诉之追加条件之应有之义。

1. 合并条件

（1）原告追加之诉与旧诉运行同一种诉讼程序。原告利用既起之诉讼程序，追加一新诉，其目的当在求受诉法院将新旧诉予以合并审理。而两诉性质同一，受诉法院始能将其合并为证据调查及行言词辩论。追加之诉与旧诉性质不同，如一为身份关系案件，另一为财产案件即不允许为诉之追加，反之亦然。盖法院审理身份关系案件适用职权探知主义，法院认定事实、为证据调查不受当事人主张及声明之约束，而在财产案件，受诉法院认定事实及为证据调查须受当事人主张及声明之约束。两诉的审理原则既然迥不相同，当然无合并审理的余地。

（2）原告追加之诉必须不属于他法院专属管辖。受诉法院对当事人所提之诉具有管辖权乃其裁判之前提，若仅以此为衡，原告为诉之追加，须以受理旧诉之法院对追加之诉同时具有管辖权为前提。但任意的地域管辖究为不同地方法院之间关于案件的事务分配，与公益无关。因此，只要原告追加之新诉不属于其他法院专属管辖，纵受诉法院对其无法定管辖权，亦认其对该诉具有牵连的管辖权。但原告追加之诉如果属于其他法院享有专属管辖权的案件则阻却诉之追加之适用。盖专属地域管辖乃基于裁判正确、迅速等公益上的理由而设，不允许当事人以任何理由予以违背。

2. 限定条件

原告为诉之追加，除该诉本身具备合并条件外，尚须具备下列条件之一，始足当之。

（1）被告同意原告为诉之追加。所谓被告同意并不强调其具有民法上形成权（事先允许）之意义，在解释上，其应被理解为被告对诉之追加的赞同。① 之所以将被告同意作为诉之追加的限定条件，纯粹基于尊重被告程序利益之考虑。因为民事诉讼乃以解决私权纠纷为目的，本诸私权自治之旨，当事人自可在不损害他人之前提下处分自己实体权利及程序上的利益。诉之任意追加之禁止既乃为维护被告的防御利益而设，被告放弃该程序利益自无不许之理。被告同意原告为诉之追加自可认其放弃了本应享有之程序利益。在此前提下适用诉之追加并无任何不妥。征诸域外立法，将被告之同意作为诉之追加限定条件几为通例。譬如德国民诉法第263

---

① 参见［德］汉斯：《德国民事诉讼法基础教程》，周翠译，中国政法大学出版社 2005 年版，第 123 页。

条规定："诉讼系属后，在被告同意……时，准许为诉之变更。"
又如我国台湾地区"民诉法"第255条第1款规定："诉状送达
后，原告不得将原诉变更或追加他诉。但有下列各款情形之一者，
不在此限：一、被告同意者。……"毋庸讳言，被告同意原告为
诉之追加，不仅可以明示地表示，亦可以默示地表示。也即只要
被告在诉讼程序进行中，不就原告追加的诉提出异议而为本案之
言词辩论即视为其同意。（参见德国《民事诉讼法》第267条，
我国台湾地区"民事诉讼法"第255条第2款）。也正因如此，
被告同意这一条件乃属当事人责问之事项，受诉法院毋须依职权
调查之。

（2）原告追加之诉与旧诉在基础事实上具有同一性。所谓基
础事实具有同一性，从诉讼资料方面观察，指追加之诉与旧诉在请
求原因之事实关系上具有共通性。从审理的层面来看，指旧诉的言
词辩论能成为追加之诉言词辩论的基础。[1] 易言之，追加之诉与旧
诉的请求之主要争点共通，而就原请求之诉讼资料及证据资料可期
待于追加之诉的审理中加以利用，且追加之诉与旧诉之利益主张在
社会生活层面可认为乃同一或相关联的民事纷争，即可被解释为请
求之基础事实同一。显而易见，在新旧诉之基础事实具有同一性之
场合，受诉法院利用同一诉讼程序解决自不会逸出原告起诉之最初
目的，于被告之防御亦无预想外之变更而生实质障碍，并且可以避
免重复审理进而能统一地解决纷争。[2] 基于此，域外大多数立法强
调原告追加新诉须以其与旧诉在基础事实上具有同一性为前提。日
本《民事诉讼法》第193条第1款"原告以不变更请求的基础为
限，在口头辩论终结之前，可以变更请求或请求的原因。……"
之规定即其著例。我国台湾地区"民事诉讼法"第255条第1款
"诉状送达后，原告不得将原诉变更或追加他诉。但有下列各款情

---

① 参见［日］中村英郎：《新民事诉讼法讲义》，陈刚等译，法律出版
社2001年版，第131页。

② 参见王甲乙等：《民事诉讼法新论》，台湾三民书局2002年版，第
306页。

形之一者，不在此限：……二、请求之基础事实同一者。……"之规定亦为适例。

（3）原告追加之新诉为中间确认之诉。依诉讼法理，所谓中间确认之诉，是指于诉讼进行中，当事人于某法律关系成立与否有争执，而受诉法院之裁判，应以该法律关系为依据，因而并求受诉法院确定其法律关系存否之诉。所谓裁判应以某种法律关系为依据，乃指某一法律关系是否存在乃本诉讼裁判之先决问题。此种法律关系或由原告作为诉讼标的之基础而主张或由被告作为抗辩而主张。前者例如：原告诉请被告给付租金，被告否认有租赁关系存在，而追加提起确认租赁关系存在之诉。后者例如：原告主张被告无权占有，请求返还所有物，被告抗辩其对该物有留置权存在，原告因而求受诉法院确认其与被告就该物无留置权法律关系存在。[1]就本诉讼判决之先决法律关系，原告以诉之追加的形式提起中间确认之诉之实益在于若不提起诉讼，则此法律关系是否存在仅为案件之争点，而不是诉讼标的。法院作出终局判决时固应对此进行判断，但并无既判力。盖既判力在客观范围上仅及于诉讼标的，而不及于判决之理由。一旦原告提起中间确认之诉，该法律关系即为该诉之诉讼标的，法院就此所为之判决，则有既判力之约束力。由于原告所追加之中间确认之诉的诉讼标的构成旧诉判决之前提基础事实，在旧诉之审理中，其已为受诉法院作为判决之基础事实或先决事实存在，故原告于诉讼进行中，追加提起中间确认之诉，不仅无碍被告对该新诉之防御与诉讼正常终结且能一体化解决当事人间的民事纷争。是故允许原告追加提起中间确认诉乃域外立法之通例，譬如德国《民事诉讼法》第 256 条第 2 款规定："在诉讼进行中，原告和被告就法律关系的存在或不存在有争执，而该诉讼的裁判的全部或一部是以此法律关系为据时，原告可以在作为判决基础的言词辩论终结前，提起原诉讼申请的扩张……申请的裁判确定该项权利关系。"日本《民事诉讼法》第 185 条第 1 款，我国台湾地区

---

[1]　参见陈计男：《民事诉讼法论》，台湾三民书局 2002 年版，第 227 页。

"民事诉讼法"第 255 条第 1 款第 6 项皆有类似规定。

在上述三项诉之追加限定条件中，除被告同意这项条件纯为被告利益而设以外，后两项条件之设定实乃兼顾原告之利益，攸关诉讼之促进与民事纠纷的终局性解决这一公益之维护。故其非属当事人之抗辩事项，是否具备，受诉法院应依职权予以调查。

三、诉之追加之审理与裁判

1. 诉之追加之审理

如前所述，原告于诉讼程序进行中为诉之追加是否合乎条件，除被告同意这一事项外，受诉法院应依职权调查之。调查结果，若认诉之追加不应被允许，受诉法院应以新诉不合法为由裁定驳回，继续审理旧诉。若认诉之追加符合条件，则成立诉的追加的合并，由受诉法院将追加之诉与旧诉合并审理。所谓合并审理，乃指运用同一诉讼程序将新旧诉合并为证据调查，并就证据调查之结果命双方当事人合并进行言词辩论。不过，依现行《民事诉讼法》第 140 条"原告增加诉讼请求……可以合并审理"所蕴含"可以"之字眼来看，在现行法，似认受诉法院对原告追加之诉是否合并于旧诉程序中审理有自由斟酌之权。由于诉之追加之目的不仅在于节省程序上的劳力与费用，更在于利用旧诉所得之证据资料与诉讼资料以求事实认定之同一。受诉法院就追加之诉与旧诉分别为证据调查与言词辩论，这一目的便无由实现，其结果，诉之追加便毫无实益。故而受诉法院基于诉讼指挥权分开审理追加之诉与旧诉应采从严解释的立场，将其限定于追加之诉与旧诉乃彼此间无牵连关系的并列合并之场合。盖于此情形下，两诉之诉讼标的及请求之基础事实皆乏同一性，合并审理仅生程序上利益，与避免裁判两歧与一体化解决纷争这诉之追加根本目的无涉。譬如，原告诉被告返还借款 1 千元，于诉讼程序进行中追加提起被告给付货款 1 千元之诉，被告未为异议，法院合并审理后发觉两诉事实关系复杂，所涉证据繁多，合并辩论反而会滞延整个诉讼程序进展。于此情形下，自可命当事人就其分别辩论，以求诉讼程序进行之简易、流畅。而在诉之追加合并其他情形，如诉之预备的追加，有牵连关系的并列的追加，新旧两诉或在基础事实上具有同一性或具有其他事实上法律上的牵连关系，为求共通事实认定之一致性，自不许受诉法院基于诉讼指挥权将追加之诉与旧诉分开审理。盖避免裁判抵触与诉讼经济原则事涉公益，受诉法院自应优先考虑。

2. 诉之追加之裁判

诉之追加既以进行合并言词辩论为原则，受诉法院自应于合并辩论后统一裁判。盖仅合并辩论而不统一裁判，各诉裁判确定时间既非同一，当事人若不服上诉，而开启不同之上诉审程序，其确定终局判决之结果即可能有不相一致之情形从而有失合并辩论之目的。① 故从根本上达到防止裁判抵触之目的，于追加之诉，在合并辩论后自以合并裁判为宜。

第二节 反 诉

从诉讼理论上讲，在民事诉讼中作为被告消除原告所提诉讼请求诸防御手段之一种，反诉因其所具有的独立之诉之特质而使得其不仅须同时具备诉的一般成立要件与反诉成立之特别要件且尚应遵循特定的程序。但由于我国现行《民事诉讼法》除在个别条文中蕴含了"反诉"之字眼外，并无关于反诉成立之要件与提起之程序的具体规定，故而使得民事审判实践中反诉之运作样式在各地人民法院几不相同并由此生成诸多弊端。毋庸讳言，关于反诉运作的问题固然在一审程序中大量存在，但其也绝非与二审程序无涉。不过，与一审程序中的反诉在法律适用上为绝对"盲区"有些微差异的是，二审程序中，反诉在适法上并非"真空"，因为其尚有明晰的司法解释可资遵循。《民诉法解释》第 328 条对此即作了明确规定，其内容是："在第二审程序中，……被告提出反诉的，第二审人民法院可以根据当事人自愿的原则就……反诉进行调解，调解

---

① 参见杨建华：《问题研析：民事诉讼法（三）》，台湾三民书局 1998年版，第 126 页。

不成的，告知当事人另行起诉。"①

显而易见，在对二审程序中反诉的规范上，该项司法解释涵括了两层要义：其一，允许被告在二审程序中提出反诉；其二，人民法院就该反诉只能采用调解的方式结案，而在当事人一方或者双方皆不愿接受调解，调解达不成协议或者调解书制作成后当事人一方或者双方拒绝签收等诸情况下，人民法院只能告知当事人另行起诉。②

需要作进一步探讨的是，《民诉法解释》第328条中的上述规定是基于何种价值预设呢？或者说作如此安排其所因循的内在理路何在呢？依该项司法解释之意旨，笔者认为，其答案为两个方面：（1）之所以允许被告在二审程序中提出反诉，是因为设若被告不能在二审程序中提出反诉，被告只能就此项诉讼请求向有管辖权的人民法院提起一个新的诉讼，而在我国民事诉讼实行"原告就被告"之一般地域管辖原则与反诉所固有的在诉讼标的或者防御方法上与本诉有内在牵连性这一特质的共同规制下，往往会造成本可以反诉形态提起的新的诉讼因不能由同一审判组织予以审理而致使在同一事实问题的认定上可能出现两个相互抵牾之判决这一令人无所适从之尴尬局面。不仅如此，由于同一诉讼请求由被告以反诉的样式提起而与本诉由同一审判组织合并审理其所耗费的诉讼成本远较由被告就该诉讼请求另行起诉所要耗费的诉讼成本为低，故允许被告在二审程序中提出反诉亦颇契合诉讼经济原则。（2）人民法院对于被告所提反诉只能采用调解的方式予以解决，盖是基于保护双方当事人尤其是本诉原告的审级利益之考虑。道理很简单，因为我国实行的是两审终审制度，一个民事案件经过两个等级的人民法

---

① 该项司法解释不仅就被告在二审程序中提起反诉作了规定，同时还就原告在二审程序中提出新的诉讼请求作了规定。上述引文之省略部分即为有关后者规范之内容。之所以对二审程序中被告提出反诉与原告增加诉讼请求在同一条文中一并加以规定且在处理路径上同一，盖因这两者在性质上皆为独立之诉，可差相比附之缘故。

② 当事人不愿接受调解这一情形虽未被该项司法解释所明文胪列，但这一情形显然可从"根据当事人自愿的原则"之话语中推衍出来。

院的审理即宣告终结。

二审法院作为上诉法院同时即为终审法院，故其所作判决一经宣告即成了确定判决①任何一方当事人皆不能对之表示不服而提出上诉。反诉既然在形态上为一种独立的诉，人民法院对反诉案件的审理毋庸置疑，自然亦应受此制度之制约。因此，在被告一审程序中未提出反诉却在二审程序中提出之情形下，如果人民法院采取与通常态式的民事案件相同的审结方式也即可以判决的方式结案的话，那么，关于反诉案件的判决一经二审人民法院作出即已确定，当事人绝无上诉之途可言，这无异等于剥夺了当事人所本应享有的在反诉案件上可以得到两级法院的审理这一审级利益。

对于本诉的被告而言，因其在二审程序中提出反诉这一事实本身即可视为其已放弃了一审的审级利益故并无不妥，但由于反诉案件不仅于本诉被告有意义且关涉原告之利益甚巨，因此以判决的方式审结反诉案件于原告殊为不公。而人民法院采用调解的方式解决反诉案件自可由于法院调解书所固有的其一经双方当事人签收即与确定判决具有同一效力，在当事人并无上诉之救济途径这一特质从而避免双方当事人之审级利益被侵蚀。综上，《民诉法解释》第328 条之规定委实合情合理，似乎并无不当之处。但若作进一步推究，则可以窥见该项司法解释其实存在不仅与诉讼理论相乖违且与现行《民事诉讼法》相抵牾之"致命"纰漏。

其一，从诉讼理论上讲该项司法解释关于在调解未果之情形下，告知当事人另行起诉之规定有悖于"法院不得拒绝作出裁判"之规则。众所周知，民事诉讼程序之启动始自人民法院对于原告起诉之审查。人民法院在审查起诉时若发现当事人之起诉不具备《民事诉讼法》所规定的起诉条件即裁定不予受理。然而一旦受理了当事人之起诉，人民法院就得对该案件作出本案判决（即关于

---

①　所谓确定判决系指法院所作之判决已无上诉之途而处于不能变更或者废弃之状态，我国《民事诉讼法》并无这一术语。其含义大抵与我国学者所指称的判决效力中的不可撤销性相当，但事实上二者之含义绝非同一。

诉讼标的事项的实体判决）①，不管是采用调解的方式结案还是采用判决的方式结案，也不管是在可以完全借助于证据资料认定全部案件事实之基础上作出裁判还是依照举证责任规则作出裁判殆皆如此。此乃"法院不得拒绝作出裁判"之规则本质使然。反诉在性质上既然为一项独立之诉，人民法院就反诉案件的审理亦应受此规则之制约，因此，既然允许被告在二审程序中提出反诉，只需被告所提之反诉具备反诉之特别要件与诉的一般要件，人民法院就应当就该诉作出本案判决。但由于《民诉法解释》第 328 条只规定了采用调解方式审理反诉案件，因而在当事人不愿接受调解以及调解未果等调解不能结案的情况下，该反诉案件尚处于一种悬而未决的搁置状态，在实体上未得到解决。

　　虽然在上述情况下，人民法院采取了告知当事人另行起诉之做法，但这显然对案件未决之状态于事无补。因为显而易见的是，人民法院之告知行为并非一项诉讼行为，因之亦就不能产生任何诉讼上的效果遑论作为一种审结方式了。因此，该司法解释委实与"法院不得拒绝作出裁判"之规则相乖悖。其二，与此相关联的是，该项司法解释关于调解不成，告知当事人另行起诉之规定亦扭曲了现行《民事诉讼法》所厘定的作为民事案件结案方式的法院调解与法院判决之间的固有关系。从《民事诉讼法》第 9 条"人民法院审理民事案件，应当根据自愿和合法的原则进行调解；调解不成的，应当及时判决"之规定中，我们不难看出，在现行《民事诉讼法》之架构下，法院调解与法院判决呈现出前者以后者为后盾也即为最终保障之关系，也就是说某一民事案件在调解无从适用之界域即应由人民法院对其进行判决。这不仅在双方当事人而且在法院皆为强制性规范，无任何变通之余地可言。很显然，《民诉法解释》第 328 条之规定有悖《民事诉讼法》第 9 条所昭示的法院调解以法院判决为后盾之立法意蕴。

　　一如前述，《民诉法解释》第 328 条关于二审程序中反诉之规

---

　　① 当然，这里所讲的只是民事案件审结之正常态式，并不囊括当事人撤诉、诉讼终结等案件审结的非常态情况。

定之所以会出现上述纰漏，根本原因就在于未能妥当地处理好保护当事人之审级利益与合法审理反诉案件之间的关系。其实，该问题之解决路径非常简单，依笔者之见，只要对被告在二审程序中提出反诉设置须经原告同意（明示的或者默示的）这一限定条件即可。这是因为，既然民事案件经过两级法院的审理于双方当事人体现为一种审级利益，基于处分原则，当事人双方当然可放弃这一利益。① 被告在二审程序中提出反诉这一事实本身即意味着其放弃了审级利益固不待言，而原告若对被告提出反诉不表示反对实质上亦已表示其放弃了该审级利益。因此，若被告于二审程序中提出反诉而原告未表示反对，人民法院对该反诉案件之审理即可采取与通常态势之民事案件同一之审结样式。也即人民法院可以根据当事人自愿的原则就该反诉案件进行调解，若调解未果或者当事人不愿接受调解即可依法及时作出判决而毋须（也不应）告知当事人另行起诉。如此一来，人民法院关于二审程序中反诉案件之审理既不违背现行《民事诉讼法》之本旨，亦无侵蚀当事人审级利益之虞。事实上，在二审程序中被告提出反诉这一问题上，设定对方当事人同意这一条件乃国外立法通例。譬如，德国《民事诉讼法》第530条第1款规定："提起反诉，须经对方当事人同意后，或者法院认为被告在已系属的程序中提出反诉的请求为适当时，才准提起。"又如日本《民事诉讼法》第382条规定："只要对方当事人同意可以提出反诉"，"对方当事人不陈述异议而就反诉的本案进行辩论时，视为已同意提起反诉。"

第三节　诉之撤回

撤诉，一称诉之撤回，谓诉讼系属中，原告请求受诉法院毋就其所提之诉继续为裁判之意思表示。诉经由原告撤回后，得生诉讼系属消灭之效力。笔者认为，现行《民事诉讼法》关于撤诉制度

---

① 譬如，当事人对于一审法院所作的允许上诉的裁判而不提出上诉即体现了对审级利益的放弃。

之规范颇失允洽，端以撤诉条件之缺失、二审程序中撤诉之失当、按撤诉处理不妥等三者为著。

一、撤诉之条件

在民事诉讼，原告既可一任其意愿为诉之提起，按诸私权自治之旨，诉讼系属中，原告自可不问诉讼之进展程度如何得为诉之撤回。仅以此为断，对于原告为撤诉行为，立法断不能附以种种条件以为约束。惟撤诉因仅生诉讼系属消灭之诉讼法上的效果，要与原告所享有之实体权利无损，故撤诉后，原告复可提起同一之诉，①庶几徒增被告之讼累，于被告未免过酷。为杜原告滥诉之弊，以衡平原被告两造之利益，于原告之撤诉自须附以条件以为掣肘。依《民事诉讼法》第 145 条第 1 款："宣判前，原告申请撤诉的，是否准许，由人民法院裁定。"原告为撤诉行为在现行法上似得解为无外部条件之制约。征诸立法，原告为撤诉行为在现行法亦非得直接生诉讼系属消灭之效力，尚须由受诉法院于原告撤诉之申请为准许之意思表示（裁定）始为已足。准此以言，似可认现行法实乃期冀借助受诉法院之裁判行为以约束原告之撤诉行为庶免因原告之滥诉而损害程序之安定性。惟原告所为之撤诉行为可否生诉讼法上之效力委诸于受诉法院之裁判殊难达此目的。盖因撤诉条件在现行法上之付之阙如，受诉法院于何种情形下得许原告撤诉，于何种情形下得不许原告撤诉自受法官之个人喜好以为断，撤诉制度在适用上易生失序、紊乱之弊自不待言。《民诉法解释》第 238 条虽明定"当事人申请撤诉或者依法可以按撤诉处理的案件，如果当事人有违反法律的行为需要依法处理的，人民法院可以不准撤诉或者不按撤诉处理"，然仍难达到立法所蕴含的藉审判权掣肘原告恣意撤诉之目的。良以受诉法院即便裁定不准许原告撤诉而对当事人两造"违反法律的行为"予以"依法处理"，衡以司法权消极性、被动性之特质，受诉法院所能做的仅为就原告所提之诉讼继续审理并为

---

① 《民诉法解释》第 214 条规定："原告撤诉或者人民法院按撤诉处理后，原告以同一诉讼请求再次起诉的，人民法院应予受理。"

裁判。就裁判之结果而言，在原告，其所受之最大的不利益亦仅为其所提之诉讼请求被受诉法院认为无理由而判决驳回。受诉法院断不能于判决驳回诉讼请求之外，为原告更为不利之裁判。准此以解，该项司法解释徒有具文，无任何实益。凡此种种，足认现行立法原告为诉之撤回须经由受诉法院为准许之裁定始生效力断难成立。依笔者之见，以被告之同意作为原告撤诉之条件方为正当。何则？原告之撤诉关乎被告之利益至巨故也。盖与原告相比，被告虽在民事诉讼处于防御性之诉讼地位而与原告在民事诉讼中处于进攻性之诉讼地位有别，然则求得受诉法院为终局性判决以结束彼此之间争执之权利状态于原被告两造究为同一。所不同者唯原告所得之裁判利益乃一积极确定利益，而被告所得之裁判利益乃消极确定利益耳。故苟受诉法院无视被告之意思而许原告撤诉，在被告，其即无由获得受诉法院就其与原告所争执之权利为终局性判决之机会。依撤诉视同未起诉之本旨，被告在精神上仍须忍受随时可能受原告告诉之痛苦。衡诸常情，于被告殊为苛刻。被告固可就其与原告所争执之权利向有管辖权法院提起消极确认之诉以确定所争执之权利之归属从而消弭该私权争执。被告所提该诉究为一新诉，衡诸诉讼经济原则，自与被告之利益有违。苟原告之撤诉端赖被告之同意始生诉讼系属消灭之效力，在被告，其即可就同意原告撤诉所生之不利益与不同意原告撤诉而由受诉法院为终局判决之结果两相权衡以为于其有利之选择。果复如此，于被告利益之保护既不失周全，与原被告两造应平等受法律保护之旨更是若合符节。从比较法上观察，以被告之同意作为原告撤诉之条件几为通例。德国《民事诉讼法》第 269 条第 1 款 "原告只能在被告未就本案开始言词辩论前，可以不经被告同意而撤回诉讼"，日本《民事诉讼法》第 261 条第 2 款 "撤回诉讼，如果是在对方当事人对于本案已经提出准备书状或在辩论准备陈述中已经陈述或者已经开始口头辩论后提出的，非经对方当事人的同意，不发生其效力"，我国台湾地区 "民事诉讼法" 第 262 条第 1 款 "原告于判决确定前得撤回诉之全部或一部。但被告已为本案之言词辩论者，应得其同意"，皆为适例。依前揭立法例，原告为诉之撤回，须经由被告之同意初非不问诉讼进展到何等程度皆为如此，率皆以被告已为本案之言词辩论为基准时。盖德、日及我国台湾地区民事诉讼皆采辩论主义、受诉法院须以当事人两造所为之本案言词辩论之事实作为裁判基础，故被告若已为本案之言词辩论，适足表征其已就本案为实质性防御。原告于此情形下为撤诉行为，即有损害被告之实质性利益之虞。在我国民事诉讼，言词辩论仅为开庭审理之一环，尚未为一独立之程序。故依笔者之见，日后修正《民事诉讼法》，似以案件是否开庭作为原告之撤诉是否得经由被告之同意之经界为宜。

二、二审程序中之撤诉

依《民事诉讼法》第 145 条，原告向受诉法院为撤诉之申请，至迟得于一审法院判决宣告之前提出。故在现行法上难认二审程序中，一审原告可以向二审法院为诉之撤回。《民诉法解释》第 339 条一反立法之规定，明定于二审程序中，一审原告得向二审法院为诉之撤回。该项司法解释规定："当事人在第二审程序中达成和解协议的，人民法院可以根据当事人的请求，对双方达成的和解协议进行审查并制作调解书送达当事人；因和解而申请撤诉，经审查符合撤诉条件的，人民法院应予准许。"依诉讼法理，《民诉法解释》第 339 条允许一审原告于二审程序中得向二审法院为诉之撤回确属的论。盖撤诉既为原告向受诉法院为撤回其所提之诉之意思表示，在法律行为之层面上，当可目为原告于起诉之意思表示发生效力之前得向受诉法院为该项意思表示之撤回。因原告起诉之目的乃在求受诉法院为终局性之确定判决以解决其与对造间所生之权利争执。衡诸"受诉法院不得拒绝裁判"之旨，受诉法院对于原告所提之诉，倘认其成立即负有就该诉为终局性判决之义务。准此以言，受诉法院所为之判决确定之前，即可认原告起诉之目的尚未为实现，原告起诉之意思表示自认尚未真正发生效力。虽诉因原告之提起而系属于受诉法院，惟诉讼系属仅为原告起诉当然所生之诉讼法上之效果，断难认诉讼系属于受诉法院即谓原告起诉之意思表示已为满足。又一审法院所为之判决宣告后，有上诉利益之当事人得于法定之上诉期间内为上诉之意思表示。原告所提之诉在一审中固因一审法院为判决之宣告而消灭其系属，却又因上诉人所为之上诉行为而系属于第二审法院，一审法院所为之判决之确定亦因之而阻断。由于我国采两审终审制，二审法院为判决宣告后，因当事人已丧失经由上诉予以救济之途，判决于此始谓业已确定。循此以解，一审程序中固得许原告向受诉法院为诉之撤回，二审程序中亦无不许一审原告向二审法院撤回其所提之诉之理。① 惟《民诉法解释》第339条以两造间之和解作为原告为撤诉行为之前提尚不无疑问。根据该项司法解释，似认原告与被告既已就私权之争执为和解，受诉法院即无庸就原告所提之诉继续裁判，许原告为撤诉行为于理于法均未有不合。不过该种解释殊难成立，盖本诸私权自治之旨，诉讼系属中，原被告两造虽得不问诉讼进展程度如何皆得以和解之方式解决彼此间之私权争执，受诉法院亦无不许当事人两造为和解之理。然则在现行法上两造间之和解对原被告两造断无任何法律上之约束力，故若当事人任何一造未遵守两造间所达成之和解协议，以和解之方式解决私权争执之目的即不能实现，原告因和解而撤诉亦因之要无实益。为求私权争执之解决，原告只得再次起诉。这不惟于程序安定性之损害为烈，于法院裁判之权威之损害亦是至巨。② 是故，在第二审程序中，于原告之撤诉自得附以比第一审程序中原告为撤诉行为更为苛严之条件始为允当。依前开解释，在比较法上，第一审法院为终局判决后原告固得为撤诉行为，惟均以原告蒙受一

---

① 判决确定之前得许原告为诉之撤回为域外立法通例。德国《民事诉讼法》第269条第3款："诉经撤回后，视为未发生诉讼系属；如判决已经宣誓而尚未确定，裁判失其效力，无须经过明白的撤销……"日本《民事诉讼法》第261条第1款："在判决确定之前，诉讼可以撤回其全部或一部。"皆为著例。

② 一审法院判决宣告之前，原告向受诉法院为诉之撤回，因受诉法院尚未就原告所提之诉为裁判之意思表示，故尚难认一审程序中原告为撤诉行为于受诉法院裁判之权威有损。第二审程序中，第一审法院已就原被告间之权利争执为终局性判决，因原告之撤诉而使得该终局性判决失去拘束力（即判决宣告后，非经法定程序不得更易之效力）。若原告撤诉后复又起诉，要难认其与受诉法院所为之判决之权威性无损。

定之不利益以为其撤诉之制约。从总体上而言，有两种做法：一者，原告于终局判决后撤诉，虽得再次起诉，但应偿付被告由此而支出的诉讼费用。被告在该诉讼费用偿付前得拒绝应诉。① 另者，原告于终局判决后撤诉，不得复提起同一之诉。② 从全面维护程序之安定性与尊重法院裁判之权威性考虑，笔者认为，第二种做法更值得日后进一步修正《民事诉讼法》时借鉴。

三、按撤诉处理

依《民事诉讼法》第 143 条："原告经传票传唤，无正当理由拒不到庭的，或者未经法庭许可中途退庭的，可以按撤诉处理……"在现行法上似可解为原告为撤诉之意思除得以明示的书面或口头方式向受诉法院为表示（《民事诉讼法》第 145 条之申请撤诉即明斯旨）外，尚得以"经传票传唤，无正当理由拒不到庭"（不作为）或"未经法庭许可中途退庭"（作为）等行为方式向受诉法院为表示。③ 因撤诉在性质上究乃诉讼法律行为，故私法上为意思表示之方式于诉讼法律行为自非不得准用之。准此以解，原告为撤诉之意思表示断非不得以行为之方式向受诉法院为表示。惟必该行为也能合乎逻辑地推断出原告有撤诉之意思表示始为已足。而衡诸诉讼法理，断难认原告经受诉法院传票传唤无正当理由拒不到庭或未经法庭许可中途退庭即有撤诉之意思表示。盖在现行法上，出庭行为性质非为一独立诉讼行为，当事人两造于庭审期日出庭，目的不外乎乃就彼此间有争执之事实为言词辩论，资为受诉法院裁判之基础。在原告，若其仅于庭审期日到庭而不为各种攻击方法之提出或不为本案之言词辩论以其所提之诉有事实支撑，其到庭与不到庭、在庭与不在庭，就结果而言殊无分别。质言之，原告之不到

---

① 德国《民事诉讼法》第 269 条第 4 款即为适例。
② 日本《民事诉讼法》第 262 第 2 款为适例。
③ 现行法上之按撤诉处理究其本质即谓受诉法院以裁定的方式赋予"原告经传票传唤，无正当理由拒不到庭"或"未经法庭许可中途退庭"两类行为与原告申请撤诉之行为相同之后果。故上述正文立论在逻辑上尚非不成立。

庭或中途退庭无论是基于何种原因似仅关乎其是否能有效的为各种诉讼资料之提出及能否与被告为本案之言词辩论，从结果上讲，也即仅关乎其所提之诉于事实层面上多大程度能被受诉法院认为有理由，初与其所提之诉本身是否消灭无涉。故原告之不到庭或中途退庭的行为与诉之撤回之意思表示在逻辑上尚非处于同一层面。是以原告经传票传唤无正当理由拒不到庭或未经法庭许可中途退庭于原告间或生某种不利益。惟该不利益似仅为于此情形下其所提之诉在裁判上可得之保护可能性较其出庭积极为本案之言词辩论较小而已，要难生由受诉法院裁定按撤诉处理而使原告所提之诉消灭之后果。况且依《民事诉讼法》第 144 条"被告经传票传唤，无正当理由拒不到庭的，或者未经法庭许可中途退庭的，可以缺席判决"，现行法上，同为经传票传唤无正当理由拒不到庭或未经法庭许可中途退庭，在被告得为缺席判决，在原告则为按撤诉处理，殊与"同一行为应为同等之处理"之诉讼法理大相睽异。一言以蔽之，现行法上之按撤诉处理不仅在逻辑上难以立足，且在诉讼结果上于当事人两造利益之保护皆难称周全，于程序之安定性更是有损。将来修正民事诉讼法时废除该项制度方为允当。

第四节　上诉权之舍弃

在司法实践中，一审宣判后或送达判决书时审判人员、书记员一般都会询问当事人是否上诉，一些案件中的当事人往往在法庭上当庭表示不上诉，也即放弃上诉。① 我国现行诉讼立法对当事人舍弃上诉权的行为并未规范，从最高人民法院发布的相关司法解释来

---

① 2012 年 2 月 18 日，辽宁省铁岭市中级人民法院依法对中国足坛反赌扫黑系列案首批涉案人员作出一审判决，前中国国家体育总局足球运动管理中心副主任杨一民被判 10 年 6 个月有期徒刑，被告人杨一民当庭表示不上诉；2012 年 9 月 24 日，四川省成都市中级人民法院依法对重庆市原副市长、公安局原局长王立军徇私枉法、叛逃、滥用职权、受贿案，作出一审判决，王立军被判处有期徒刑 15 年，被告人王立军当庭表示不上诉。

看，当事人并不享有舍弃上诉权的权利。① 基于上诉权的内在属性，笔者认为，上诉权是可以舍弃的，并且产生相应的法律效果。我国诉讼立法应当明确规范上诉权的舍弃制度。

一、上诉权舍弃的正当性基础

（一）舍弃上诉权符合程序选择权原理

从法理上讲，所谓权利是指权利人为或者不为一定行为，以及要求他人为或不为一定行为的可能性。程序选择权作为一种权利，其强调的是当事人在法律许可的范围内，可以选择纠纷解决方式并选择与该方式有关的程序及与程序推进相关事项。而程序选择权之所以被承认，根本的原因在于当事人在诉讼中是程序的主体，在诉讼过程中居于主导地位，故而应由当事人推动诉讼进程，并且有权根据自己的利益和判断来选择适用或拒绝适用一定的程序事项，而作为诉讼法律关系另一方的法院则应当尊重当事人的选择。当事人的程序选择权主要体现为：其一，选择纠纷解决方式；其二，在诉讼进行中选择实施具体的诉讼行为。当事人舍弃上诉权是当事人行使程序选择权中的典型表征。

我国实行两审终审制，一般来讲，案件经过两级法院的审理当然更有利于发现案件真实，因而也更有利于保护当事人的实体利益。但显而易见的是，这需要更多的人力、物力、财力的投入。对于当事人来说，上诉势必使诉讼持续的时间更长，而当事人在把更多的时间、金钱投入诉讼的时候，他们却因此而不得不放弃本来可以得到的其他利益，如商业上的机会、与家人一起享受天伦之乐或外出旅游获得的愉悦等。也即如我国台湾学者邱联恭所言，上诉可能使当事人诉讼外的财产权、自由权方面的利益蒙受损失。事实

---

①　2013 年 1 月 1 日起施行的《最高人民法院关于适用〈中华人民共和国刑事诉讼法〉的解释》第 299 条第 2 款规定："被告人、自诉人、附带民事诉讼当事人及其法定代理人是否提出上诉，以其在上诉期满前最后一次的意思表示为准。"根据该项司法解释的文义不难推断，当事人即便已作出了放弃上诉的意思表示，只要上诉期限尚未届满，其仍可上诉。

上，对于有些当事人来说，程序利益或诉讼外的利益较实体利益更为重要。因此，我们不仅要保障当事人的实体权利和程序权利，而且也应当保障当事人诉讼外的财产权和自由权，避免因程序设置不当而对当事人诉讼外的财产权和自由权造成损害。立法赋予当事人自由选择是否进行上诉的权利，即是为了满足当事人的不同利益偏好，以便其作符合己愿的选择。申言之，在诉讼中，有些当事人希望法院更为准确地认定事实，而有些当事人则希望尽快终结诉讼，使自己早日从纠纷的阴影中摆脱出来。而上诉和舍弃上诉即给当事人选择不同的利益诉求提供了可能。当事人可以运用这一手段平衡地追求实体权利和程序权利，防止适用程序不当造成程序利益及其他利益的损害。不言而喻，当事人舍弃上诉权后，即使一审判决不能完全满足其实体需求，其也会有更多的认同感。

（二）舍弃上诉权与处分原则相契合

处分原则，是指当事人有权在法律规定的范围内，自由支配和处置自己的民事权利和诉讼权利，可以说是当事人有权决定诉讼的开始、诉讼的对象及诉讼的终了的诉讼原则。处分原则是私法领域意思自治理念在诉讼中的延伸和扩展，我国现行《民事诉讼法》第 13 条第 2 款明确规定："当事人有权在法律规定的范围内处分自己的民事权利和诉讼权利。"从而宣示了处分原则在我国民事诉讼中的确立。与民事诉讼相比，刑事诉讼中当事人处分权的范围要窄的多，处分原则也不能构成诉讼中的一项基本原则，但是当事人对某些诉讼权利和实体权利仍享有一定的处分权。上诉权的舍弃便是当事人行使处分权的绝佳例证。对于当事人而言，上诉乃是对一审的裁判不服寻求进一步救济的手段，其目的是为了获得比一审裁判于其有利的裁判结果。在民事诉讼中，当事人在民事纠纷后是否起诉寻求法院裁判保护既然一任其自由，则当事人在一审裁判败诉后是否愿意提起上诉也应取决于其意愿而不受任何干涉。这也正是域外立法通例明确规定当事人可以舍弃上诉权的最为坚实的理由。譬如，德国《民事诉讼法》第 514 条规定："在判决宣誓后，表明舍弃控诉权时，不论对方当事人承诺其舍弃与否，都发生效力。"又如日本《民事诉讼法》第 284 条规定："提起控诉的权利，可以放弃。"即便我国现行《民事诉讼法》没有明确规定当事人可以舍弃上诉权，其实也蕴含了上诉权是可以放弃的意旨的。因为，当事人在上诉期限内不提起上诉本身适足表明其乃以不作为的形式处分了自己本应享有的上诉权。在刑事诉讼中，为了正确地实现国家的刑罚权，采取国家追诉主义，由代表国家的检察机关提起公诉启动诉讼程序。尽管如此，不服一审裁判的当事人仍享有提起上诉寻求进一步救济的权利。这与民事诉讼并无不同。对于刑事诉讼中的当事人来讲，上诉权乃是其可以处分的权利之一。而我国现行立法没有明确规定当事人可以舍弃上诉权，司法实践中甚至否认其效力。这不仅有悖于处分权的基本理念，也不符合程序公正的基本要求。一般认为，程序公正包括法官中立、当事人平等、程序参与、程序公开四个基本原则。所谓程序参与，是指权益可能受到裁判或诉讼结局直接影响的人应当有充分的机会富有意义地参与诉讼过程，并对裁判结果的形成发挥其有效的影响和作用。对于程序公正来说，最重要的就是作为争议主体的当事人能够有充分的机会参与诉讼程序。什么样的参与才是真正有意义的参与呢？那就是当事人实施的诉讼行为能够影响诉讼进程和诉讼结果，当事人处分自己权利的行为能够对法院产生约束力。我国司法实践中当事人即便舍弃上诉也不产生任何效力，恰恰表明当事人没有这种影响力。没有影响力和约束力的参与显然不能说是符合程序公正的基本要求。

我国现行《民事诉讼法》之所以没有明确规定当事人可以舍弃上诉权，或许是出于以下两种考虑：其一，严格保障当事人的审级利益。当事人舍弃上诉权后，其结果是上诉权丧失，当事人再也不能提起上诉。如果立法规定当事人舍弃上诉权，那么当事人就有可能因为考虑不周而丧失上诉权，从而致使其审级利益受损失。不过，这样的想法是不能立足的，因为顾虑可能出现的损害而限制当事人的权利，无异于本末倒置，法院完全可以通过其他途径来保护当事人的审级利益。其二，事实探知绝对化的认知。无论是刑事诉讼还是民事诉讼，我们的审判一直都强调"以事实为根据，以法律为准绳"。具体到每一诉讼，就是强调彻底查明或查清案件事实。毋庸讳言，这种司法理念在很大程度上是与当事人处分权的行使相抵触的。当事人提起上诉固然是认为一审裁判不符合自己的利益，未能满足自己的实体利益或程序利益诉求，从而要求上级法院变更或撤销对其不利的一审裁判，以实现并满足自身所期盼的程序公正或结果公正。但是当当事人认为自己的权益已经获得了满足或者当事人选择诉讼外的方式满足自己的权益抑或是当事人放弃了自己的权益时，上诉对于当事人而言就没有必要了。在某些情况下，也许一审判决结果对当事人来说并不公平，但是当事人主动放弃上诉权，不愿意再诉诸于上级法院，并非"自认倒霉"，而是在追求与其他利益间的衡平。在这种情况下，"以事实为准绳"的理念显然应当让步于当事人对自己权利的处分。

在我国近些年的司法改革中，一直强调弱化法院职权、强化当事人处分权。强化当事人的处分权不仅可以使民事诉讼制度更加适应市场经济的要求，有利于保障民事诉讼中的人权，更有利于防止法院滥用职权。但从目前的情况来看，我国的诉讼理论与实践中，当事人处分权仍受到种种的限制，在许多方面，由于当事人处分权受到不应有的限制，处分原则实际上处于一种"非原则"或"半休眠"的状态。我国现行《民事诉讼法》第 13 条之规定虽然从基本原则的高度宣示了当事人处分权的存在，因而仅从立法论上讲，当事人应该可以舍弃上诉权，但是由于立法没有对舍弃上诉权作具体的制度设计从而导致司法实践中舍弃上诉权得不到真实的体现和落实。而这只是处分原则未能贯彻的一个缩影。无怪乎有学者将我国诉讼法中的处分原则称为非约束性的处分原则，正是由于非约束性，处分原则在很多情况下不可避免的出现空洞化而很难具有统帅各项具体诉讼制度和程序之基本准则的功能，其结果直接导致司法实践中的处分原则的非原则化。依据处分原则的本意，法院原则上必须受当事人处分行为的约束。就舍弃上诉权来讲，当事人明确向法院表示不上诉，法院就必须尊重当事人的意思决定，否则即为违法。综上所述，无论是依程序选择权原理还是处分原则，当事人均是可以舍弃上诉权的。当然作为当事人实施的诉讼行为之一，舍弃上诉权只能合乎一定要件才是合法的，也才能产生相应的法律效果。

二、上诉权舍弃的要件及效力

(一) 舍弃上诉权的要件

1. 当事人适格

当事人是诉讼行为的实施者,其实施的诉讼行为若存在主体资格的瑕疵将直接影响相应行为的表意功能及实施效果,从而最终影响诉讼行为的成立及生效。在大陆法系国家或地区,当事人提起上诉必须满足一个前提,即被提起上诉的一审裁判须对上诉人存在不利益,也即上诉人享有上诉利益。我国现行《民事诉讼法》对此虽未规定,但应作同一解释。准此而言,能舍弃上诉权的当事人必须是具有上诉权的当事人,也即对一审裁判具有上诉利益的当事人。具体讲来,若一审原告败诉,则原告享有上诉权因而可以舍弃上诉权,若被告败诉,被告享有上诉权因而可以舍弃上诉权。若原、被告部分胜诉,则双方当事人均可以上诉因而也均可以舍弃上诉权。

2. 当事人具有相应的诉讼行为能力

诉讼行为能力,又称为诉讼能力,是指诉讼主体能够以自己的名义独立实施诉讼行为,并承担对方当事人所实施的诉讼行为引起的诉讼法上的效果的资格。① 诉讼行为能力是诉讼行为有效成立的必备要件。无诉讼行为能力的当事人实施的诉讼行为以及当事人对无诉讼行为能力人实施的诉讼行为都属于无效的诉讼行为。舍弃上诉权乃当事人实施的诉讼行为之一,因而若当事人欠缺诉讼行为能力,则只能由其法定代理人代为行使。另外,由于涉及当事人实质性的处分权,诉讼代理人如果代为舍弃上诉权,必须有委托人的特别授权。

3. 舍弃上诉权应在一审裁判确定前

舍弃上诉权乃当事人放弃上诉的意思表示,因此应当在一审判决确定之前为之,其包括一审判决之前舍弃上诉权,判决之后提起

---

① 赵钢、占善刚、刘学在:《民事诉讼法》,武汉大学出版社 2008 年版,第 122 页。

上诉之前舍弃上诉权，上诉提起之后的舍弃上诉权三种类型。① 在德国民事诉讼中，联邦法院承认当事人在一审法院判决之前通过诉讼合同预先舍弃上诉权的合法性。② 但是，我国台湾地区通说认为，如果在一审判决前就表示舍弃上诉权，就等于向法院表示即使受到不利益的判决也不会上诉，此举有损法院审判之威信，所以应当是无效的。笔者认为，当事人不能预先抛弃上诉利益，因而，不能在一审判决之前舍弃上诉权。当然，上诉期间届满，当事人没有提起上诉，上诉权因期间的经过而消灭，则无需当事人另行为舍弃的意思表示。

4. 舍弃上诉权须以法院为相对人

舍弃上诉权乃诉讼行为之一，须以法院为相对人。也即当事人为舍弃上诉权的意思表示，须向合议庭或者独任法官作出。当事人只需清晰地向法院作出舍弃的意思表示即可，不需要法院的批准。由于当事人舍弃上诉权时，案件仍系属于原审法院，所以舍弃上诉权相对的法院，应当是原审法院，而非上诉法院。当事人舍弃上诉权如果不是对法院作出，而是对于对方当事人作出，虽不能产生舍弃上诉权的效力，但仍产生一定的法律效果。表现为：视为双方当事人对舍弃上诉权达成了合意，这种合意在双方当事人之间生效。因此，如果当事人违反约定提出上诉，其上诉虽仍是合法的，但是若对方当事人就合意的存在进行抗辩，则第二审法院可以认定当事人的上诉欠缺上诉利益并据此裁定驳回上诉。

5. 舍弃上诉权原则上应采取书面形式

舍弃上诉权乃当事人不为上诉的意思表示，将导致提前终结整个诉讼，因此对当事人的利益影响甚巨。为使当事人郑重其事，并规范其舍弃上诉权的行为，通常认为，当事人舍弃上诉权，原则上应采取书面形式。当事人若采取口头的形式舍弃上诉权，则应由法

---

① 王甲乙、杨建华、郑健才：《民事诉讼法新论》，台湾三民书局 1991 年版，第 551 页。

② ［德］罗森贝克·施瓦布、戈特瓦尔德：《德国民事诉讼法》，李大雪译，法制出版社 2007 年版，第 1036 页。

院书记员将其内容记载于言词辩论笔录。① 当事人若不是当庭舍弃上诉权的，法院应在合理时间内通知对方当事人。值得注意的是，当事人在一审宣告判决时，若仅是表示服从判决，则不能同时认为其舍弃了上诉权。舍弃上诉权必须由当事人作出明确的意思表示。

（二）舍弃上诉权的效力

从诉讼法理上讲，舍弃上诉权乃有效性诉讼行为，② 不必经过法院的介入，只要当事人舍弃上诉权符合法律所预定的定型，就可产生法律效力。具体表现为当事人舍弃上诉权后，即当然地丧失上诉权。所以当事人舍弃上诉权后又上诉的，其上诉不合法，法院可以据此依职权裁定驳回当事人的上诉。另外，舍弃上诉权的效力只针对表示舍弃的一方当事人发生，即使在必要共同诉讼中也仅是针对舍弃上诉权的共同诉讼人生效，并不对其他共同诉讼人发生效力。如果双方当事人都舍弃上诉权，一审判决就可即时确定，无需等上诉期满。当然，基于平衡当事人双方诉讼利益、保证当事人双方武器平等、③ 维护程序安定和司法权威性的考虑，通常认为在对方当事人提起上诉时，舍弃上诉权的当事人仍可提起附带上诉。④ 基于程序安定性的原理，当事人舍弃上诉权后不能再撤回此意思表示，除非当事人能举证证明其舍弃上诉权的表意存在瑕疵。

---

① 姚瑞光：《民事诉讼法论》，中国政法大学出版社 2010 年版，第 428 页。

② 依诉讼行为的目的可将当事人的诉讼行为分为取效性诉讼行为和与效性诉讼行为。取效性诉讼行为，是向法院提出诉讼请求，并为此请求提供相应的诉讼资料和证据的行为，证明事实和主张最为典型。与效性诉讼行为，是指不必经过法院介入，直接产生诉讼法上效果的行为。

③ 武器平等原则，指的是当事人无论其在诉讼中为原告或为被告，或在诉讼外出于何种阶层之关系，在诉讼中的地位一律平等。

④ 附带上诉是指一方当事人上诉以后，被上诉人也对判决声明不服，请求废弃或变更第一审判决不利于己的部分，而扩张判决有利于己的部分的上诉行为。

三、上诉权舍弃的制度保障

（一）阐明权的行使

如上所述，当事人舍弃上诉权后，将丧失上诉权。虽然基于当事人责任，当事人应当为自己所作的选择负责，但为了更好地保障舍弃上诉权的当事人的利益，我们认为，法院有必要加强阐明权的行使，以便当事人的舍弃上诉权的行为能更符合自身的利益。真正的自由不仅仅是指人们在作决定时，不受他人的强制和依据自己的意愿来行事，而且是指人们采取行动时的"内在自由"。人们能否获得内在自由，与是否掌握相关的知识关系极大。如果一个人不能成功地按其深思熟虑做他所欲做的事情，如果他在紧要关头丧失意志或力量，从而不能做他仍希望做的事情，那么我们可以说他是不自由的，但某人因无知或迷信而不去做他在获致较佳信息的情形下会去做的事情的时候，我们有时也会视他为不自由，这就是法院在当事人舍弃上诉权时必须加强阐明权行使的正当性基础。具体讲来，在实际诉讼中，当事人有可能因为对诉讼程序知之甚少而作出错误的选择，在当事人没有充分了解舍弃上诉权会带来什么样的法律后果的情况下，让其为自己的行为负责，这并不是真正尊重当事人的处分权和当事人的程序主体地位，更像是以尊重处分权为名漠视当事人权利的丧失。在这种情况下，当事人就是"不自由"的，因为他并不拥有使其自由的相应的知识。由于我国未建立律师强制代理制度，在很多案件中，当事人并没有委托律师代理诉讼，而是自己进行诉讼。因此，为避免当事人作出错误的选择而损害自身利益，法院确有必要进行阐明，使当事人能够在对舍弃上诉权有充分了解的基础上再作出选择。

（二）意思表示瑕疵的救济

舍弃上诉权乃当事人对法院所作的一项意思表示。通常情况下，当事人的此项意思表示存在瑕疵并不能影响舍弃上诉权的成立。因为诉讼程序是由前后连续的多个诉讼行为构成的，如果允许当事人以意思瑕疵为由使得已实施的诉讼行为无效，不仅会导致诉讼程序迟延，更会影响诉讼程序安定性，使得当事人无从信赖诉讼程序。因此，对于诉讼行为，原则上拒绝类推适用民法上的意思瑕疵的规定。所以，舍弃上诉权的意思表示是否真实，应以该行为成立时当事人的客观表现为准。尽管如此，司法实践中，由于各种原因，当事人在为舍弃上诉权的行为时，出现意思表示不真实或意思表示错误的情况在所难免。如果不对当事人意思表示不真实的舍弃上诉权的诉讼行为进行救济，不仅会损害程序的正当性，更会损害实体正义的实现。所以，应当对当事人就舍弃上诉权的表意不真实提供合理救济途径，也即只要当事人有充分证据证明其舍弃上诉权的意思表示不真实，可以将其作无效诉讼行为予以处理，不发生舍弃上诉权的法律效果。

第四章 民事诉讼运行中主张的法理

第一节 民事诉讼中的抗辩

在民事诉讼中，抗辩特指被告为反驳原告所提诉讼请求而向受诉法院提出与原告所主张的请求原因事实两立的，并且能阻碍该事实的法律效果发生的事实之行为。抗辩可分为权利障碍抗辩、权利消灭抗辩、权利拒绝抗辩三种类型。这三种类型的抗辩在适用上各有其特质。无论哪种类型的抗辩，皆是被告对原告所主张的请求原因事实的附限制的自认，故抗辩具有免除原告对其所主张的请求原因事实的举证责任之机能。与此同时，抗辩又乃被告对另一法律要件事实之主张，故被告应对抗辩事实负举证责任。

一、抗辩的内涵

民事诉讼乃以解决原告与被告之间的民事实体权利争执为目的，为达此目的，受诉法院必须正确地判断原告所提诉讼请求赖以成立的民事实体法上的权利关系是否存在。由于民事实体法上的权利仅仅在观念上存在，并不能由法官直接感知。因此，原告为求得胜诉之裁判，除所提之诉讼请求为被告明示承认外，① 必须向受诉

---

① 依处分权主义之原理，被告针对原告所提诉讼请求可以向法院作出承认其有理由的表示。被告此一行为在民事诉讼中称为诉讼标的之认诺。被告为认诺后，法院将径以此为基础判决被告败诉。此为大陆法系国家或地区的通行做法，在日本的民事诉讼中，被告作出认诺后，乃由书记官将被告认诺之表示记载于笔录中，该笔录与确定判决具有同一效力。我国现行《民事诉讼法》第51条虽然明确规定被告可以承认原告所提诉讼请求，但并未同时规定其后果。不过，依诉讼法理，在我国的民事诉讼中，被告若承认原告所提诉讼请求亦应解释为具有直接导致被告败诉的法律后果。

法院主张能使诉讼请求成立的实体法上的要件事实。① 该事实在诉讼法理上称为请求原因事实。在言词辩论中，被告针对原告所主张的请求原因事实除否认、② 自认、③ 沉默、④ 不知的陈述⑤等四种态度外，⑥ 更多的乃是针对原告所主张的请求原因事实积极地陈述。即被告立足于原告所主张的请求原因事实，向受诉法院主张能排斥请求原因事实所发生的法律效果的另一要件事实。被告的此种主张行为在民事诉讼上即称为抗辩，被告由此提出的事实即称为抗

---

① 在民事实体法中，权利体系通常是以若一定的事实关系存在，则一定的法律上意义的效果即会发生的形式构成的。前者称为法律要件或构成要件，后者称为法律效果。法律效果能否被肯认，取决于符合其发生要件的具体事实是否存在。要件事实与主要事实具有同一内涵。参见 ［日］住吉博、樱井孝一：《民事诉讼法》，日本评论社 1985 年版，第 178 页。

② 所谓否认，乃指被告向受诉法院陈述原告所主张的请求原因事实不存在。在否认之场合，原告主张的请求原因事实即成为双方当事人有争执之事实，为使受诉法院确信该事实存在，原告必须提供证据证明之。

③ 所谓自认，乃指被告向受诉法院陈述原告所主张的请求原因事实是真实的。依辩论主义之原理，在被告自认时，原告所主张的请求原因事实即成为不要证事实，受诉法院可以且必须以该自认的事实为基础裁判，而不能作出与自认的事实相反的认定。

④ 所谓沉默，乃指被告对原告所主张的请求原因事实既未明确表示争执，亦未作承认其存在之表示。为促使被告积极地陈述要件事实以便法院能早日确定争点，在沉默之场合，各国或地区民事诉讼立法通常乃是将其视为被告对原告所主张的请求原因事实进行了自认。

⑤ 所谓不知的陈述，乃指被告对原告所主张的请求原因事实向受诉法院陈述"不知道、不清楚或不记得"。在被告为不知之陈述的情形下，各国或地区民事诉讼立法基于不同诉讼政策之考量对其有不同的评价。依德国《民事诉讼法》第 138 第 4 款之规定，只有事实既非被告自己所为，亦非自己亲自感知的对象时，才允许其为不知的陈述。依日本《民事诉讼法》第 159 条第 2 款之规定，被告为不知的陈述时，视为争执该事实之存在。而依我国台湾地区"民事诉讼法"第 280 条第 2 款的规定，被告为不知之陈述时，应否视同自认，由受诉法院审酌情形定之。

⑥ 无论是自认、拟制自认还是对被告为不知陈述的规制，在我国现行民事诉讼法中均付之阙如。

辩事实。① 笔者认为，欲确切地理解抗辩或抗辩事实的内涵，应当把握以下两个方面：

其一，抗辩乃被告针对原告所主张的请求原因事实之本案防御方法。从诉讼理论上讲，所谓防御方法乃指被告为使原告所提之诉讼请求不能得到法院支持而向法院提出裁判资料之行为或所提裁判资料之总称。② 根据防御之对象的不同，被告之防御方法可分为妨诉抗辩、抗辩、证据抗辩等三种形态。妨诉抗辩乃指被告向受诉法院所作的认为原告所提之诉欠缺成立要件之陈述。③ 如被告向法院提出其与原告之间存在仲裁协议、不起诉之合意即属此类。④ 因受诉法院对诉讼要件之审查通常先于其对原告所提诉讼请求是否有理由的审查，故妨诉抗辩又称本案前抗辩。证据抗辩乃指被告向受诉法院所作的认为原告所提之证据欠缺证据能力或者无证据价值要求法院不予采纳之陈述。如在返还借款之诉讼中，被告向法院主张原告所出示之借条上的署名乃伪造的即属于证据抗辩。⑤ 由此观之，在被告的各种积极防御方法中，妨诉抗辩乃被告针对诉讼要件所作之事实陈述，证据抗辩乃被告针对原告所提交的证据而作的事实陈述，此与抗辩乃被告针对原告主张的请求原因事实所作的事实陈述皆有不同。

---

① 参见 [日] 小林秀之、原强：《民事诉讼法》（第三版），弘文堂2005 年版，第 139 页。

② 参见 [日] 上田徹一郎：《民事诉讼法》（第四版），法学书院 2004年版，第 291 页。

③ 参见 [日] 兼子一、竹下守夫：《民事诉讼法》，白绿铉译，法律出版社 1995 年版，第 17 页。

④ 在诉的成立要件中，诸如当事人具有诉讼行为能力、受诉法院具有管辖权等要件属于法院依职权探知的事项，被告纵未提出异议，法院亦要主动审查这些要件是否欠缺，故而其不属于被告积极防御之对象。

⑤ 有学者认为，证据是否具有证据能力及证据价值之大小悉由受诉法院依自由心证进行判断，被告所为之抗辩仅具有促使法院注意之作用，故证据抗辩仅有抗辩之名，而无抗辩之实，不适于冠以抗辩之名。参见骆永家：《否认与抗辩》，载《法学丛刊》1984 年第 7 期。

其二，被告所主张的抗辩事实与原告所主张的请求原因事实乃两立之事实。抗辩事实属于被告向受诉法院提出的能独立产生法律效果的要件事实，其虽然具有阻碍原告所主张的请求原因事实之法律效果发生之作用，但与请求原因事实并非不能相容。在言词辩论中，被告向受诉法院提出的事实若与请求原因事实相互排斥，即非抗辩事实，而是属于附理由的否认或积极的否认。例如，在原告要求被告返还借款的诉讼中，原告为使其所提诉讼请求得到法院的支持，必须向法院主张其与被告间有金钱借贷的事实，该事实即为原告所主张的请求原因事实。被告若向法院陈述其从原告处所拿金钱并非借贷，而是原告所赠，即为附理由的否认。在附理由的否认的场合，被告虽于请求原因事实之外也主张了一新事实，从而在这一点上与抗辩相同，但该事实从本质上讲，乃与请求原因事实不能同时成立的事实，从而迥然不同于抗辩事实。因为抗辩事实尽管在法律效果上排斥请求原因事实，但与后者乃相容之事实。在上例中，被告若向受诉法院陈述原告所借金钱已经偿还，即为抗辩。因为金钱已经偿还之事实与原告所主张的借款给被告之请求原因事实乃两立之事实。一言以蔽之，抗辩与附理由的否认虽然从形式或外观上均表现为被告在原告所提请求原因事实外另行提出了一新的事实，从而异于被告仅为单纯地否认或自认，但二者之间却存在本质的差异，表现为：被告进行附理由的否认乃提出了与请求原因事实不相容之事实，而被告进行抗辩乃提出了与请求原因事实相容的事实，该事实产生独立的法律效果。区分附理由的否认与抗辩的意义在于，在民事诉讼中，依主张责任及举证责任分配之原则，被告无庸对附理由的否认事实负主张责任及举证责任。而被告进行抗辩时，因提出了与请求原因事实两立之要件事实，故被告对于抗辩事实应负主张责任及举证责任。

二、抗辩的类型

如上所述，抗辩乃被告主张与原告所主张的请求原因事实相容却排斥其所产生的法律效果的事实之行为或该事实本身。根据抗辩作用之不同，抗辩可以分为权利障碍抗辩、权利消灭抗辩与权利拒绝抗辩三种基本类型。这三种类型的划分亦与民事实体法规范可基本分为权利根据规定与权利障碍规定、权利消灭规定、权利排除规定两大对立的规范类型相因应。原告所主张的符合权利根据规定构成要件的事实即为请求原因事实，而被告所主张的符合权利障碍规定、权利消灭规定、权利排除规定的构成要件事实即为下述三种类型的抗辩事实。①

（一）权利障碍抗辩

权利障碍抗辩乃指被告基于民事实体法中的权利障碍规定向受诉法院提出的能妨碍原告所主张的请求原因事实之法律效果发生的抗辩。权利障碍抗辩的特征在于，若其成立，原告所主张的请求原因事实自始即不能产生相应的法律效果。由此观之，被告所主张的权利障碍抗辩事实与原告所主张的请求原因事实同时发生。典型的权利障碍抗辩的事实有：法律行为无效之事实，如当事人无民事行为能力、意思表示不真实、法律行为违背公序良俗或强行法的规定、欠缺法定形式等②，自始履行不能的事实③，正当防卫的事实、紧急避险的事实④。

（二）权利消灭抗辩

权利消灭抗辩是指被告基于民事实体法中的权利消灭规定向受诉法院提出的原告所主张的权利虽一度或曾经发生但现在业已消灭的抗辩。权利消灭抗辩的特征在于，若其成立，原告所主张的请求原因事实之法律效果嗣后归于消灭。因此，权利消灭抗辩事实与请求原因事实不可能同时发生，必定后于请求原因事实而发生。此乃权利消灭抗辩异于权利障碍抗辩之处。典型的权利消灭抗辩的事实

---

① 参见［德］罗森贝克、施瓦布、戈特瓦尔德：《德国民事诉讼法》（下），李大雪译，中国法制出版社 2007 年版，第 745 页。

② 参见《中华人民共和国民法典》（2021 年 1 月 1 日施行）（以下简称《民法典》）第 143、144、135 条，第 506 条）。

③ 参见《民法典》第 580 条（原《合同法》第 110 条）。

④ 参见《民法典》第 180 条（原《民法总则》第 180 条）。

有：债务消灭的事实，如清偿、免除、抵销、混同等①，解除条件成就的事实②，嗣后给付不能的事实③等。

（三）权利拒绝抗辩

权利拒绝抗辩是指被告基于民事实体法中的权利排除规定向受诉法院提出的其享有阻止原告请求权行使的权利之抗辩。权利拒绝抗辩通常乃以民事实体法中的抗辩权为基础，与权利障碍抗辩、权利消灭抗辩乃以否定原告所主张的权利之发生或继续存在为目的不同的是，权利拒绝抗辩之目的并不是为了否定原告所主张的权利之存在，而只是暂时或永久性地阻碍其有效行使。根据阻却原告权利行使期间之长短，权利拒绝抗辩可分为迟延性权利拒绝抗辩或一时性权利拒绝抗辩与排除性权利拒绝抗辩或永久性权利拒绝抗辩。前者如留置权抗辩、同时履行抗辩等，后者如诉讼时效抗辩等。④ 将权利拒绝抗辩区分为迟延性权利拒绝抗辩与排除性权利拒绝抗辩的意义在于，在被告提出迟延性权利拒绝抗辩并且成立之场合，依诉讼法理，受诉法院通常乃是作出对待给付之判决，而不是作出驳回原告诉讼请求之判决；而在被告提出排除性权利拒绝抗辩并且成立之场合，法院将会作出驳回原告诉讼请求之判决。不过，不管是哪种类型的权利拒绝抗辩，对于被告而言，其不仅要向法院提出抗辩权发生之基础事实，并且要向法院主张其抗辩权在诉讼外已向原告行使过的事实，此乃权利拒绝抗辩不同于权利障碍抗辩与权利消灭抗辩之处。对于后两种类型的抗辩而言，被告只须提出抗辩成立之要件事实即为已足。而在权利拒绝抗辩的场合，如果被告在诉讼外未行使此抗辩权并且在诉讼上亦未表示行使该权利的意思，则受诉法院纵然从被告的

---

① 参见《民法典》第 557 条（原《合同法》第 91 条）。

② 参见《民法典》第 562 条（原《合同法》第 93 条）。

③ 参见《民法典》第 563 条（原《合同法》第 94 条）。

④ 参见王泽鉴：《法律思维与民法实例》，中国政法大学出版社 2001 年版，第 174 页；黄立：《民法总则》，中国政法大学出版社 2002 年版，第 67 页。

事实陈述中查明抗辩权已存在，其亦不得主动斟酌并采纳为判决的基础。① 日本最高法院在 1952 年 11 月 27 日所作的一则判决中对此曾有明示，该判决认为，对于诸如免除、清偿等事实抗辩而言，如果该抗辩的受益人对构成事实抗辩的事实关系提出主张时，无论对方当事人是否也对此进行了主张，法院均需予以斟酌。与此相反，对于诸如留置权等权利抗辩而言，尽管抗辩权成立之要件事实被当事人主张，但只要权利人未表明行使该权利的意思，法院就不能对此予以斟酌。② 我国最高人民法院于 2008 年 9 月 1 日发布的《关于审理民事案件适用诉讼时效制度若干问题的规定》第 3 条"当事人未提出诉讼时效抗辩，人民法院不应对诉讼时效问题进行释明并主动适用诉讼时效的规定进行裁判"之规定，事实上亦蕴含了诉讼时效抗辩必须在被告主动援引或表明行使诉讼时效抗辩权的意思后，受诉法院始予以斟酌判断之意旨。也正是由于权利拒绝抗辩所具有的上述特质，学者一般将其称为权利抗辩或需主张的抗辩，而将权利障碍抗辩、权利消灭抗辩称为事实抗辩或无需主张的抗辩。

三、抗辩的机能

如上所述，抗辩乃被告向受诉法院提出与原告所主张的请求原因事实两立的事实之行为，抗辩事实所产生的法律效果能阻碍、消灭、排除原告请求权的行使。究其实质，抗辩乃被告根据与民事实体法中的权利根据规定相对立的反对规定即权利障碍规定、权利消灭规定、权利排除规定所为的要求法院驳回原告所提诉讼请求之事实主张。总体而言，抗辩在民事诉讼中的意义或机能体现在以下两个方面：

① 参见［德］穆泽拉克：《德国民事诉讼法基础教程》，周翠译，中国政法大学出版社 2005 年版，第 239 页。

② 参见［日］高桥宏志：《民事诉讼法制度与理论的深层分析》，林剑锋译，法律出版社 2003 年版，第 363 页。

　　其一，被告提出抗辩，事实上即免除了原告对其所主张的请求原因事实的举证责任。在民事诉讼中，原告为使法院确信其所主张的请求原因事实，应提供证据证明之，但在被告对请求原因事实作出自认的表示时，该事实即成为不要证事实，从而免除了原告之举证责任。在案件审理中，被告若针对请求原因事实提出抗辩，无论其为权利障碍抗辩、权利消灭抗辩还是权利拒绝抗辩，均须以承认原告主张的请求原因事实真实为前提，否则其即不是抗辩而仅为附理由的否认，这是由抗辩事实乃与请求原因事实两立或者不矛盾之本质属性所决定的。因而，抗辩总是具有这样的构造，被告在承认原告主张的请求原因事实之基础上，另外提出了具有独立法律效果的法律要件事实。从原告之视角来观察，抗辩实乃被告针对请求原因事实所作的附限制的自认。故在被告提出抗辩时，事实上即免除了原告对其所主张的请求原因事实的举证责任。以前面所提到的原告要求被告返还借款的诉讼为例子，被告针对原告所主张的请求原因事实即借贷事实，无论是提出借款时自己无行为能力的权利障碍抗辩、借款已还或已由原告免除的权利消灭抗辩，还是提出借款债权已过诉讼时效的权利拒绝抗辩，事实上均是以被告承认原告所主张的借贷事实这一请求原因事实为前提的，从而成立对请求原因事实的自认而免除原告对其所负之举证责任。

　　其二，被告应对其所提之抗辩事实负举证责任。民事诉讼以解决当事人之间的私权争执为目的，在诉讼中，原被告双方当事人地位平等，拥有同等的攻击防御手段。为贯彻当事人平等原则，在民事诉讼中，举证责任不能由原告或被告一方承担而是由双方当事人分担。具体而言，原被告双方应对各自所主张的于其有利的要件事实负举证责任。我国现行《民事诉讼法》第 64 条第 1 款"当事人对自己提出的主张，有责任提供证据"之规定即明示此意旨。根据该条的规定，"主张"应被解释为原被告双方各自提出的能独立产生法律效果的要件事实，而一方当事人对于对方当事人所主张的事实的否认，无论其为单纯的否认还是附理由的否认均不能被理解为主张，否则，将会导致原被告双方当事人对同一要件事实分别从存在、不存在两个层面负举证责任的荒诞后果。据此笔者认为，我国现行《民事诉讼法》第64条第1款中的"主张"应当分别指原告为使诉讼请求成立而提出的请求原因事实与被告为反驳原告所提诉讼请求而提出的抗辩事实。申言之，在我国的民事诉讼中，原告应对自己主张的请求原因事实负举证责任，被告则应对自己提出的抗辩事实负举证责任。例如，在买卖合同诉讼中，作为原告的卖方要求作为被告的买方支付价金，为使所提诉讼请求能得到法院的支持，原告需向法院主张买卖契约已缔结之事实，该事实即为请求原因事实。被告若对此予以否认，原告应对该事实之存在负举证责任。被告若向法院提出买卖契约缔结时，意思表示不真实或自己为无民事行为能力人或限制民事行为能力人即为权利障碍抗辩；被告若向法院主张买卖价金已经支付则为权利消灭抗辩，被告若向法院主张同时履行抗辩权或提出诉讼时效抗辩则为权利拒绝抗辩。在原告对前述抗辩事实予以否认时，① 被告应对这些抗辩事实的存在负举证责任。在我国的民事司法实践中，由于长期对抗辩尤其是权利障碍抗辩的内涵缺乏明晰之认识，往往不当地扩大请求原因事实之范围而导致原告所负之举证责任加重。

---

① 针对被告所主张的抗辩事实，原告可以提出与其两立的另一法律要件事实，此在诉讼法理上称为再抗辩。被告针对原告所提之再抗辩事实，可以再主张与其两立的另一法律要件事实，称之为再再抗辩。如上例中，原告针对被告关于自己在缔约时为限制民事行为能力人之抗辩，可以向法院主张合同事后已得到了被告的法定代理人之追认，此即为再抗辩。原告若进一步主张其法定代理人所作之追认意思表示不真实，即为再再抗辩。在民事诉讼中，原告应对请求原因事实、再抗辩事实负举证责任，被告则应对抗辩事实、再再抗辩事实负举证责任。参见 ［日］伊藤滋夫、难波孝一：《要件事实的基础理论》，青林书院2005年版，第565页。

第二节　主张的具体化

在采行辩论主义运作方式较为妥当的民事诉讼领域，当事人欲使其所期待的某一法律要件所生之法律效果能为受诉法院认定，必须积极地向受诉法院主张符合该法律要件的事实。① 当事人若未为此主张，便将遭受该法律要件所产生的法律效果不能得到法院认定之不利益。受诉法院经由证据调查纵然知晓此法律要件事实存在，亦不能径将其作为裁判的基础。这一事实认定过程的规律在民事诉讼中称为主张责任的法理。② 对于负主张责任的当事人而言，③ 其仅向受诉法院抽象地主张某一法律要件事实之存在尚不能认已完成主张责任，而是需要向受诉法院作具体性的陈述，此即主张的具体化（Substantiierung）。关于主张的具体化，德国自帝国法院时起即积累了丰富的判例，学说上也有许多探究。在日本，自上世纪 70年代开始即有学者致力于介绍德国关于主张具体化的判例与学说。此后，在承袭德国学说的基础上，日本对主张的具体化理论也有所发展。我国的民事诉讼在构造上与德国及日本的民事诉讼相近，民事审判实践中也一直致力于辩论主义运作方式的建立，主张的具体

---

① 在民事实体法中，权利体系通常是以若一定的事实关系存在，则一定的法律意义上的效果即会发生的形式构成的。前者称为法律要件或者构成要件，后者称为法律效果。法律效果有权利的发生、障碍以及消灭等形态。法律效果能否被肯认，取决于符合其发生要件的具体事实也即法律要件事实是否存在。参见 ［日］住吉博、樱井孝一：《民事诉讼法》，日本评论社 1985年版，第 178 页；［日］伊藤滋夫、难波孝一：《要件事实の基础理论》，青林书院 2005 年版，第 565 页。

② 在适用辩论主义的民事诉讼中，当事人具有划定作为法院裁判基础的资料范围之权能，主张责任法理之所以适用，实乃肯认当事人有此权能的当然结果。参见 ［日］高田裕成：《弁论主义》，载《法学教室》2000 年第11 期，第 15 页。

③ 主张责任在双方当事人之间的分配以证明责任的分配为基准乃为通说。参见 ［日］前田达明：《主张责任と立证责任について》，载《民商法杂志》（第 129 卷）2004 年第 6 期，第 777 页。

化关系到当事人的主张是否适格进而关系到当事人是否已完成了主张责任，是我们建构辩论主义民事诉讼运作方式无论如何也不能绕开的问题。因此，探讨德国、日本民事诉讼中的主张具体化理论及其对我国民事诉讼立法的启示，不仅具有理论价值，也颇具实践意义。

一、主张具体化的内涵及确立依据

（一）主张具体化的内涵

从语义学上考察，主张的具体化在德语文献中称为"Substantiierung"，日本学者将之译为"具体化"，但从字面含义上看，"具体化"并不能完全涵盖"Substantiierung"的意旨。这一点并不为日本学者所否认，他们认为，在日语中找不出一个与德语中的"Substantiierung"内涵相同的语词，以"具体化"指称之基本妥适。① "Substantiierung"的中文可译为"证实性"、"使具有实质根据"，基于文献利用、检索的便利性之考虑，本文也以"具体化"指称之。从学理上讲，主张的具体化具有两个层面的内涵：其一，当事人向受诉法院主张法律要件事实时，不能仅仅抽象地为之，而应作具体性的陈述。例如，关于"金钱的交付"这一要件事实，当事人必须具体陈述"何时"、"在哪儿"、"以什么样的方式"交付金钱的事实。② 其二，当事人所为之事实主张不能是凭空捏造的或仅为射幸式的陈述，而应当具有一定的线索或根据。因此，当事人所为之事实主张从外观上看虽然非常明确、具体，但事实上，其明显是恣意的陈述或者为欠缺明显线索的漫无目的之主张，也不能认为是满足了具体化的要求。③ 例如，原告以其因使用

---

① 参见［日］畑瑞穗：《模索的证明·事案解明义务论》，载铃木正裕先生古稀祝贺纪念文集：《民事诉讼法の史的展开》，有斐阁 2002 年版，第611 页。

② 参见［日］畑瑞穗：《主张的具体化》，载《法学教室》2000 年第11 期，第23 页。

③ 参见 BGH, Urt. V. 12. 6. 1996, NJW-RR1996, 1212, BGH, Urt. V. 25. 4. 1995, NJW1995, 2111; Schilken, Zivilprozessrecht, s. 268, 3. Aufl, 2000。

木材防腐剂导致健康受到损害为由将制造商作为被告提起损害赔偿之诉。在诉讼中，原告主张其免疫系统与中枢外围神经系统因涂刷木材防腐剂而受到不能恢复之损害，并申请法院对此进行鉴定。由于原告所主张的健康受到损害以及该损害应归咎于木材防腐剂的使用仅为原告的无合理根据之推测，故其所为之主张不符合具体化的要求。① 又如，小汽车于行驶途中与一棵大树相撞致同乘者死亡，其继承人以车主为被告提起损害赔偿诉讼。被告向法院主张同乘者在汽车撞上大树之前已经因心脏麻痹而死亡。此处被告之主张即为恣意捏造的事实而不符合具体化之要求。②

在德国、日本的民事诉讼中，当事人向法院所为的事实主张若未具体化，将被认为是不适格的主张，法院并不将之作为审理的对象予以斟酌，其结果，当事人因未能尽主张责任而遭受败诉的不利益。③ 由此可知，主张的具体化攸关当事人的利益至巨，也正因如此，其确立须有坚实的依据始谓有正当性。

---

①　参见 Gehrlein, ZivilprozessrechtnachderZPO-Reform2002, s. 134, 2001。

②　参见［日］佐上善和：《民事诉讼にぉける模索证明について——不适法根据の检讨》，载《民商法杂志》第78卷（1978年）临时增刊《法と权利》，第207页。

③　参见［日］畑瑞穗：《主张的具体化》，载《法学教室》2000年第11期，第23页。德国联邦最高法院通过判例就主张的具体化建立了一项准则，即主张是否需要具体化应视对方当事人的防御态度而定，在对方当事人未予否认的场合，抽象化的主张即为已足，仅在对方当事人予以争执时，负主张责任的当事人才有必要对其抽象的主张作具体性的陈述。例如，原告基于所有物返还请求权请求被告返还所有物，原告在被告未作争执之场合，抽象地主张其为所有权人即可；被告若对此有争执，必须具体地陈述其取得所有权的原因。德国联邦法院虽未明示确立该项准则的根据何在，但德国学者一般认为，作如此处理的目的是为了迅速推进诉讼，因为在民事诉讼中，法院裁判的重要事实资料仅以当事人有争执的为限，为避免增加不必要的诉讼资料，在对方当事人无争执时，毋须要求主张的具体化。参见［日］畑瑞穗：《民事诉讼にぉける主张过程の规律》（一），载《法学协会杂志》第112卷（1995年）第4期，第494~495页。

（二）主张具体化的确立依据

1. 实定法上的依据

德国民诉法中并没有关于主张具体化的明确规范，毋宁认为其乃是德国帝国法院乃至联邦法院经由禁止摸索证明的判例而确立的规制当事人主张的法则。在民事诉讼中，由于负主张责任的当事人在对方当事人对其所为的事实主张进行争执时，负有提供证据进行证明的责任，故一般意义上讲，当事人的主张同时即构成证明的主题或证明对象。成为问题的是，当事人能否就抽象的事实主张或证明主题申请法院进行证据调查，并借此试图进一步为事实主张。在德国的裁判实务中，这一问题主要在非婚生子女对生父的扶养请求诉讼、离婚诉讼及认领子女的诉讼中存在。[1] 在非婚生子女请求扶养及要求认领的诉讼中，作为被告的生父为反驳原告的诉讼请求，在没有具体线索的情形下，以原告的母亲在受胎期间曾经与多数人保持不正当关系这一事实进行抗辩（所谓抽象的多数关系人抗辩）。为证明这一抗辩事实，被告申请法院传唤原告的母亲作为证人进行询问。被告打算基于法院询问原告母亲的证据调查结果以判断原告的母亲是否与第三人有不正当的关系，如果有的话，则试图引出谁为相对人。对于被告的这一证据调查申请，德国帝国法院认为，被告若提出了具体的多数关系人的抗辩，其申请法院将原告的母亲作为证人进行询问是合法的，应予准许。相反，若被告提出的仅为抽象的多数关系人抗辩，则只有在被告关于其主张有充分的线索（Anhaltspunkte）之情形下始允许将原告的母亲作为证人予以询问。被告仅提出抽象的多数关系人抗辩并申请法院进行证据调查乃不合法的摸索证明

---

[1] 参见［日］谷口安平、福永有利：《注释民事诉讼法》（6），有斐阁1995年版，第148页。

（Ausforchungsbeweis），不应准许。①

　　在离婚诉讼中，原告以被告不贞为由请求法院判决离婚。原告在主张被告具有不贞行为时并未明确表示相对人，在此情形下，是否准许其提出的要求被告宣誓②自己不存在不贞行为之证据调查申请即为问题之所在。对此，德国帝国法院认为，根据德国《民事诉讼法》第 451 条的规定，一方当事人要求对方当事人进行宣誓的事实必须特定。为此，离婚诉讼中，一方当事人所为的认为对方当事人存在不贞行为却未表示与其有不贞行为者之姓名的主张乃不特定的一般性主张，在此种场合下，要求对方当事人对此进行宣誓通常是不适法的。德国帝国法院同时认为，宣誓不能作为一方当事人探寻对于对方当事人不利的材料的手段。这一原则必须无条件地遵守。没有确实的线索，基于不特定的推测而要求对方当事人进行宣誓是不予准许的。③

　　从德国帝国法院的上述判旨中，我们可以进一步看出，德国帝国法院乃是从禁止当事人借助于证据调查获得原本不持有的对其有利的材料这一层面来阐释主张的具体化的。摸索证明之禁止乃主张具体化的一般理论在证据调查阶段或领域的具体体现或应用。此

---

　　① 参见［日］佐上善和：《民事诉讼にぉける模索证明について——不适法根据的检讨》，载《民商法杂志》第 78 卷（1978 年）临时增刊《法と权利》，第 202 页。

　　② 在德国的民事诉讼中，直至 1933 年民事诉讼法修改后，才确立将当事人本人作为证据方法予以讯问的当事人讯问制度，此前一直为当事人宣誓制度。根据当时的德国《民事诉讼法》第 445 条、447 条的规定，负证明责任的当事人可以要求对方当事人就其所为行为的事实进行宣誓，若对方当事人拒绝宣誓，该事实主张即视为已得到证明。以存在不贞行为的事实主张为例，不负证明责任的当事人若就自己没有不贞行为进行了宣誓，则不贞行为的不存在即视为已得到证明；若其无正当理由不予以宣誓，则对方当事人关于不贞的主张视为已得到证明。

　　③ 参见［日］畑瑞穗：《民事诉讼にぉける主张过程の规律》（一），载《法学协会杂志》第 112 卷（1995 年）第 4 期，第 512 页。

外，从判旨的论证框架观之，德国帝国法院在阐释主张的具体化时，不仅仅着眼于当事人主张的具体性，而且强调当事人的主张须有确实的线索，而非欠缺"有怀疑的根据"的推测性陈述。尽管在德国帝国法院时期，存在与上述判例意旨不同的判决，但并未形成主流。① 德国帝国法院关于主张具体化所持之立场一直为二战后的德国联邦法院所承袭。虽然伴随德国民事实体法、民事诉讼法的修正，帝国法院时期关于主张的具体化或禁止摸索证明的主要适用领域已渐次消失，② 但德国联邦法院在其他领域关于主张的具体化或禁止摸索证明的阐说因袭了帝国法院关于这一问题所持之见解。德国联邦法院在其所作的一系列相关判决中坚持认为，当事人的事实主张若仅为抽象的、一般性的陈述，或者虽然在外观上明确、具体，但事实上乃信口开河，无根据的凭空捏造仍是不适法的主张，当事人以此作为证明主题申请法院进行证据调查是不被许可的。③

如上所述，主张的具体化在德国的民诉法中并无明确的立法依

---

① 参见 ［日］畑瑞穂：《民事诉讼にぉける主张过程の规律》（一），载《法学协会杂志》第 112 卷（1995 年）第 4 期，第 514 页。

② 首先，1933 年德国修改了其《民事诉讼法》，当事人讯问制度取代了当事人宣誓制度，离婚诉讼中作为摸索证明处理的宣誓要求不适法这一问题已不复存在。其次，1969 年德国通过了《非婚生子女地位法》，废除了德国《民法》第 1717 条关于非婚生子女对生父的扶养请求的规定。以前作为通常诉讼对待的扶养请求诉讼中，生父为否认父子关系存在而主张抽象的多数关系人抗辩已无适用的余地。最后，德国于 1976 年修改了民法典，对离婚原因采婚姻破裂一元化的立场，先前作为绝对离婚原因的不贞也已不再成为问题。参见 ［日］佐上善和：《民事诉讼にぉける模索证明について——不适法根据の检讨》，载《民商法杂志》第 78 卷（1978 年）临时增刊《法と权利》第 201 页；［日］畑瑞穂：《民事诉讼にぉける主张过程の规律》（一），载《法学协会杂志》第 112 卷（1995 年）第 4 期，第 548 页。

③ 参见 BGH, Urt. VIIZR140, 1993；BGH, Urt. VIIIZR251, 1995；BGH, Urt. VIZR192, 1999；BGH, Urt. ZR114, 2000；BGH, Urt, IXZR66, 2001；BGH, Urt. VIIZR202, 2004；BGH, Urt. XZR183, 2006；BGH, Urt. VIIIZR138, 2007。

据，其乃是经由判例创建的关于当事人主张的法则。① 与此不同的是，在日本，无论其是1926年的旧《民事诉讼法》还是1996年重新制订的新《民事诉讼法》法，均有当事人申请法院进行证据调查必须特定应证明的事实的规范（日本旧《民事诉讼法》第258条第1款，日本现行《民事诉讼法》第180条第1款）。由于这两项条文乃关于证据调查的总则性规范，适用于所有的证据方法，因而可以认为其昭示或蕴含了当事人的主张须具体化的要求。日本学者一般认为，从立法论上讲，证明主题的特定性即要求当事人申请法院进行证据调查时，不能仅抽象地提示证明主题并试图借助于证据调查而进一步使其主张具体化。这样的证据调查是不合法的因而不应得到法院的准许。② 不过，笔者认为，严格意义上讲，日本《民事诉讼法》关于证明主题应予特定的规范仅蕴含了主张具体化的第一层面的要义，也即当事人必须具体地陈述事实。从证明主题

---

① 德国《民事诉讼法》于1933年修改之前，第451条关于一方当事人要求对方当事人进行宣誓的事实必须特定的规定，在解释上应可以认为其蕴含了当事人的主张须具体化的要求。不过，当事人在申请法院进行证据调查时必须特定证明主题，并没有作为证据调查的总则性规范规定于德国民诉法中。也即在德国的民事诉讼中，当事人申请法院进行其他证据方法的调查时，如申请法院进行鉴定、勘验、申请法院传唤证人作证等，并未被要求必须特定证明主题。因此，严格意义上讲，德国《民事诉讼法》第451条尚不能作为主张具体化的立法依据。德国《民事诉讼法》于1933年修正后，当事人讯问制度取代了当事人宣誓制度，在当事人讯问制度中，并无立证事项必须特定的规范。虽然德国《民事诉讼法》在废除当事人宣誓制度的同时效仿奥地利1895年《民事诉讼法》第178条确立了当事人的真实义务的规范，要求当事人在陈述事实时应作完全而真实的陈述（德国《民事诉讼法》第138条第1款）。不过，依据德国通说之见解，真实义务仅禁止当事人明知违反真实而主张或争执对方当事人的主张，也即真实义务只不过禁止当事人有意识地进行虚假的陈述，至于欠缺线索基于推测的主张则不能被认为是违反真实义务。因而德国《民事诉讼法》第138条第一款并不能作为主张具体化的立法依据。

② 参见［日］兼子一、松浦馨、新堂幸司、竹下守夫：《条解民事诉讼法》，弘文堂1986年版，第959条；［日］中野贞一郎、松浦馨、铃木正裕：《新民事诉讼法讲义》（第2版），有斐阁2004年版，第318页。

必须特定的规范中并不能推衍出当事人的事实主张必须有具体的线索或根据，而不能为全部基于推测的陈述之结论。因此，在日本的民事诉讼中，当事人将形式上业已特定或具体化但实质上乃全部基于推测的事实主张作为立证事项或证明主题，申请法院进行证据调查时，法院便不能直接认为其违反了《民事诉讼法》关于应证明的事实必须特定的规范要求而不适法。譬如，被告为否认其与原告之间存在父子关系，基于猜测主张原告的母亲在受胎期间与甲、乙、丙同时具有不正当关系。为证明该事实主张，被告申请法院将原告的母亲作为证人进行询问。由于从形式上看，被告所主张的原告的母亲在受胎期间与甲、乙、丙同时具有不正当关系这一事实乃特定的立证事项，符合日本《民事诉讼法》关于立证事项必须予以特定的要求，故法院不能当然地认为原告的证据调查申请不适法。① 对此问题，日本学者从解释论上寻求解决的依据，认为证据调查的目的在于让法院形成对当事人事实主张的确信，证据调查自身不能作为当事人获得情报的手段，故对于欠缺具体的线索或根据的事实主张，法院即没有理由认为其存在证据调查的必要性。当事人在证明主题欠缺具体线索或根据的情形下申请法院进行证据调查乃脱法行为，仍然不适法。② 由此笔者认为，日本《民事诉讼法》虽没有关于主张具体化第二层面要义的规范，但学说上其与德国联邦最高法院关于主张具体化或摸索证明禁止所持的见解并无不同。

在 1996 年日本新《民事诉讼法》颁行之前的裁判实务中，由于日本旧《民事诉讼法》并没有设专门的争点整理程序，法院一般不待争点明确即尝试着进行证据调查（因此种证据调查历经的时间长，效率低，学者一般称之为"五月雨"式的证据调查）。因而在日本的旧法时代，对主张的具体化问题并不太重视。与德国关

---

① 参见［日］高桥宏志：《重点讲义民事诉讼法》（补订版），有斐阁 2006 年版，第 80 页。

② 参见［日］高桥宏志：《重点讲义民事诉讼法》（补订版），有斐阁 2006 年版，第 80~81 页。

于主张的具体化累积了丰富的判例截然相反，日本基本上没有关于进入证据调查之前，当事人的主张应如何为之才为适法的判例。仅在为数不多的地方法院所作的裁判例中，就当事人申请文书提出命令应如何表明要证事实（日本旧《民事诉讼法》第 313 条）始符合证明主题的特定之要求这一层面就主张的具体化有过阐释。① 尽管这一现状并没有随着日本《民事诉讼法》的实施而得到实质性的改观，但由于日本新《民事诉讼法》强调法院必须在明确争点，充实辩论的基础上集中进行证据调查（日本新《民事诉讼法》第 182 条），主张的具体化在日本的实务中已成为无论是法院还是当事人都必须正视的问题。为因应新《民事诉讼法》的实施，日本最高法院制订了新的《民事诉讼规则》，新民诉规则首次正面强调当事人必须使其事实主张具体化，要求当事人应于诉状、答辩状及其他准备书状中就要证事实作"具体的"记载。（日本新《民事诉讼规则》第 53 条第 1 款、第 80 条第 1 款、第 81 条）尽管依日本的官方解释，民诉规则的上述规定仅为训示规范，而非效力规范，但将其作为主张的具体化予以正面确立的法律依据应是没有疑问的。②

2. 主张具体化的法理依据

如上所述，作为规制当事人主张行为的一项法则，主张的具体化在德国乃是经由联邦最高法院的判例创建的，而在日本，主张的具体化乃是由其民诉法与民诉规则所确立的。虽然确立路径不同，但关于主张具体化的内涵或要求在德国法与日本法上并无实质差异，二者均强调当事人不能抽象地进行事实主张，而是应在特定线

---

① 参见［日］高桥宏志：《证据调べについて》（三），载《法学教室》2000 年第 5 期，第 94 页；［日］畑瑞穗：《民事诉讼における主张过程の规律》（一），载《法学协会杂志》第 112 卷（1995 年）第 4 期，第 621 页。

② 参见［日］伊东俊明：《主张过程における当事者の情报提供义务》，载《横浜国际经济法学》第 15 卷（2007 年）第 3 期，第 2 页。由于日本民诉法第 3 条明确授权日本最高法院可以规则形式规定与民事诉讼程序有关的必要事项，因而日本最高法院制订的民诉规则具有授权立法之性质而具有作为法律依据的效力。

索或根据的基础上作具体的陈述。主张的具体化之所以在德国、日本法中予以确立，自有其坚实的正当性基础或法理依据。根据德国与日本的学说，主张具体化的法理依据可以从维护法院的审理利益、保障对方当事人的防御利益以及保护作为证据方法的第三人的利益这三方面去寻求。

（1）维护法院的审理利益

在民事诉讼中，一方当事人的事实主张在对方当事人对其予以争执时即成为法院进行证据调查的对象或证明主题。为避免不必要的证据调查，法院在证据调查开始前必须确认当事人之间就哪些事实存在争执。当事人若仅抽象地主张事实，法院将无法有效判断该事实主张是否具有进行证据调查的必要性。① 此外，在当事人的事实主张没有特定或虽形式上业已特定却为欠缺具体线索或根据的轻率的主张或抗辩之情形下，法院很难进行充实的或适切的证据调查并获得有意义的证据调查结果。不仅如此，法院就不特定的证明主题实施证据调查，将不可避免地花费不必要的时间与劳力从而导致审理效率低下与诉讼迟延。为方便法院有效判断证据调查的必要性并求证据调查的充实进行，当事人主张的具体化十分有必要。②

（2）保障对方当事人的防御利益

在民事诉讼中，一方当事人对于负主张责任的当事人所为的事实主张有自认、否认、沉默及作不知的陈述四种态度，而以否认或争执为常态。若负主张责任的当事人仅抽象地主张事实，因其攻击方向或目标不甚明确，对方当事人显然很难进行有效的防御。另外，若在证据调查阶段才能让当事人明了详尽的事实争点，为保障对方当事人的防御权，须给其进一步提供反证的机会，由此将很可能导致诉讼迟延。不仅如此，在负主张责任的当事人仅抽象地主张事实之场合，对方当事人为提出抗辩必须详细地陈述相关事实，从

---

① 参见［日］畑瑞穗：《主张·否认のぁりたについて》，载《民事诉讼杂志》2001 年第 47 期，第 236 页。

② 参见［日］门口正人编集代表：《民事证据法大系》（第 2 卷），青林书院 2004 年版，第 124 页。

而会遭受情报开示的不利益，而在民事诉讼中，当事人并无义务为了对方胜诉而披露情报。① 质言之，从保障对方当事人的防御利益之立场考虑，主张的具体化也有其必要性。

（3）保护作为证据方法的第三人的利益

在民事诉讼中，负证明责任的当事人若仅抽象地主张事实或提示证明主题即可要求作为证据方法的第三人作为证人接受法院询问，将使得证人必须回答法院就不特定的多数事实所作之询问，这对于证人来讲显然失之过苛，殊为不当。② 为避免证人过分地"受良心之纠葛"而回答与查明案件事实无关的琐细的、无聊的质问，维护证人应有之人格利益，当事人亦有义务使其主张具体化。③

二、主张具体化的界限

如上所述，在民事诉讼中，为充实法院的证据调查，维护对方当事人的防御利益及作为证据方法的第三人的正当利益，当事人的主张应予以具体化。不过，由于具体化乃程度问题，具体化要求程度过高或过低皆不妥当。具体化要求程度过高，将增加当事人主张、立证的困难，导致诉讼资料的泛滥与审理的烦杂与混乱，反而阻却主张具体化的目的之实现；而具体化要求程度过低，显然也不能达到主张具体化的目的。因而当事人的主张究竟应达到什么样的具体化才能认为是适格的主张或者说主张具体化的界限何在即为我们探讨主张的具体化不可回避的重要问题。

（一）德国的判例与学说关于主张具体化的界限之见解

1. 德国判例之见解

德国联邦法院在其所作之判例中关于主张应达何种程度的具体

---

① 参见［日］畑瑞穗：《民事诉讼にぉける主张过程の规律》（二），载《法学协会杂志》第 114 卷（1997 年）第 1 期，第 57~58 页。

② 证人若仅抽象地回答作为证明主题的事实是否存在，将使法院无法充分地判断证人证言是否具有可信凭性。

③ 参见［日］佐上善和：《民事诉讼にぉける模索证明について——不适法根据の检讨》，载《民商法杂志》第 78 卷（1978 年）临时增刊《法と权利》第 206 页。

化之阐释，大多是立足于批判下级法院即州高等法院过分要求主张具体化之立场进行的。德国的州高等法院通常以下述两点理由为依据认为原告的主张不适格，其一，原告的事实主张必须达到被告能对其作充分的相对应的防御程度的具体化；其二，原告若不开示关于契约成立之际的详细情节，被告将无法对其进行实质性的反驳，从而原告以此为证明主题申请法院进行证据调查即属于不适法的摸索证明。① 德国联邦法院则总是批评州高等法院课予了当事人过重的主张责任，认为原告并不负有为促进真实发现而尽可能详细地陈述使所提之诉有根据的事实之义务。② 在累积的判例中，德国联邦法院反复强调当事人的主张是否满足了具体化的要求应遵循以下立场予以判断：

第一，通常情形下，原告所主张的事实只须达到能满足法院对其作重要性审查的具体化即可，原告毋须陈述与法律效果的发生无关的细节性事实。易言之，原告所陈述的事实若与一定的法律规范相结合能够合理地推断其所主张的权利为自身享有，进而使得所提诉讼请求有适当的根据，即可认为其所为主张乃充分的（Schlüsig），从而也是重要的（Erheblich）。由于这样的事实主张作为证明主题能满足法院的重要性审查，故符合主张的具体化要求。如原告主张契约成立的事实，只须就当事人间达成合意的事实予以具体陈述即可，而契约订立的时间、场所等细节则并无陈述的必要，因为这些细节性的事实与契约成立的法律效果无关。③

第二，原告对其所主张的事实只有在对方当事人也即被告对其予以否认，并且根据否认，已不能合理地推断主张的法律效果之情

---

① 参见［日］森勇：《主张と否认の具体化について》，载《民事诉讼杂志》1988 年第 34 期，第 211 页。

② 参见［日］畑瑞穗：《民事诉讼にぉける主张过程の规律》（二），载《法学协会杂志》第 114 卷（1997 年）第 1 期，第 2 页。

③ 参见 BGHNJW1962，1394；NJW1984，2888；NJW2000，3286；NJW-RR2002，1433；NJW-RR2003，69；NJW2005，2710。

形下才有进一步具体陈述的必要。①

第三，原告的主张，依照生活经验法则予以判断，具有多大程度的可信凭性（Plausibilität）原则上均与具体化的程度无关。因此，主张的具体化并不绝对地禁止原告作出推测性的陈述，只要事实主张不是凭空捏造、捕风捉影的或不着边际的，仍可认为其为妥当的陈述。②

2. 德国学说之见解

从德国的学说来看，关于主张具体化的程度或界限基本上存在两种见解。第一种见解认为，当事人必须陈述使主张具有可信凭性（Plausibilität）依据的事实（Auhaltspunkt），当事人仅主张能涵摄法律要件的事实尚属不足，另一种见解与德国联邦法院的判例的立场相同，认为当事人主张涵摄法律要件的事实也即能满足法院作重要性审查的事实即符合具体化的要求。

（1）当事人必须陈述使主张具有可信凭性的事实之见解

该说的提倡者以德国学者 Stürner 为代表，认为联邦法院的判例所确立的关于主张具体化的判断基准并不妥当。因为依此基准来判断当事人的主张是否适格，并不能达到排除当事人进行无合理根据的诉讼与法院进行无益的证据调查之目的。为防止诉讼追行权的滥用，避免法院无谓耗费解决其他民事纷争的时间与劳力，增加对方当事人及证人不必要的负担，应要求当事人所进行的诉讼是有合理根据的，而不是轻率的。而实现这一目的，除要求当事人的事实主张具有可信凭性外，别无他途。为此，当事人必须具体陈述使主张具有可信凭性的事实。Stürner 认为，主张具体化的上述要求事实上可以从实定法上找到依据。德国《民事诉讼法》第331条所确立的缺席判决制度即为最重要的依据。其认为，根据该条的规定，在被告缺席法院的审理时，法院并不一定就能对被告作出缺席

---

① 参见［日］森勇：《主张と否认の具体化について》，载《民事诉讼杂志》1988 年第 34 期，第 211 页。

② 参见［日］森勇：《主张と否认の具体化について》，载《民事诉讼杂志》1988 年第 34 期，第 211 页；NJW1993，189；NJW1995，2111。

判决，仅在原告所提诉讼请求自身有理由时，法院始能针对被告作出缺席判决。而法院关于原告所提诉讼请求是否有理由的审查，除判断原告所陈述的事实是否具有可信凭性外，并无别的办法。在被告缺席的场合都要求原告的主张必须具有可信凭性，在被告出席庭审的场合，更应要求原告的主张须具有可信凭性；否则，将使得缺席的被告优遇于出席的被告而显违民事诉讼的内在机理。①

尽管此说要求当事人的主张的具体化必须达到具体陈述使主张具有可信凭性的事实之程度，但从中也并不能提炼出一个明确的基准供法院判断当事人的主张是否适格。Stürner 本人亦承认，关于主张的具体化，建立一个明确的基准是很困难的事，毋宁认为其应维系于具体案件而作个别判断。

毋庸讳言，按照此说关于主张具体化的理解，当事人的事实主张即便已经很详细、特定，但若为欠缺依据的"胡说""谎言"仍然不符合主张具体化的要求。

（2）当事人的主张能满足法院的重要性审查即为符合具体化要求的见解

该说所持之见解与德国联邦法院的判例相同，强调当事人只要具体陈述了能满足法院重要性审查的事实即为适格的主张。其提倡者以德国学者 Brehm 为代表。Brehm 认为，主张的具体化应以使法院的重要性审查具有可能性为基准，超过此程度的具体化并无必要。这一要求可以从辩论主义的要义中推导出来。因为依据辩论主义，法院可以直接将当事人之间无争执的事实作为判决的基础（德国《民事诉讼法》第 138 条第 3 款、第 288 条），仅当事人间有争执的事实才需要借助于证据调查查明。据此，一方面，当事人的事实主张若不具体，例如，仅仅主张"诈欺""过失"时，对方当事人将无从对其进行充分、积极的应答。另一方面，法院进行证

---

① 参见［日］畑瑞穂：《民事诉讼にぉける主张过程の规律》（二），载《法学协会杂志》第 114 卷（1997 年）第 1 期，第 10～13 页；［日］森勇：《主张と否认の具体化について》，载《民事诉讼杂志》1988 年第 34 期，第 212～213 页。

据调查的目的在于查明当事人之间有争执的事实并判断特定法律要件是否能予以满足，故在证据调查之前，法院必须确定当事人间的争点何在。为此，当事人必须具体地陈述能推导法律效果存在的法律要件事实。而超出此范围的事实陈述对于法院进行重要性审查、限定证据调查的对象并无多大益处，故而并无必要。Brehm 同时批评了当事人必须具体陈述使主张具有可信凭性的事实之见解，认为这一见解最大的问题在于将不可避免地导致法院预先进行证据评价。因为法院为判断当事人的主张是否具有可信凭性，必须对作为主张的事实进行是否真实的评价，从而会导致预断的产生。法院在证据调查阶段之前的主张阶段，预先进行证据评价显然是不妥当的，其不仅构成了司法权的滥用，并且不当地限制了当事人进行攻击防御的可能性。Brehm 还认为，真实义务并不禁止当事人作推测性的陈述，故一方当事人试图经由证据调查获悉与证据有关的事实以便将其作为自己进行新的陈述之基础并不违法，提出这样的证据调查申请并不属于摸索的证明。根据 Brehm 的见解，德国民《民事诉讼法》第 331 条虽然规定，法院作出缺席判决必须以原告所提诉讼请求自身是合理的为前提条件，但这仅强调原告的权利主张前后必须具有一贯性，从原告的事实主张中能合乎逻辑地推导出所提诉讼请求的成立，而并非强调原告的事实主张必须具有可信凭性。因此，并不能将该项规范作为当事人必须具体陈述使主张具有可信凭性的事实的实定法上之依据。①

在德国近时的教科书、评释书中，关于主张具体化的要求或界限基本上持与德国联邦法院的判例相同之见解，认为当事人只要具体陈述了能满足法院重要性审查的事实即符合主张具体化的要求，主张或证明主题不以其具有"可信凭性"为必要。此外，无任何

---

① 参见［日］畑瑞穗：《民事诉讼にぉける主张过程の规律》（二），载《法学协会杂志》第 114 卷（1997 年）第 1 期，第 15~19 页；［日］森勇：《主张と否认の具体化について》，载《民事诉讼杂志》1988 年第 34 期，第 214~216 页。

根据的射幸式陈述尽管外观上符合特定的要求也乃不适法的陈述，当事人以其为证明主题申请法院进行证据调查乃不适法的摸索证明，不应允许。他们同时认为，法院在判断当事人的主张是否构成射幸式的陈述时应持谨慎的态度，此与联邦法院的判例所持立场也大抵相同。①

总之，在德国的民事诉讼中，关于主张的具体化，无论是判例还是学说均是将其作为规制当事人主张行为的一项法则予以探讨的，这种探讨是以明确区分当事人的主张阶段与法院的证据调查阶段，当事人的主张只有充分整理后始能进入法院的证据调查阶段这一诉讼运作模式为背景展开的。

（二）日本的裁判例与学说关于主张具体化的界限之见解

1. 日本裁判例之见解

前面已提到，与德国联邦法院关于主张的具体化积累了丰富的判例不同，日本最高法院基本上没有就主张的具体化作过专门的阐释。在日本的裁判实务中，只有地方法院在文书提出命令事件中，针对文书应证明的事实也即证明主题的特定性作过若干裁判例。在这些裁判例中，地方法院虽大多强调当事人申请法院发布文书提出命令，必须以证明主题特定为前提条件，但就当事人作如何陈述才符合证明主题特定的要求并未建立一个明确的基准。在不同的事件中，不同的地方法院关于证明主题特定的基准有不同的认识固属正常，即便就同一事件，上下级法院关于证明主题是否特定有着不同的判断也非鲜见。例如，日本浦和地方法院于昭和 47 年（1972年）1 月 27 日与东京高等法院于同年 5 月 22 日针对同一事件，就原告提出的证据调查申请中，证明主题是否特定从而是否构成不合法的摸索证明即作了不同的裁判。作为原告的当地住民为证明被告的原子炉设置存在安全隐患，向法院申请文书提出命令，要求被告

① 参见上注，［日］畑瑞穗文，第 33 页；Schilken, Zivilprozessrecht, s. 268-269, 3. Aufl, 2000; Musielak, GrundkursZPO, s. 242, 5. Aufl, 2000; Jauernig, Zivilprozessrecht, s. 201, 25. Aufl, 1998。

提出原子炉设置许可申请书副本，在文书提出命令申请书中，立证事项是这样表明的：原子炉在构造上存在本质的危险性，即便正常运转，原告也存在被放射能照射的危险；另外，在操作上，存在因技术上的失误而导致事故发生的可能性。特别是当事故发生时，因欠缺紧急停止装置及其他安全装置，而有可能带来更大的损害。而且对于重大事故，原子炉上基于假想事故所设的应对装置极不完备，伴随核分裂的爆发及发热的连锁反应，原子炉周边的住民将不可避免地遭受放射能的照射。对于原告所表明的上述立证事项，第一审法院浦和地方法院认为其符合证明主题特定的要求，从而裁定被告提出原子炉设置许可申请书副本。被告不服此项裁定向东京高等法院提起抗告，东京高等法院认为，被抗告人即一审原告所提的文书提出命令申请中所表明的立证事实已超出运用证据进行判断的事实范畴，显然不符合证明主题特定的要求。作为证明主题的事实应为关于原子炉构造、运转及安全装置等方面的具体的事实。由于原告未主张这方面的具体事实，因而是不合法的摸索证明。东京高等法院以此为由裁定驳回了被抗告人的文书提出命令申请。①

2. 日本学说之见解

由于在日本旧法时代的裁判实务中，法院集中进行证据调查较为少见，法院对当事人未特定证明主题即申请证据调查也即摸索证明往往持宽容的态度。与此相应，日本理论界对禁止摸索证明之法理也即主张的具体化的研究亦不太重视。这一研究现状直至1978年日本学者佐上善和著文介绍德国关于摸索证明的判例、学说后才得到改变。伴随日本地方法院关于文书提出命令事件中文书应证明的事实应予以特定的裁判例的公开刊行，主张的具体化或摸索证明之禁止作为问题日益受到学者的重视。从已有的研究成果看，日本的学说在总体上，乃是遵循德国的判例、学说所持之见解，也将主

① 参见［日］小林秀之：《判例讲义民事诉讼法》，株式会社悠々社2006年版，第168页。

张的具体化分成主张的具体性或特定性与主张的盖然性两个层面去解释。① 就主张具体化的要求或界限而言，日本并不像德国那样有两种方向对立的学说存在。学说上一般认为，当事人的主张是否合乎具体化的要求，应综合考虑当事人所提诉讼请求是否妥当，证据调查之申请是否具有重要性、法院基于此所进行的证据调查能否有效率且切实地进行以及能否对于对方当事人的防御权予以充分的保障等因素于个案中个别地进行判定。②

三、主张具体化的缓和

在德国、日本的民事诉讼中，当事人的主张只有达到具体化的要求才能认为当事人完成了主张责任，已如上述。不过，主张责任在双方当事人之间的分配并不与当事人的主张能力完全一致。在负主张责任的当事人由于客观方面的原因不能被期待为具体化主张的情形下，若仍恪守前述法理，要求当事人所为的主张必须达到具体化的要求，否则即认为未尽主张责任而使其遭受败诉的不利益显然缺乏正当性。事实上，无论是在德国还是在日本的裁判实务中，负主张责任的当事人对于主张的具体化具有不可归责性时，乃是允许当事人抽象地进行事实主张或提示证明主题，从而大大缓和了主张的具体化要求。③

----

① 参见［日］畑瑞穗：《摸索的证明·事案解明义务论》，载铃木正裕先生古稀祝贺纪念文集：《民事诉讼法の史的展开》，有斐阁 2002 年版，第621 页。

② 参见［日］竹下守夫：《模索证明と文书提出命令违反の效果》，载吉川大二郎博士追悼纪念文集《手续法の理论と实践》（下），法律文化社1981 年版，第 175 页；［日］畑瑞穗：《主张的具体化》，载《法学教室》2000 年第 11 期，第 621 页；［日］新堂幸司：《新民事诉讼法》，弘文堂 2005年版，第 384 页；［日］门口正人编集代表：《民事证据法大系》（第 2 卷），青林书院 2004 年版，第 125 页。

③ 由于主张的具体化在当事人具有不可归责性的情形下并不被要求履行，故主张的具体化对于负主张责任的当事人而言，并不是如证明责任那样的负担（last），而仅为一项义务（pflicht）。

在德国，早在帝国法院时期，判例就强调主张的具体化究竟应达到何种要求不应忽视特定案件中的事实状态。尽管德国帝国法院不允许当事人借助于证据调查获得对自己有利的事实材料，但其亦认为，像负证明责任的当事人不能充分地了解事件经过，相反对方当事人却能容易地把握事相之情报的事件，不应过分要求当事人主张的具体化。① 德国帝国法院关于主张具体化的此种阐说为战后的联邦法院所承袭并发展。德国联邦法院一贯坚持将能满足法院的重要性审查作为当事人主张具体化的基准，从而在一定意义上讲，其对主张的具体化已持宽松的解释立场。不惟如此，德国联邦法院仍屡屡在判例中强调当事人履行主张的具体化义务不能超过其所期待的认识之可能性，应充分考虑作为主张对象的事实是否在当事人的认识领域内而确定主张具体化的程度。② 从德国联邦法院的判例来看，以下两类事件或两种场合，当事人抽象地进行事实主张并以之作为证明主题申请法院进行证据调查是被允许的，并不构成不合法的摸索证明。

第一，如果诉讼中的一方当事人，无论其为原告还是被告，由于欠缺只有专业人士才具备的知识从而不能提供细节性事实，只能在争讼程序中抽象地陈述假定的事实并申请法院进行证据调查，不构成不合法的摸索证明。③ 德国联邦法院于 2007 年所作的一项判决较好地诠释了这一点。原告认为其建筑物由于被告的河道建筑工程的施工而受到损害要求被告赔偿。在诉讼中，原告在提交了两份私鉴定意见书的基础上主张，由于被告在河道建筑工程施工时未在必要的范围内安装紧固螺丝造成河道的排流效应从而导致原告的建筑物受损。自河道建筑工程开工以来，由于河道的排流效应，导致

---

① 参见［日］畑瑞穗：《民事诉讼における主张过程の规律》（一），载《法学协会杂志》第 112 卷（1995 年）第 4 期，第 513~514 页。

② NJW1988，1529；NJW1993，189；BGHVersR1990，656；参见［日］畑瑞穗：《民事诉讼における主张过程の规律》（二），载《法学协会杂志》第 114 卷（1997 年）第 1 期，第 3 页。

③ NJW1995，1160.1161；NJW2000，2812，2813；NJW-RR2003，491.

了地下水流向的改变并造成地下水水位下降约 50cm。在河流泥土不具有承载能力的区域，地下水的下降将会引起沉降。又由于地基结构特别易受到水流的威胁，所以对被告来讲，建造一个紧密封闭的同时是动力啮口型的堤坝防护系统就十分有必要。被告至少也应安装紧固螺钉来预防地面沉降。被告没有作这样的处理，从而导致原告的建筑物受损。原告在随后的诉讼阶段，以此为证明主题向法院提出证据调查申请，要求法院对地下水水位进行季节性测量，以确定地下水位的波动情况。德国地区法院与州法院均认为原告的主张仅仅为抽象的、缺乏根据的推测性陈述，以之为证明主题的证据调查申请属于不合法的摸索证明，不予准许。作为上告法院的联邦法院则认为，在原告对于建筑工程、土壤含水量同建筑物上已经发生的裂痕及地面沉降之间的地质学与物理学联系缺乏更为详尽的了解，并且没有专业人士协助的情况下，不应当期待其作符合具体化要求的事实陈述，州法院所作的认为原告的证据调查申请属于不合法的摸索证明之判断是不妥当的。①

第二，如果诉讼中一方当事人无法详尽知晓事实的经过从而难以进行充分的、具体的陈述，则其可以仅抽象地主张假定的事实。以之作为证明主题向法院申请证据调查并不属于摸索的证明。② 德国联邦法院于 2002 年针对一起企业法人内部事件所作的一项判决较好地诠释了这一立场。原告为证明辅助参加人故意不履行职务行为（合谋进行诈骗），主张辅助参加人熟知作为被告的 S·L 有限责任公司的体制，尤其是知道这家有限责任公司既不想也无法遵从《货物运输法》的要求将正确的地址告知其客户。为此，申请法院询问证人 R，因为 R 在此之前早已将 S·L 有限责任公司的总体设想告知了辅助参加人。德国地区法院与州法院均认为该证据调查申请属于不合法的摸索证明，因为原告的主张未臻具体化。也即原告对于证人与辅助参加人具体商谈了什么内容，特别是当时这家有限

① BGH, IIIZR, 73, 2007.
② NJW2000, 2812, 2813; NJW2002, 825, 826.

责任公司的总体设想在细节上是什么样的，并未作实质性的陈述。此外，原告亦未明确说明为什么基于这个设想辅助参加人就会知道S·L有限责任公司只能给其客户提供一个假地址。德国联邦法院在上告审中认为，原告所主张的事实属于自己支配领域以外的事实，此种情形下，要求原告作详尽、确实的陈述显然是不可能的。对于原告而言，由于其无法认识到事实经过，其只能抽象地提出假定的事实。以之为证明主题申请法院传唤证人进行询问并不构成不合法的摸索证明。①

　　与德国联邦法院的判例所持之见解基本相同，德国的学说一般也认为，当事人相对于作为证明对象的事实而言，若在物理上或社会上处于被隔绝的地位，从而欠缺关于事实经过的详细认识，不得已抽象地主张推测的事实应当被允许，以之为证明主题申请法院进行证据调查不属于不合法的摸索证明。②

　　在日本，其最高法院虽未著有关于当事人被容许抽象地进行事实主张或提示证明主题的判例，但日本地方法院在若干文书提出命令的事件中已承认不持有情报的当事人可以抽象地表示证明主题。东京高等法院于昭和54年（1979年）10月18日就"航空自卫队战机坠落事件"所作的裁判与大阪高等法院于昭和53年（1978年）3月6日就"火力发电厂环境污染事件"所作的裁判为承认当事人抽象地表示证明主题也为适法的典型裁判例。在前一事件中，因航空自卫队战机坠落而死亡的飞行员之遗属以事故乃因战机整备不全引起为由，将国家作为被告提起损害赔偿诉讼。原告为证明上述事实，申请法院命令被告提出由防卫厅保管的航空事故调查委员会作成的航空事故调查报告书。被告以其涉及国家机密为由拒绝提出。法院最后以《民事诉讼法》第316条（日本新《民事诉讼法》

---

　　①　BGH, IIIZR, 7, 2002.

　　②　Musielak, GrundkursZPO, s. 242, 5. Aufl, 2000；Jauernig, Zivilprozessrecht, s. 201, 25. Aufl, 1998；Thomas/Putzo, Zivilprozessordnung, §284 Rn, 28. Aufl, 1986.

第 224 条第 1 款）为依据，认定该文书所证明之事实也即航空自卫队战机坠落事故乃由战机整备不全引起的为真实并判决原告胜诉。① 日本学者针对此裁判分析认为，上述事件中，能证明事故原因之证据完全掌握在对方当事人手中，原告被隔绝于作为证明主题的事实关系之外，根本不知晓航空事故调查报告书的内容，此种情形下，仍要求其所为的主张必须特定化事实上是不可能的。为谋求当事人之间的实质公平，应当允许原告将不特定的"战机坠落乃由战机整备不全引起"之事实主张作为证明主题并借由法院的证据调查进一步使其所为的主张具体化。②

在"火力发电厂大气环境污染事件"中，作为原告的火力发电厂附近周边的住民主张，由于被告过去长期排放污染物质致使其健康遭受损害，要求被告赔偿损失。为此申请法院命令被告提出其所持有的关于大气污染的测定记录。大阪高等法院在所作的裁定中认为，原告对被告过去因长期排放污染物质致使大气受污染的数值，在诉讼提起前予以收集事实上是不可能的，从而无法在表示具体的大气污染数值的情形下申请法院命令被告提出大气污染测定记录。若强要原告出示大气污染的具体数值，将招致其杜撰毫无根据的具体数值，这显然是没有意义的。故此种场合下，原告即便未就大气污染的具体数值这一立证事实予以具体的陈述，而仅仅抽象地提示证明主题并申请法院发布文书提出命令也不能认为不适法。只有作此解释，方符合公平原理。③

日本的学说对日本地方法院关于许容当事人抽象地提示证明主题的裁判例皆持肯定之立场，认为通常情形下，也即对于发生于自己生活、法领域内的事实，固应要求当事人的主张具体化，但是如果事实发生于对方当事人或第三人的支配领域内，负主张责任的当

---

① 参见［日］石川明：《はじめて学ぶ民事诉讼法》，三岭书房 2002 年版，第 231 页。

② 参见［日］小林秀之：《新证据法》，弘文堂 2003 年版，第 146 页。

③ 参见［日］谷口安平、福永有利：《注释民事诉讼法》（6），有斐阁 1995 年版，第 152 页。

事人居于与事实关系相隔离的地位，欠缺获得必要情报的手段。此种场合下，若仍要求当事人的主张须予以具体化于其是不可期待的，也是不妥当的，故应许容当事人仅抽象地主张提示证明主题。①

四、主张具体化理论对我国立法的启示

颁行于 1991 年 4 月 9 日的我国现行《民事诉讼法》并未设关于主张具体化的规范，即便昭示或蕴含主张具体化要义的规范也付之阙如。② 最高人民法院于 2001 年 12 月 6 日发布并于 2019 年 10 月 14 日修改的《关于民事诉讼证据的若干规定》（以下简称 2019 年《证据规定》）第 20 条规定："当事人及其诉讼代理人申请人民法院调查收集证据，应当在举证期限届满前提交书面申请。申请书应当载明被调查人的姓名或者单位名称、住所地等基本情况、所要调查收集的证据名称或者内容、需要由人民法院调查收集证据的

---

① 参见［日］佐上善和：《民事诉讼にぉける模索证明について——不适法根据の检讨》，载《民商法杂志》第 78 卷（1978 年）临时增刊《法と权利》第 207 页；参见［日］竹下守夫：《模索证明と文书提出命令违反の效果》，载吉川大二郎博士追悼纪念文集《手续法の理论と实践》（下），法律文化社 1981 年版，第 176 页；［日］兼子一、松浦馨、新堂幸司、竹下守夫：《条解民事诉讼法》，弘文堂 1986 年版，第 960 页；参见［日］谷口安平、福永有利：《注释民事诉讼法》（6），有斐阁 1995 年版，第 63 页。
② 综观我国现行《民事诉讼法》，与当事人的主张或陈述有关的规范有第 64 条"当事人对自己提出的主张，有责任提供证据"，第 119 条"起诉必须符合下列条件：……（三）有具体的诉讼请求和事实、理由"，第 121 条"起诉状应当记明下列事项：……（三）诉讼请求和所根据的事实与理由"，第 141 条"法庭辩论按照下列顺序进行：（一）原告及其诉讼代理人发言；（二）被告及其诉讼代理人答辩"等条文。从上述几项条文的内容来看，无论是对于原告的主张，还是对于被告的答辩，立法均未提到具体化的要求。或许有人认为，《民事诉讼法》第 119 条蕴含了原告的主张必须具体化的要求。但稍作分析便知此立论是不成立的。因为《民事诉讼法》第 119 条中的"具体的诉讼请求"与"事实、理由"乃以"和"连接，属于并列事项，故该条文事实上仅强调原告所提的诉讼请求必须是具体的，而不是同时要求诉讼请求所根据的事实也是具体的。

原因及其要证明的事实以及明确的线索。"根据该项司法解释的规定可知，在我国的民事诉讼中，当事人申请法院调查证据虽然应表明证明主题或应证明的事实，但并未被要求必须具体地表明证明主题。由此可以断认，在我国的民事诉讼中，当事人仅抽象地进行事实主张并以之为证明主题申请法院调查证据并非不合法。但是根据前面的分析我们已经知道，容许当事人抽象地进行事实主张并以之为证明主题申请法院进行证据调查，将不可避免地导致法院不能进行充实、有效的证据调查并侵蚀对方当事人的防御利益，最终将会导致诉讼迟延。事实上，我国民事审判实践中长期存在的审理效率低下、诉讼迟延之弊病很大程度上或根本上即是由于忽视当事人主张的具体化的要求，致使法院进行证据调查的对象难以有效确定，证据调查范围过于宽泛所致。虽然我国民事审判实务中一直强调当事人证明责任之落实，最高人民法院为此也出台了一些具体措施，如审理前由法院组织当事人进行证据交换（参见 2019 年《证据规定》第 56~58 条）等，但其实效一直不佳。其原因在于，证明责任之落实须以主张责任之贯彻为前提，而主张责任之贯彻又以当事人的主张适格为前提，根据前面的分析已知，主张的具体化乃主张适格的最基本要求。因此可以认为，在未严格贯彻主张责任的情形下侈谈举证责任之落实无异于痴人说梦。或许有观点认为，我国现行《民事诉讼法》并未真正确立辩论主义之运作样式，故以辩论主义要义之一的主张责任之适用为前提的主张具体化在我国民事审判中并无强调的必要性。这种观点显然是不能立足的，因为依据我国现行《民事诉讼法》第 64 条的规定，当事人对自己所提之事实主张负证明责任，人民法院仅在例外的情形下才依职权调查收集证据。据此可以认为，辩论主义的要义之一也即当事人负证明责任，法院仅在当事人提供的证据范围内进行调查在我国现行民诉法上已然确立。而作为规律当事人诉讼行为与法院审判行为之间关系的民事诉讼运作样式，辩论主义的三个基本要义（其他两个要义分别为：当事人未主张的主要事实，法院不能作为裁判的基础；对于当事人自认的事实法院必须将之作为裁判的基础）之间是不能割裂的，很难想象存在只强调当事人的证明责任而不强调主张责任的辩论主义。因此，强调当事人负证明责任即应同时或首先强调当事人负主张责任。事实上，在我国民事审判实务中，自上世纪80年代末开始，即一直在为厉行推进以落实当事人证明责任为核心的辩论主义运作样式而做不懈的努力，最高人民法院于不同时期先后出台的用以指导民事审判的各种司法解释无疑为此努力作了最好的注脚（2019年《证据规定》第3至第8条明确规定了自认制度即为适例）。据此可以进一步认为，辩论主义运作样式在现行《民事诉讼法》中已经确立是不容否定的。我们民事审判实务中出现的各种问题症结在于仅强调了当事人证明责任之落实而忽视了主张责任法理之适用与主张具体化的要求。由于在民事诉讼中，当事人的事实主张同时即为当事人应予立证的主题，抽象的事实主张即意味着不特定的证明主题，法院以之为证据调查的对象自然不能保证证据调查的充实与富有效率，诉讼迟延也就在所难免了。

为从根本上解决我国民事审判实践中长期存在的积弊，保证法院能集中、充实地进行证据调查，维护不负证明责任的当事人的防御利益，有效地限缩当事人之间的争点，避免诉讼迟延，《民事诉讼法》于将来进一步修正时，实应借鉴德国、日本关于主张具体化的判例及学说，明确宣示当事人对自己的主张负有具体化陈述义务。最高人民法院也应出台相关司法解释，致力于阐释主张具体化的基本要求及适用规则。笔者认为，在我国的民事诉讼中确立主张的具体化规则，应当遵循以下基本思路：

第一，作为规制当事人主张行为的规范或要求，主张的具体化仅适用于采行辩论主义的民事诉讼领域。在此领域，基于主张责任的法理，双方当事人而不是法院负有收集诉讼资料之责，对于当事人未主张的事实，法院不能将之作为判决的基础。故对于当事人而言，若想取得于己有利之判决，必须履行主张责任也即积极地向法院主张事实。但当事人的主张只有符合具体化的要求，才能认为其为适格的主张，也才能认为当事人已尽主张责任。主张的具体化不仅要求当事人必须具体地陈述案件事实，而且要求当事人所作的事实陈述必须有合理的根据或有线索可寻。主张的具体化同时禁止当事人作恣意的、信口胡扯的陈述。

第二，在采行辩论主义的民事诉讼领域，当事人的事实主张同时即为证明主题或证明对象（对方当事人自认的场合除外）。因此，主张的具体化必然同时要求当事人不能将抽象的事实主张或者虽然外观上特定但纯为射幸式的陈述作为证明主题申请法院进行证据调查，也即禁止当事人为摸索的证明，借助于法院的证据调查获得能够进行具体化主张的资料。摸索证明之禁止事实上即为主张具体化原理在证据调查阶段的具体体现或适用。

第三，基于合目的性考量，对当事人主张具体化的程度不能要求过高。德国联邦法院所采行的关于主张具体化的判断基准，也即当事人无须陈述生活事实中的每个细节，只要陈述能满足法院进行裁判重要性审查的事实即符合主张具体化的要求，最为合理。当事人按此基准进行主张，既能够让法院有效地判断以之为证明主题的证据调查是否具有必要性，也不会影响对方当事人进行有针对性的防御。德国州高等法院所强调的及部分学说所提倡的要求当事人的主张必须具有"可信凭性"是不合理的，因为以之作为主张具体化的基准，不仅易使法院在证据调查之前对当事人的主张是否真实产生预断而损及证据调查的效果，而且会使诉讼资料过于泛滥，从而致使案件审理不能集中、有效率地进行，最终导致诉讼迟延，这显然与主张具体化的目的背道而驰。

第四，由于抽象的主张责任之分配与当事人的主张能力并非完全一致，在情报偏在性事件中，负主张责任（一般同时也负证明责任）的当事人由于事件的专门性，或由于其在物理上或社会上处于与事实关系相隔绝的地位从而无法期待其能为具体化的主张。此种场合下，即不应苛求负证明责任的当事人所为之主张仍须具体化，而是应当缓和具体化的要求，容许当事人仅抽象地为事实主张。因之，主张的具体化，对于负证明责任的当事人而言，仅为一种诉讼上的协力义务，而非负担。在当事人履行此项义务不具有可归责性时，不应因此而遭受不利益。德国、日本的判例关于此问题所持之见解值得借鉴。

第三节　附理由的否认及其义务化

在民事诉讼中，不负证明责任的当事人对于对方当事人所主张的事实通常有自认、① 否认、沉默、② 不知的陈述③四种态度，其中尤以否认为常态。在否认之场合，负证明责任的当事人为使受诉法院确信其所主张的事实，必须积极地向受诉法院提供证据证明之，此即否认的意义之所在。否认有单纯的否认与附理由的否认两种形态，与单纯的否认相比，附理由的否认不仅能限缩当事人间之争点，并且有助于法院进行充实的、有效率的证据调查。也正因如此，在德国、日本等大陆法系国家的民事诉讼中，无论是其判例还是学说皆强调，不负证明责任的当事人若否认对方当事人所主张的事实必须附有理由进行具体的陈述而不能仅仅为单纯的否认，从而使得附理由的否认呈现出义务化之趋向。

---

① 所谓自认，是指不负证明责任的当事人向受诉法院明确表示对方当事人所主张的事实是真实的。依民事诉讼辩论主义之原理，自认的事实乃免证事实，受诉法院必须以自认的事实作为裁判的基础而不能作出与其相反的认定。

② 所谓沉默，是指不负证明责任的当事人对于对方当事人所主张的事实既未向受诉法院明确表示否认，也未作出承认其存在之表示。为促使不负证明责任的当事人积极地向受诉法院陈述案件事实以便法院能早日确定争点，各国民诉法通常规定，沉默视为承认对方当事人所主张的事实。

③ 所谓不知的陈述，是指不负证明责任的当事人对于对方当事人所主张的事实向受诉法院明确表示"不知道、不清楚或不记得"。从各国民诉法的规定来看，关于不知的陈述之处理有两两种立法例。第一种立法例乃以德国《民事诉讼法》第138条第4款为代表，其规定：不负证明责任的当事人对于对方当事人所主张的事实原则上不允许为不知的陈述，只有事实主张既非不负证明责任的当事人自己的行为，也非其认识的对象时，才允许其为不知的陈述。另一种立法例乃以日本《民事诉讼法》第159条第2款为代表，其规定：不负证明责任的当事人为不知的陈述时，推定其争执对方当事人所主张的事实。

一、附理由的否认之内涵及机能

（一）附理由的否认之内涵

从一般意义上讲，所谓否认是指在民事诉讼中，不负证明责任的当事人向受诉法院明确表示对方当事人所主张的事实是不真实的。根据不负证明责任的当事人在作出否认的表示时是否附加陈述了别的事实，可以将否认区分为单纯的否认与附理由的否认。所谓单纯的否认，是指不负证明责任的当事人仅仅向受诉法院陈述对方当事人所主张的事实不存在，而没有陈述其不存在的理由。例如，在原告诉请被告返还借款十万元的诉讼中，原告向受诉法院主张被告曾向其借款十万元，被告称并无此事，被告的此种陈述即为单纯的否认。在单纯的否认之场合，由于不负证明责任的当事人仅仅是直接地、消极地对于对方当事人所主张的事实向受诉法院作出否认的表示，所以单纯的否认又称为直接否认、消极否认。① 所谓附理由的否认，是指不负证明责任的当事人针对对方当事人所主张的事实向受诉法院陈述了与该事实不能两立的事实。如在前例中，被告若称十万元款系原告所赠并非借贷，此种否认即为附理由的否认。在附理由的否认之场合，由于不负证明责任的当事人乃是积极地向受诉法院陈述与对方当事人所主张的事实不相容的另一事实之存在以间接的否认对方当事人所主张的事实，故而附理由的否认又称为间接否认或积极否认。② 当然，无论是单纯的否认还是附理由的否认，本质上皆为不负证明责任的当事人对于对方当事人所主张的事实明确表示争执从而也就具有共同的意义，那就是使得被否认的对象事实产生了证据调查之必要性。申言之，对于负证明责任的当事人而言，由于其主张的事实被对方当事人所否认，故为使受诉法院确信其所主张的事实，其必须向受诉法院提供证据证明之。因该事

---

① 参见骆永家：《民事法研究》（Ⅱ），台湾三民书局1999年版，第3页。

② 参见骆永家：《民事法研究》（Ⅱ），台湾三民书局1999年版，第4页。

实乃是由其负证明责任，故其向受诉法院提供的证据必须达到本证的证明程度，使得受诉法院对该事实的存在形成内心确信的状态始克成功。对于不负证明责任的当事人而言，其为使受诉法院支持其所作之否认，固也可向受诉法院提供证据进行证明，但由于被否认的对象事实乃是由对方当事人负证明责任，因而其所提供的证据只须达到反证的证明程度，动摇受诉法院对于负证明责任的当事人所主张的事实之内心确信即为已足。在单纯的否认之场合固属如此，在附理由的否认场合亦然。如在前面所举原告诉请被告返还借款的例子中，由于被告对原告所主张的应由其负证明责任的借贷事实作了否认之表示，因而，原告为了使受诉法院确信其所主张的借贷事实，必须提供本证证明之。而被告为了阻却受诉法院对原告所主张的借贷事实形成内心确信，可以提供反证。此外被告所称其从原告处所受十万元乃赠与在性质上属于对原告所主张的借贷事实之附理由的否认，因而，被告对其所提出的赠与事实并不负证明责任。即便被告提供证据证明赠与事实存在，也毋须达到让法官对赠与事实形成内心确信之程度，其阻却受诉法院对于原告所主张的借贷事实形成内心确信即为已足。此乃附理由的否认在本质上仍属于否认而非主张之内在要求。在此例中，受诉法院断然不能因为被告在原告所主张的借贷事实之外提出了赠与之新事实而要求被告对赠与事实的真实性负证明责任，否则不仅会误读附理由之否认之性质，更会得出原被告双方当事人对同一要件事实也即借贷事实分别从借贷事实之存在与不存在（乃赠与而非借贷）两个层面承担证明责任的荒谬结论。

笔者认为，如欲进一步明了附理由的否认之特质，尚须将附理由的否认与抗辩区分开来。所谓抗辩，是指在民事诉讼中，不负证明责任的当事人立足于对方当事人所主张的事实而向受诉法院提出的能够排斥该事实所产生之法律效果的事实。[①] 由此可知，抗辩之特质有二，其一，抗辩乃被告为排斥原告所主张的请求原因事实之

---

① ［日］小林秀之、原强：《民事诉讼法》（第三版），弘文堂 2005 年版，第 139 页。

法律效果而提出的要件事实。抗辩事实若为真实，原告基于原因事实而提出的诉讼请求即不能得到受诉法院支持，其二，抗辩与请求原因事实在性质上能够两立，抗辩事实上蕴含了对请求原因事实之承认的意思。如前文所提原告诉请被告返还借款的例子中，原告为使其所提诉讼请求得到受诉法院的支持，必须向受诉法院主张其与被告之间有金钱借贷关系，该事实即为原告所主张的请求原因事实。被告若向受诉法院陈述原告的借款已还，此即为抗辩。因为被告所提借款已还这一事实若为真实，即产生债务消灭之法律效果，从而排斥了原告所主张的借贷事实所产生的法律效果，最终将导致原告所提诉讼请求得不到受诉法院支持；此外，被告主张的借款已还之事实与原告所主张的借款事实显然属于能够两立之事实。附理由的否认与抗辩虽然同属不负证明责任的当事人对抗对方当事人所主张的事实之本案的防御方法，① 并且在外观上均表现为不负证明责任的当事人针对对方当事人所主张的事实向受诉法院提出了一新事实，从而迥异于不负证明责任的当事人所针对对方当事人所主张的事实所为之单纯的否认。但二者之间却存在着本质的差异，表现为，不负证明责任的当事人所为附理由的否认乃是提出了与对方当事人所主张的事实不相容之事实，而不负证明责任的当事人所为之抗辩乃是提出了与对方当事人所主张的事实相容之事实，该事实能产生独立的法律效果。区分附理由的否认与抗辩的意义在于，在实行辩论主义运作方式较为妥当的民事诉讼领域，依主张责任及证明分配之原理，不负证明责任的当事人为对方当事人所主张的事实为附理由的否认时，毋须对其所提事实负主张责任及证明责任。而不负证明责任的当事人针对对方当事人所主张的事实提出抗辩时，因其提出了与对方当事人所主张的请求原因事实两立之要件事实，故

---

① 　所谓防御方法，是指不负证明责任的当事人为使对方当事人所主张的权利得不到法院的支持而向受诉法院提出裁判资料之行为或所提出的裁判资料之总称。不负证明责任的当事人针对对方当事人所主张的事实所为之否认、抗辩皆称之为本案防御方法。[日] 上田徹一郎：《民事诉讼法》（第四版），法学书院 2004 年版，第 291 页。

其对于抗辩事实应负主张责任及证明责任。由此可以进一步得知，我国现行《民事诉讼法》第 64 条第 1 款 "当事人对自己提出的主张，有责任提供证据"中的 "主张"应被解释为原被告双方各自所提出的能产生独立法律效果的要件事实，而一方当事人对于对方当事人所主张的事实进行附理由的否认而提出的事实并不能被理解为主张。

（二）附理由的否认之机能

如上所述，附理由的否认乃不负证明责任的当事人针对对方当事人所主张的事实所作的积极的、具体的陈述，究其本质，附理由的否认实乃不负证明责任的当事人从自己的视角对于对方当事人所主张的事实所作的相反的陈述①。因此，相对于单纯的否认，附理由的否认无疑更能使受诉法院集中待证事实的范围，缩短证据调查的时间从而早日解决当事人之间的纠纷，此即附理由的否认之机能或意义之所在。②　笔者试从以下两个方面对此作进一步的分析。

1. 附理由的否认能促进当事人间争点的形成从而充实受诉法院的证据调查

在民事诉讼中，负证明责任的当事人所主张的事实在为对方当事人否认时，该事实主张即构成证明主题而成为受诉法院进行证据调查的对象。为避免不必要的或者无益的证据调查，受诉法院在进行证据调查之前必须首先确认当事人之间就哪些事实主张存在争执。不负证明责任的当事人对于对方当事人所主张的事实若仅为单纯的否认，受诉法院往往将无法有效判断事实主张在哪一层面为双方当事人所争执而具有证据调查的必要性。与此相反，不负证明责任的当事人若对于对方当事人所主张的事实进行附理由的否认，由于不负证明责任的当事人已对该事实主张作具体的相反的陈述，其必将会限缩当事人之间争执的范围而使当事人之间的争点更为明

---

①　参见 Wanger, MünchenerKommenterZurZivilprozessordnung § 138, Rn. 12, 3. Aufl, 2008。

②　参见［日］森勇：《主张と否认の具体化について》，载《民事诉讼杂志》1998 年第 1 期。

确，进而使得证明的主题更为具体特定。此种情况下，受诉法院不仅能够进行充实的或适切的证据调查并获得有意义的证据调查结果，而且能够避免审理效率低下而导致诉讼迟延。

2. 附理由的否认能够确保负证明责任的当事人申请受诉法院进行证据调查的方向性或目的性

如上所述，在民事诉讼中，负证明责任的当事人在其所主张的事实为对方当事人予以否认之情形下，其为使受诉法院确信其所主张的事实，即由必要提供证据请求受诉法院为证据调查。从法律规范的角度看，当事人所主张的事实通常涵摄两个以上的具体法律要件事实。与单纯的否认相比，对方当事人所作的附理由的否认无疑能够使负证明责任的当事人更为清晰地判断其对于所主张的事实应因循何方向申请受诉法院证据调查，从而保障其所为的证据调查申请是切实的、有针对性的，而不是无意义的。仍以前文所提原告要求被告返还借款的诉讼为例予以分析。从民事实体法的角度看，原告为使受诉法院支持其所提要求被告返还借款之诉讼请求而提出的被告向其借款十万元这一事实主张事实上蕴含了两个具体要件事实：一为原告给付被告十万元，另一为原、被告就该十万元的给付达成了须返还的合意。在诉讼中，被告对原告所主张的借贷事实若仅为单纯的否认，则原告为使受诉法院确信其所主张的事实须围绕前述两个具体要件事实申请法院进行证据调查；与之相反，在诉讼中，被告针对原告所主张的借贷事实若提出所受十万元乃原告所赠而为附理由的否认，则原告为使受诉法院确信其所主张的事实仅须对双方就该十万元存在返还之合意这一要件事实申请法院进行证据调查，对于其所主张的事实中的另一具体要件事实即金钱已给付的事实则无须提供证据，道理很简单，在被告所作的附理由的否认中，其向受诉法院所作的所受十万元乃原告所赠而非借贷之陈述其实已蕴含了对十万元已给付这一要件事实的承认。根据辩论主义之原理，自认之事实乃免证事实，故原告毋庸对金钱已给付这一事实提供证据予以证明，从而避免了不必要的证据调查申请。不仅如此，在此后进行的诉讼中，原被告双方当事人也仅需围绕双方存在借贷之合意这一要件事实是否真实集中进行攻击防御，从而促使庭审效率大大提高。

二、附理由的否认义务之内涵及确立依据

(一) 附理由的否认义务之内涵

如上所述，与单纯的否认相比，附理由的否认更能促进当事人争点的形成，限缩要证事实的范围，保障受诉法院进行适切且有效率的证据调查而避免诉讼迟延。正因如此，在德国、日本等大陆法系国家的民事诉讼中，附理由的否认已呈义务化之趋向，表现为，不负证明责任的当事人在争执对方当事人所主张的事实之际，必须积极地向受诉法院陈述理由而不能仅为单纯的否认。也即，对不负证明责任的当事人来讲，附理由的否认乃其应当履行的一项义务。附理由的否认义务化之后果是，在民事诉讼中，不负证明责任的当事人在争执对方当事人所主张的事实之际，若仅为单纯的否认，其将会被评价为无意义的陈述而不能产生否认之法律效果，进而使得对方当事人所主张的事实视为已被不负证明责任的当事人所承认。例如，在交通事故损害赔偿诉讼中，原告向受诉法院主张被告乃事故的加害者。对此主张，被告仅仅陈述其不是加害者也即仅为单纯的否认尚属不足，其还须积极地向受诉法院陈述其为什么不是受害者，如事故发生时其不在现场而在别处等。附理由的否认之义务化客观上即使得原被告双方当事人对于同一要件事实，必须分别从自己的视角进行具体的陈述，否则将会遭受事实认定上的不利益。①在附理由的否认义务化之规制下，不负证明责任的当事人为了能够对于对方当事人所主张的事实进行具体的陈述，必须在期待可能性的范围内收集关于事实主张的必要的情报。因此，附理由的否认之义务事实上也使得不负证明责任的当事人在一定的范围内负有协助

---

① 在民事诉讼中，依主张的具体化原理，负证明责任的当事人对其所主张的事实应进行具体的陈述，否则，该主张将被认为为不适格而视为未为此项事实主张；附理由的否认义务则强调不负证明责任的当事人对于对方当事人所主张的事实须进行具体的反对陈述，若仅为单纯的否认，则视为承认对方当事人所主张的事实。

法院解明事案的义务。

（二）附理由的否认义务之确立依据

1. 德国判例与学说之见解

德国《民事诉讼法》第138条第2款规定，不负证明责任的当事人对于对方当事人所主张的事实应作具体陈述。该该项条文乃在实定法层面确立了德国民事诉讼中不负证明责任的当事人之附理由的否认义务。若仅着眼于该项条文之文义，似可认为，在德国的民事诉讼中，不负证明责任的当事人在任何场合皆负有对于对方当事人所主张的事实进行附理由的否认之义务。不过在德国的裁判实务中，德国《民事诉讼法》第138条第2款从来未作为不负证明责任的当事人对于对方当事人所主张的事实负有附理由的否认义务之直接依据予以适用。德国联邦法院在其所确立的相关判例中，向以诚实信用原则为依据来阐明不负证明责任的当事人为何负有附理由的否认义务。德国联邦法院认为，德国《民事诉讼法》第138条第2款所确立的不负证明责任的当事人之附理由的否认义务不能从同条第1款所确立的当事人负有真实、完全地陈述义务中推导出来。真实、完全陈述义务不过是强调当事人在进行陈述时应诚实为之，不能仅陈述于其有利的事实而对于其不利的事实保持沉默。毋宁认为，诚实信用原则始为附理由的否认义务存在的正当性基础。根据诚实信用原则，在主张阶段，不负证明责任的当事人即须协助受诉法院解明事案，对于对方当事人所主张的事实进行具体的陈述也即作附理由的否认乃此种要求具体体现。不过，附理由的否认义务并不一般性地存在于所有的民事案件中，不负证明责任的当事人是否负有附理由的否认义务须依个案类型而即定。一般认为，在负证明责任的当事人处于事案经过以外，从而欠缺关于事实关系的正确认识，而不负证明责任的当事人却能解明事实关系并且解明事实关系于其是可以期待的场合，应肯定不负证明责任的当事人附理由的否认义务的存在。在前述场合，不负证明责任的当事人若未履行附理由的否认义务而对于对方当事人所主张的事实进行具体的陈述，即不得援用对方当事人对其所主张的事实负有证明责任而获得对自己有利的判决，否则即属违反了诚实信用原则。①

　　在德国，其学说关于附理由的否认义务根据之解释，基本上乃是遵循德国联邦法院判例所持之立场，也是以诚实信用原则作为不负证明责任的当事人负附理由的否认的义务之根据。② 不过德国学者 Stürner 却力倡一般性的事案解明义务说并将其作为不负证明责任的当事人负附理由否认义务之依据。③ Strüner 认为，为实现宪法所规定的保障个人权利之要求，民事诉讼须以真实发现为目的。为此，在民事诉讼中，当事人应负有一般的事案解明义务。对于不负证明责任的当事人来讲，只要负证明责任的当事人所为的事实主张是合理的（也即该事实主张不是恣意的陈述，而是有具体依据、具有可信凭性的陈述），并且解明案件事实对其是可以期待的，其即有义务对该事实主张予以附理由的否认并披露其所知的事实。不负证明责任的当事人若未履行附理由的否认义务，则对方当事人所主张的事实即可被视为是真实的。Stürner 同时认为，不负证明责

---

　　① ［日］松本博之：《民事诉讼における证明责任を负わない当事者の具体的な事实陈述=证据提出义务について》，载《法曹时报》49 卷（1997 年）第 7 期。

　　② ［日］］畑瑞穗：《主张的具体化》，载《法学教室》2000 年第 11 期，［日］畑瑞穗：《摸索的证明·事案解明义务论》，载铃木正裕先生古稀祝贺纪念文集《民事诉讼の史的展开》，有斐阁 2002 年版，第 612 页。

　　③ Stürner 所倡导的一般的事案解明义务论的原型是德国学者 E. Peter 提出的一般协力义务说。E. Peter 认为，从德国民诉法第 138 条第 1 款（强制不负证明责任的当事人协助对方当事人收集于其不利的资料）、第 3 款（不负证明责任的当事人对对方当事人所主张的事实不作陈述视为自认该事实）、第 372 条之一中能推导出，在德国的民事诉讼中，当事人在诉讼资料的收集上负有一般的协力义务。此外，Stürner 所主张的一般的事案解明义务内容非常广泛，除具体陈述事实义务之外，还包括提供关于证据方法的情报义务（如提供证人的姓名、住所）、解除证人的守秘义务的义务、文书提出义务、勘验协力义务及诉讼前的保管、作成证据方法的义务等。［日］小林秀之：《民事诉讼における诉讼资料·证据资料の收集》（三），载《法学协会杂志》第 97 卷（1980 年）第 8 期；参见［日］畑瑞穗：《模索的证明·事案解明义务论》，载铃木正裕先生古稀祝贺纪念文集《民事诉讼の史的展开》，日本有斐阁 2002 年版，第 616~617 页。

任的当事人所负的一般的事案解明义务可以从德国民事诉讼的个别规范中推导出来。具体来讲，从德国《民事诉讼法》第 138 条第 1 款（真实义务、完全义务）、第 138 第 2 款（陈述义务）、第 372 条之一（血统确认事件中，忍受被强制检查身体的义务）、第 422 条、423 条（文书提出义务）等个别义务规范中，通过扩张解释或类推适用可以推导出，不负证明责任的当事人负有一般的事案解明义务。Stürner 进一步认为，包括证明妨害、摸索证明及附理由的否认义务在内的所有民事诉讼上的问题都可以从一般的事案解明的义务中找到依据或得到合理的解释，德国《民事诉讼法》第 142 条以下关于法院阐明处分的范围与第 422、423 条所规定的文书提出义务的范围不相一致的矛盾也可以得到解决，这显然比在个别诉讼中求诸诚实信用原则对前述问题予以解释更为简便。① Stürner 所倡导的一般的事案解明义务说虽然对德国理论界与实务界产生了很大的影响，但并未被普遍接受而成为德国的主流学说。反对者认为，承认当事人负有一般的事案解明义务不仅会减少法院依证明责任规范作出裁判之机会，而且会使得以主张责任、证明责任分配为基本理念的民事诉讼制度设计遭到根本性的弱化，进而会使得辩论主义之根基遭到瓦解。当事人的诉讼主体地位也将会丧失而沦为单纯的向法院提供情报的人。基于以上考量，绝对不能接受一般的事案解明义务论并将其作为不负证明责任的当事人负有对于对方当事人所主张的事实进行附理由的否认义务之根据。② 不仅如此，一般的事案解明义务论也未为德国裁判实务所采纳。如前所述，德国联邦法院只承认，基于诚实信用原则，不负证明责任的当事人仅于个案中负有附理由的否认之义务，从而就也否认了一般的事案解明义务的存在。德国联邦法院在其判例中强调，民事实体法并未规定当事人负有一般的提供情报的义务，将其导入民事诉讼领域更不是民事诉讼法的义务。毋宁认为，任何一方当事人皆不负有为了对方当

---

① 参见 Vgl. Musielak, GrundkursZPO, §.235ff, 5..Aufl, 2000。

② 参见［德］アーレンス：《民事诉讼法の体系における証明妨害について》，［日］松本博之译，载《民商法杂志》第 87 卷（1982 年）第 1 期。

事人的胜诉而提供其没有的诉讼资料之义务这一原则仍需遵守。基于此，不负证明责任的当事人是否负有对对方当事人所主张的事实予以附理由的否认之义务仅能依据诚实信用原则于个案中作出判断。①

2. 日本判例与学说之见解

在日本的《民事诉讼法》中，一直没有类似德国《民事诉讼法》第 138 条第 2 款关于不负证明责任的当事人对于对方当事人所主张的事实进行具体陈述的规定之条款存在。因此可以说，在日本的民事诉讼中，不负证明责任的当事人对于对方当事人所主张的事实进行附理由的否认之义务并无实定法上的依据。但是，1996 年日本的旧《民事诉讼法》修改之后，日本最高法院为因应其《民事诉讼法》的修改而于同年制定的新《民事诉讼规则》第 79 条第 3 款，着眼于附理由的否认所具有的促进当事人之间争点的形成的机能首次确立了附理由的否认的义务。该项规则的内容是：当事人在准备书状中若否认对方当事人所主张的事实应附理由。不过，在日本的裁判实务与学说中，该项规范向来被解释为仅乃训示规范，故不负证明责任的当事人即便违反此项规范所确立的附理由的否认的义务，其也不会遭受特别的制裁。② 循此而言，笔者认为，很难将日本新《民事诉讼规则》第 79 条第 3 款作为日本的民事诉讼中，不负证明责任的当事人对于对方当事人所主张的事实负有附理由否认的义务之实定法上的依据。

在日本，无论是其学说还是裁判实务，传统上均认为，依主张责任之法理，在民事诉讼中，不负证明责任的当事在争执对方当事人所主张的事实之际，无须作具体的反对陈述，为单纯的否认即为

---

① 参见［日］松本博之：《民事訴訟における証明責任を負わない当事者の具体的な事実陳述＝証拠提出義務について》，载《法曹时报》49 卷（1997 年）第 7 期。

② ［日］伊东俊明：《不知の陈述の規制（一）》，载《民商法杂志》第 117 卷（1998 年）第 4，5 期合刊。

已足。① 在日本的裁判实务中，虽然对于一些情报偏在的事件，地方法院往往以要求负证明责任的当事人为具体的主张乃不可能或存在显著的困难为由容许其为抽象的主张，与此同时，也要求不负证明责任的当事人提供相关证据以协力解明事案，从而在某种意义上或者说在一定范围内承认了不负证明责任的当事人事案解明义务之存在。② 但显而易见的是，这些裁判例仅强调在证据调查阶段，不负证明责任的当事人在一定的场合下负有协助法院进行证据调查的义务。其均未确立起在事实主张阶段，不负证明责任的当事人对于对方当事人所主张的事实负有具体陈述的义务或附理由的否认的义务。被日本学者广泛承认首次确立了事实主张阶段，不负证明责任的当事人对于对方当事人所主张的事实负有附理由的否认义务的乃日本最高法院于平成 4 年（1992 年）10 月 29 日针对"伊方原子能发电所诉讼"所作的判决。③ 该事件的经过是这样的：四国电子株式会社计划在爱知县西宇郡伊方町建造原子能发电厂，向内阁总理大臣申请原子炉设置许可，内阁总理大臣作了许可处分。居住在附近的居民以被告在审查原子炉设置许可的申请中所作的判断不合理为由提起撤销许可处分的诉讼。一审法院与控诉审法院均判原告败诉。原告向日本最高法院提出上告。日本最高法院法院作如下判示：在原告提起的撤销原子炉设置许可的诉讼中，关于被告所作的判断存在不合理之处这一事实之主张责任及立证责任本都应由原告方承担，不过，考虑到关于审核原子炉设施安全的资料全部由被告方所持有，被告这一方应首先对原子炉设施安全的具体审查基准及调查、审议与判断的过程等作具体的陈述，以表明其所作的判断不存在不合理之处。被告若不尽此项义务，则应推定原告所陈述的关于被告就原子炉设置许可所作的判断存在不合理之处的事实主张是

---

① 参见［日］三ケ月章：《民事诉讼法》，有斐阁 1972 年版，第 272 页。

② 参见［日］石川明：《民事诉讼法》，青林书院 2002 年版，第 132 页。

③ 参见［日］小林秀之：《判例讲义民事诉讼法》，株式会社悠々社 2006 年版，第 198 页。

真实的。①

日本最高法院虽未在上述判例明确阐释不负证明责任的当事人负有对于对方当事人所主张的事实进行附理由的否认义务之确立依据，但从该判例的判示中我们可以看出，日本最高法院显然没有以一般的事案解明义务论为根据强调不负证明责任的当事人对于对方当事人所主张的事实负有附理由的否认义务。在该判例中，日本最高法院之所以强调首先应由被告对原告所主张的事实的反对事实作具体的陈述，根本的缘由在于，此案中，负证明责任的原告并不拥有关于其所主张的事实之具体情报，而不负证明责任的被告却拥有相关事实主张的具体情报。故与原告相比，被告更能被期待对案件事实作具体的陈述。从中我们也可以看出，日本最高法院事实上一如德国联邦法院，也是乃藉诚实信用原则，对主张责任原理作个别的调整，并由此强调为减轻负证明责任的当事人之主张负担，不负证明责任的当事人在特定场合中负有对于对方当事人所主张的事实进行附理由的否认义务。

事实上，早在日本最高法院于上述判例中承认不负证明责任的当事人在个案中负有附理由的否认义务之前，日本学者中野贞一郎即提出这样的见解：关于事实资料，若不负主张责任的当事人相对于对方当事人处于更能接近的立场故更易解明必要的事实，并且基于诚实信用原则，由不负证明责任的当事人解明事实是可以被期待的，则其应负解明事实之义务。基此，在医疗事故诉讼中，作为被告的医师就自己所为的诊断行为的内容、自己所观察到的患者的状况等事实对于原告所为之主张不允许作单纯的否认而应作具体的陈述。被告若违反了此项义务，则应认为原告所为的关于被告未完全履行合同、存在过失等事实主张有成立拟制自认的余地。②

---

① 参见［日］竹下守夫：《伊方原发诉讼最高判决事案解明义务》，载《木川统一郎博士古稀纪念文集（中），判例タイムズ社 1994 年版，第 1 页以下。

② 参见［日］中野贞一郎：《医疗过误诉讼の手续的课题》，弘文堂 1987 年版，第 103 页。

在此之后，受德国学者 Stürner 倡导的一般的事案解明义务论的启示，日本学者春日伟之郎提出了有限的事案解明义务论之见解。春日伟之郎认为，不负证明责任的当事人并非绝对地负有对于对方当事人所主张的事实进行附理由的否认义务。根据春日伟之郎的见解，不负证明责任的当事人履行附理由的否认义务的要件为：（1）不负证明责任的当事人处于与事实关系隔绝的地位故而不能为具体的事实主张；（2）不负证明责任的当事人对于不知晓事实关系或与事实关系相隔绝不具有非难的可能性；（3）负证明责任的当事人就自己所为的抽象的事实主张提示有具体的线索或根据；（4）不负证明责任的当事人对于解明事案即对于对方当事人所为之事实主张予以附理由的否认具有可期待性。① 分析上述要件我们不难看出，与德国学者 Stürner 所倡导的一般的事案解明义务论相比，春日伟之郎的所主张的有限事案解明义务论乃是以情报偏在性事件为立论背景，强调不负证明责任的当事人并非一般性的负有附理由的否认义务，其仅在情报偏在性事件中始负有附理由的否认义务。由此也可以认为，春日伟之郎所倡导的有限的事案解明义务论并将之作为附理由否认义务之根据，其目的在于调整情报偏在性事件中双方当事人之间在事案解明上的利害关系，以谋求双方当事人之间的实质公平。②

除春日伟之郎外，有限的事案解明义务论亦为日本学者竹下守夫所提倡。竹下守夫在详细检讨日本最高法院针对"伊方原子能发电所诉讼"所作的判决基础上认为，在满足以下条件的情况下，应承认不负证明责任的当事人对于对方当事人所主张的事实负有附理由否认的义务。第一，负证明责任的当事人对于事件的经过被物理的隔绝，不能取得解明事案的必要的资料，并且由于该事件具有专门的技术性质使得负证明责任的当事人不能就自己的请求进行具

---

① 参见［日］春日伟之郎：《民事证据法研究》，有斐阁 1991 年版，第 233 页以下。

② ［日］上田徹一郎：《民事诉讼法》，法学书院 2004 年版，第 387 页；［日］山本克己：《事案解明义务》，载《法学教室》2006 年版，第 8 期。

体的事实主张；第二，不负证明责任的当事人拥有解明事案的充分的资料，并且不存在若对于对方当事人所主张的事实作具体的争执或进行附理由的否认将会遭受重大的不利益的可能性；第三，负证明责任的当事人对于其所为的抽象的事实主张提示了合理的根据或线索。①

"有限的事案解明义务论"甫一提出即遭到了日本学者松本博之的批评。松本博之认为，有限的事案解明义务论虽未直接地变更主张责任与证明责任在当事人之间的分配，但对其仍造成了间接的影响；此外，笼统地认为当事人负有事案解明义务是否给当事人的主体地位造成不良的影响也存在疑问。② 在批评"有限的事案解明义务论"的基础上，松本博之参考德国的判例提出了"具体的事实陈述义务说"并将其作为不负证明责任的当事人对于对方当事人所主张的事实负有附理由的否认义务之依据。松本博之认为，不负证明责任当事人对于对方当事人所主张的事实是否负有附理由的否认义务，应由法官依诚实信用原则自由裁量判断。具体来讲，满足下列要件应承认不负证明责任的当事人负有附理由的否认义务。第一，负证明责任的当事人处于事实经过之外，关于事实关系欠缺正确的认识；第二，不负证明责任的当事人根据具体的情况能够解明事实；第三，不负证明责任的当事人不协力解明事实违反了诚实信用原则。将直接作为判决的基础。③

如上所述，在日本，由于学说及裁判实务传统上均认为不负证明责任的当事人若争执对方当事人所主张的事实对之为单纯否认即

---

① 参见［日］竹下守夫：《伊方原发诉讼最高判决事案解明义务》，载《木川统一郎博士古稀纪念文集（中），判例タイムズ社1994年版，第9~10页。

② 参见［日］松本博之：《民事诉讼における証明责任を负わない当事者の具体的事実陈述＝証据提出义务について》，载《法曹时报》49卷（1997年）第7期。

③ 参见［日］松本博之：《民事诉讼における証明责任を负わない当事者の具体的事実陈述＝証据提出义务について》，载《法曹时报》49卷（1997年）第7期。

为已足。因之，有意地关注不负证明责任的当事人的附理由的否认义务并对其根据作出解释实乃近来之事。关于附理由的否认义务之根据的阐释基本上存在"有限的事案解明义务论"与"具体事实陈述义务说"两种见解。这两种学说虽然在解释不负证明责任的当事人履行附理由的否认义务之要件上存在些微差别，但在本质上二者并无不同。表现为，二者均是将负证明责任的当事人处于事实经过外，不拥有关于事实关系的正确的认识从而不能期待其能为具体的陈述作为不负证明责任的当事人履行附理由的否认义务的事实要件；而将不负证明责任的当事人拥有关于事实主张的情报或能不困难地提供情报作为不负证明责任的当事人履行附理由的否认义务的规范要件。除此之外，二者均以确保当事人之间的实质平等作为不负证明责任的当事人对于对方当事人所主张的事实负有附理由的否认义务的目的。据此，笔者认为，"具体的事实陈述义务说"与"有限的事案解明义务说"之间事实上并不存在尖锐的对立。二者的差异主要在于，"具体的事实陈述义务说"强调不负证明责任的当事人所负的附理由的否认义务仅为基于诚实信用原则而生成的个别的义务，具有例外地、个别地调整当事人主张责任与主张能力相背离的格局之机能。而"有限的事案解明义务说"则调强不负证明责任的当事人所负的附理由否认义务乃一般地存在于情报偏在性事件中，而并非个别的义务。日本学者一般认为，与"有限的事案解明义务论"相比，"具体的事实陈述义务说"与主张责任原理的抵触更少，与日本 1996 年颁布的新《民事诉讼法》第 2 条关于当事人应以诚实信用原则追行诉讼的规范亦有直接关联，所以更容易被接受。①

三、附理由的否认义务之范围

如上所述，无论是在德国还是在日本，其判例与学说都肯认不负证明责任的当事人负有附理由的否认之义务。不过，由于在附理

---

① 参见［日］小林秀之：《判例讲义民事诉讼法》，株式会社悠々社2006 年版，第 199 页。

由的否认义务之确立依据上存在不同的见解从而导致，在德、日两国的民事诉讼中，不负证明责任的当事人履行附理由的否认义务之条件或者说不负证明责任的当事人所负的附理由的否认义务的适用范围并不相同。

（一）德国民事诉讼中附理由的否认义务之范围

在德国的民事诉讼中，若仅以其《民事诉讼法》第138条第2款为依据，则可认为，不负证明责任的当事人在任何情况下皆负有对于对方当事人所主张的事实进行附理由的否认的义务。但依据前文的论述已知，在德国的裁判实务中，该项规范仅仅在形式上予以适用。德国联邦法院在其所作的关于附理由的否认义务之判例中一以贯之地强调，不负证明责任的当事人并非绝对地须对于对方当事人所主张的事实进行附理由的否认。对于不负证明责任的当事人来讲，其是否负有附理由的否认义务应由法官于个案作个别的判断。基于此项原则，德国联邦法院就不负证明责任的当事人履行附理由的否认的义务之条件阐发了这样的见解：

第一，不负证明责任的当事人履行附理由的否认义务原则上须以对方当事人已经对应由其负证明责任的事实作了具体的陈述为前提。负证明责任的当事人所为之事实主张若未臻具体化也即仅为抽象的事实主张，则不负证明责任的当事人对之进行单纯的否认即为已足而无须进行附理由的否认。①

第二，在情报偏在性的案件中，负证明责任的当事人往往处于事情经过以外，不能详细地了解事实关系。相反，负证明责任的当事人往往容易解明事案并且这对其也是可以期待的。在此种情形下，负证明责任的当事人所为之事实主张即便未达具体化之要求，不负证明责任的当事人对该事实主张进行附理由的否认之义务也存在。② 德国联邦法院于1960年1月20日针对一起不正当竞争事件所作的判决较好地诠释了在负证明责任的当事人仅能抽象的为事实主张的情形下，对方当事人也负有附理由的否认的义务这一原理。

---

① 参见 Saenger, Zivillprozessordnung, §138Rn. 5, 4. Aufl., 2011。

② 参见 Wanger, a. a. §138. Rn. 13。

原告与被告共同任职于一家专门从事法律事件取材活动的公司，工作的内容是：向报纸、杂志提供所收集到的判例或关于法律问题的简短评释。被告在开展业务的过程中，屡屡散发广告声称其进行取材活动有固定的、超过百名的联邦法院、地区法院及州等高等法院的法官的协助。为此，原告认为，被告存在不正当竞争行为，以其违反《不正当竞止防止法》第 3 条为由，要求其停止散发广告。在诉讼中，原告并未具体地陈述协助被告进行取材活动的法官是谁，其又是如何得到法官协助的。控诉审法院认为，被告对于原告所为的事实主张应作出充分的回应，并且应陈述有关协助的特定事实经过。但被告没有根据控诉法院的要求进行陈述。控诉审法院遂援用表见证明法理认为，原告对于其所主张的事实应负之证明责任已经完成。被告以控诉审法院错误地适用表见证明法理为由提起上告。联邦最高法院驳回上告，并作出如下判示：通常情形下，在原告若仅抽象地主张应由其负证明责任的事实时，被告对之进行附理由的否认或进行具体的争执的义务并不存在，其也不能从德国《民事诉讼法》第 138 条第 1 款所确立的当事人负有真实地、完全地陈述事实之义务中引申出来。真实地、完全地陈述义务只不过要求当事人于陈述之际应诚实为之而不能仅选择对其有利的事实进行陈述，对于其不利的事实保持沉默。但是，如果原告处于事情经过以外，欠缺相关的知识而不能为具体的事实主张；相反，被告却拥有与事实经过相关的知识，并且其能够详细地陈述事实经过的内容，则被告的具体陈述义务也即附理由的否认义务就不能被免除，只要这对其是具有可期待性的。①

　　第三，不负证明责任的当事人对于对方当事人所主张的事实欠缺认识，并且不能获取关于该事实主张的情报因而不能作具体的争执。如此场合，不负证明责任的当事人可以对对方当事人所主张的

---

　　①　参见［日］佐上善和：《民事诉讼における模索证明について——不适法根据の检讨》，载《民商法杂志》第 78 卷（1978 年）临时增刊《法と权利》。

事实为单纯的否认。①

从德国联邦法院的上述见解中，我们可以总结出这样的认识，在德国，不负证明责任的当事人原则上负有对于对方当事人所主张的事实进行附理由的否认的义务，只要对方当事人对其事实主张作了具体的陈述。在情报偏在性的事件中，不能期待负证明责任的当事人对其事实主张作具体的陈述，相反，不负证明责任的当事人却能期待对该事实主张进行详细的陈述时，则不负证明责任的当事人仍负有附理由的否认义务。只有在不负证明责任的当事人没有也不能被期待获取有关事实主张的情报之情形下，其附理由的否认义务始予以免除而被允许作单纯的否认。

（二）　日本民事诉讼中附理由的否认义务之范围

从上文的分析可知，在日本，无论是其学说还是裁判实务，传统上均认为不负证明责任的当事人不负有附理由的否认义务。故与德国联邦法院关于不负证明责任当事人之附理由否认义务著有较丰富的判例不同的是，在日本的裁判实务中，绝少见到与附理由的否认相关之判例。日本最高法院直至 1992 年针对"伊方原子能发电所诉讼"所作的判例中才首次肯认不负证明责任的当事人对于对方当事人所主张的事实负有附理由的否认义务。在该件诉讼中，日本最高法院之所以认为不负证明责任的当事人对于对方当事人所主张的事实负有附理由的否认义务，乃是基于此案中，负证明责任的当事人由于不拥有关于事实主张的必要的资料因而不能为具体的陈述，相反，不负证明责任的当事人却拥有关于事实主张的必要情报因而能较为容易地陈明案情之考虑。从这则判例中，我们不难得出这样的论断，在日本的民事诉讼中，不负证明责任的当事人所负之附理由的否认义务并非一般性的存在，而是仅仅存在于情报偏在性的事件中。一如日本最高法院的判例，日本的学说也是以情报偏在性事件为立论背景阐释附理由的否认义务的。在日本的学说中，无论是以春日伟之郎为代表所倡导的"有限的事件解明义务说"还是松本博之所倡导的"具体的陈述义务说"均主张，不负证明责

---

① 参见 Wanger, a. a. O. § 138. Rn. 12。

范予以确立，与此相应，在我国的民事审判实践中，当事人仅抽象地主张事实或提示证明主题也并不被认为不合法。在此种背景下，仅片面地要求不负证明责任的当事人对于对方当事人所为的抽象的事实主张进行附理由的否认，势必导致不负证明责任的当事人独自承担解明事实关系的任务。这不仅有违主张责任的法理，也不利于当事人间实质公平原则之贯彻。因此，将来我国《民事诉讼法》在规定不负证明责任的当事人负有附理由的否认义务之同时也应对主张的具体化作出明确的规范。

第二，在情报偏在性的事件中，基于诚实信用原则和当事人武器平等原则之实质贯彻，不负证明责任的当事人对于对方当事人所为的抽象的事实主张在可期待的范围内也应作具体的陈述。如前所述，在情报偏在性事件中，负证明责任的当事人由于事件的专门性或由于其在物理上或社会上处于与事实关系相隔绝的地位从而无法期待其能为具体的主张。此种场合下，即不应当苛求负证明责任的当事人所为之主张仍应具体化，而应容其为抽象的事实主张。为特定证明主题从而限缩法院的证据调查范围，在负证明责任的当事人仅能为抽象的事实主张之情况下，基于诚实信用原则应例外的承认不负证明责任的当事人对该抽象的事实主张也负有进行附理由的否认之义务，只要不负证明责任的当事人对该事实主张作具体的相反陈述具有可期待性。

第三，负证明责任的当事人所为之事实主张即便已合乎具体化的要求，但在不负证明责任的当事人不能充分地拥有关于事实主张的情报或处于事实经过之外时，则不能苛求其对于对方当事人所主张的事实进行附理由的否认，此种场合，不负证明责任的当事人为单纯的否认即为已足。

第四，为彰显附理由的否认义务规范之适用效果，避免其沦为训示规范，《民事诉讼法》在明定不负证明责任的当事人所应履行的附理由的否认义务之范围的同时，须同时规定不负证明责任的当事人未履行附理由的否认义务而仅为单纯的否认将产生视为承认对方当事人所主张的事实之后果。

第四节　不知的陈述之规制

在采行辩论主义运作方式的民事诉讼中，不负证明责任的当事人对于对方当事人所主张的事实除表示否认、自认和沉默外，还有可能向受诉法院陈述"不知道、不清楚或不记得"，也即作不知的陈述。在不负证明责任的当事人作不知的陈述时，由于其既未争执也未承认对方当事人所主张的事实，故不知的陈述在性质上显然既不同于否认也不同于自认，毋宁认为乃是介于否认与自认之间的一种特殊形态的陈述。① 由此而产生的问题是：能否一般性地允许不负证明责任的事人作不知的陈述或者说有无必要对此进行规制？若是，则对于不负证明责任的当事人作不知的陈述进行规制的方法又是什么？征诸大陆法系主要国家或地区，在此问题的处理上，基本上有两种做法：第一种做法以德国法为代表，通过设立不知的陈述的合法要件以限制不负证明责任的当事人作不知的陈述；另一种做法乃以日本法为代表，经由受诉法院依自由心证判断不知的陈述的法律效果规制不负证明责任的当事人作不知的陈述。无论是在立法论上还是在解释论上，两种做法之间均存在显著的差异。在我国，无论是《民事诉讼法》还是司法解释均未对不负证明责任的当事人作不知的陈述进行任何规范。其结果，在目前的民事司法实践中，受诉法院对于不负证明责任的当事人所作的不知的陈述究应如何评价根本无据可循，从而在很大程度上影响了当事人诉讼上的利益。② 在我国的民事诉讼中，对于不知的陈述究竟应如何规制始为科学理应为我们关注并着力研讨。笔者不揣谫陋，拟以德国、日本的民事诉讼为考察对象，对其立法、判例、学说关于不知的陈述之

---

① 参见 Thomas，Putzo. ZPO［Z］. § 138Rn. 19, 31. Aufl. , 2010。

② 不负证明责任的当事人对于对方当事人所主张的事实进行不知的陈述时，法院若将其评价为否认，负证明责任的当事人须对其主张的事实提供证据证明之。相反，法院若将其评价为自认，负证明责任的当事人所主张的事实将直接被法院采纳为裁判的基础。很显然，受诉法院对不知的陈述采取不同的评价对双方当事人诉讼利益的影响是迥然不同的。

规制途径作全方位的梳理，在比较分析的基础上提出我国民事诉讼中规制不知的陈述理应遵循的路径。

一、德国民事诉讼关于不知的陈述之规制

（一）德国《民事诉讼法》的规定

在德国，早在 1877 年《民事诉讼法》（CPO）制定之前，其各州的审判实务中即强调不负证明责任的当事人对于对方当事人所主张的事实不能轻易地作不知的陈述。不过，德国各州关于允许不负证明责任的当事人作不知的陈述的要件并不统一，大体上存在三种做法：第一，不负证明责任的当事人能否作不知的陈述，全委诸法官的自由裁量；第二，将事实区分为不负证明责任的事人自己能感知的事实与不能感知的事实，对于前者，不允许其作不知的陈述，只有后者才允许其作不知的陈述；第三，以"期待可能性的有无"作为是否允许不负证明责任的当事人进行不知的陈述之标准。具体来说，某一事实虽未为不负证明责任的当事人所感知，但只要能期待其作具体的陈述，即不允许其进行不知的陈述。相反，某一事件虽乃不负证明责任的当事人自己所为，但如果不能期待其进行具体的陈述时，则仍允许其作不知的陈述。①

1877 年，德国制订了统一施行于各州的《民事诉讼法》（CPO），该法第 129 条第 3 款对不知的陈述之要件作了明确的规定，即不负证明责任的当事人对于对方当事人所主张的事实，只有在该事实既非自己的行为也非自己感知或认识的对象时才被允许作不知的陈述。德国立法者认为，CPO 第 129 条第 3 款乃是作为"当事人必须进行具体的陈述"这一原则的例外予以规定的，以排除不负证明责任务的当事人进行不知的陈述为目的。也即不负证明责任的当事人对于对方当事人所主张的事实在能够作具体的陈述时，即不允许其为不知的陈述，事实主张既非不负证明责任的当事

①　参见［日］伊东俊明：《不知の陈述の规制——ドイツ民事诉讼法一三八条四项の检讨を中心として（一）》，载《民商法杂志（117）》1998年第 4，5 期合刊，第 649 页。

人自己的行为也非自己感知或认识的对象乃是允许其作不知的陈述之典型样态。① CPO 制定后，虽历经数次修改，但其第 129 条第 3 款的内容却一直无任何变更而被德国现行《民事诉讼法》（ZPO）第 138 条第 4 款完全承袭。因此，仅从德国现行《民事诉讼法》第 138 条第 4 款的语义上作考察，不难得出这样的结论：在德国的民事诉讼中，不负证明责任的当事人对于对方当事人所主张的事实作不知的陈述原则上是不被允许的。② 只有同时满足了以下两个要件，不负证明责任的当事人才能作不知的陈述：第一，该事实不属于其自己的行为（也即乃他人的行为）；第二，其对该事实的发生并不知晓。例如，原告 K 请求被告 B 损害赔偿，理由是 B 的被继承人 E 因交通肇事而致 K 受伤。在诉讼中，K 若主张交通事故乃是 E 造成的，B 可以针对此事实作不知的陈述，因为交通肇事既非 B 所为，事故经过也未为 B 所见。因而 B 对此作不知的陈述是合法的。不过，在诉讼中，若 K 主张 E 所驾驶的事故车挡泥板已被撞坏，则 B 对此不能作不知的陈述，因为 B 知道这辆事故车。③又如，原告 K 以其对 A 物享有所有权为由诉请被告 B 交付 A 物。在诉讼中，K 主张其乃是从 D 处取得 A 物的所有权的，对此 B 可以作不知的陈述。但诉讼中，若 K 主张其乃是从 B 处取得 A 物的所有权的，则 B 对此不能作不知的陈述，因为此事乃 B 自己所为。④

若将德国《民事诉讼法》第 138 条第 4 款置于该条整个框架内进行体系解释，则可以进一步得出这样的结论：在德国的民事诉讼中，不负证明责任的当事人所作的不知的陈述若被法院认定为合法，则视为其有效地争执了对方当事人所主张的事实从而免除了附理由的否认义务；相反，不负证明责任的当事人所作的不知的陈述

---

① 参见 Hackenberg, DieErklärungmitNichtwissn［Z］. S. 70, 1995。

② 参见 Baumbach/Lauterbach/Albers/Hartman, ZPO［Z］. §138Rn. 49, 69Aufl. , 2011。

③ 参见 Grunsky, Zivilprozessrecht［Z］. s. 135, 13. Aufl. , 2008。

④ 参见 Schilken, Zivilprozessrecht［Z］. s. 221, 5. Aufl. , 2006。

若被法院认定为不合法，则视为其没有对对方当事人所主张的事实进行具体化争执。根据德国《民事诉讼法》第 138 条第 3 款的规定，将产生拟制自认该事实的法律效果。① 这是因为，在德国的民事诉讼中，依其《民事诉讼法》第 138 条第 2 款的规定，不负证明责任的当事人对于对方当事人所主张的事实负有具体陈述的义务。因而，不负证明责任的当事人对于对方当事人所主张的事实予以否认，必须积极地陈述理由而不能仅作单纯的否认。如在侵权损害赔偿诉讼中，原告主张被告乃加害人，被告若对此予以否认，仅仅陈述其不是加害人是不够的（此乃单纯的否认），还需要进一步陈述其不是加害人的理由，如侵权行为发生时其不在现场等。在德国的民事诉讼中，被告若未进行附理由的否认，则并不产生否认的效力，其结果是，原告所主张的事实将视为未被争执而成立拟制自认。德国联邦法院在其所作的判例中也屡屡强调，不负证明责任的当事人对于对方当事人所主张的事实予以否认时必须附有理由。② 由此也可以看出，在德国的民事诉讼中，法院在判断是否允许不负证明责任的当事人进行附理由的否认之前，必须先行确定是否允许该当事人作不知的陈述。只有不知的陈述被法院确定为不合法后，附理由的否认才会成为问题被进一步判断。事实上，不知的陈述与附理由的否认乃是从不同的层面规制不负证明责任的当事人之陈述行为的。前者乃是以不负证明责任的当事人自己的行为或感知的事实以外的事实为评价对象，后者乃是以不负证明责任的当事人自己的行为或感知的事实为评价对象，并且该事实对于负证明责任的当事人而言往往存在立证上的困难（借助于附理由的否认能够限缩争点从而减轻其立证困难）。当然，如前所述，不负证明责任的当事人所作的不知的陈述若被法院认定为合法，其将被视为否认的特别形态而具有与附理由的否认相同的效果。

---

① 参见 Wanger, Münchener Kommenter Zur Ziuilprozessordnung ［Z］. § 138Rn. 18, 3. Aufl. , 2008; JauernigZivilprozessrecht ［Z］. s. 145, 29. Aulf. , 2007。

② 参见 Wanger. a. a ［Z］. O. Rn. 12。

（二）德国联邦法院判例的立场

在德国的民事审判实务中，其《民事诉讼法》第 138 条第 4 款从未被作为不负证明责任的当事人进行不知的陈述的合法要件规范予以适用。德国联邦法院在其所作的一系列关于不知的陈述之判例中一以贯之地强调，德国《民事诉讼法》第 138 条第 4 款的规定作为不负证明责任的当事人能否进行不知的陈述的判断基准仅仅具有形式上的意义。待证事实即便为不负证明责任的当事人自己的行为或认识的对象，其若能向法院合理地释明确实不记得此事时，仍可被允许作不知的陈述；相反，待证事实即便不属于不负证明责任的当事人自己的行为或认识的对象，其也不能当然地可以作不知的陈述。对不负证明责任的当事人来讲，其只有在履行了一定的情报收集义务或调查义务（Informationspfllicht）并且仍未获得关于待证事实的情报时，才被允许作不知的陈述。① 下面从待证事实是否为属于不负证明责任的当事人自己的行为或认识的对象这一视角对德国判例关于规制不知的陈之立场作进一步的阐述。

1. 待证事实属于不负证明责任的当事人自己的行为或认识的对象

对于这种类型的案件，德国联邦法院阐明了这样的立场：不负证明责任的当事人对于属于自己的行为或认识对象的事实并非当然地不能进行不知的陈述。只要其能够向法院合理地释明，根据生活经验，其确实已无任何关于此事的记忆，如此事发生太过久远等，则仍可以允许作不知的陈述。不过，对于不负证明责任的当事人来讲，其在作不知的陈述之前，还须履行相应的诸如查阅相关文件、音像资料以便获知与待证事实相关的内容之义务。若依此仍然未果，则其需要进一步向法院陈述没有获取相关情报的原因。只有满足了上述全部要件，不负证明责任的当事人才能对属于自己的行为或认识对象的事实为不知的陈述。② 德国联邦法院于 1994 年 10 月

---

① 参见 Saenger, Zivilprozessordnung［Z］. §138Rn. 9，4. Aulf.，2011。

② 参见 BGHNJW1995，130，BGHNJW—RR2002，612，［Z］. BGHZ109，209；Vgl. MusielakZPO［Z］. §138Rn. 16，8. Aulf.，2011。

10 日及 2001 年 4 月 19 日所作的两则判例对上述立场作了较好的诠释。

（1）1994 年 10 月 10 日判决之事案①

原告诉请被告银行赔偿损失，理由是，由于被告提供了错误的数据而使得原告在投资一家封闭式不动产基金后遭受了损失。在诉讼中，原告主张，如果被告在基金发行的说明书中对相关数据作了妥适的说明，其将不会投资该基金。被告对于原告主张的"说明书未记载附随的报酬，对包含支付租金在内的建筑成本也作了不正确的说明，并且关于投资回报的说明乃是基于无法实现的盈利作出的"这一事实作了不知的陈述。州地方法院及高等法院均驳回了原告的诉讼请求。原告提出上告，联邦法院判决撤销原判决，发回重审。在上告审中，联邦法院认为，依据德国《民事诉讼法》第 138 条第 4 款的规定，原则上禁止不负证明责任的当事人就属于自己的行为与认识对象的事实作不知的陈述。如果不负证明责任的当事人根据生活经验能够释明系争事实经过确实已经不记得，则例外地允许不负证明责任的当事人对之作不知的陈述。但如果该事实在不负证明责任的当事人自己的事业领域（Unternehmungsbereich）内并且存在获知的可能，仍不允许其以不知的陈述表示争执。在本件诉讼中，被告援引《商法典》第 44 条第 4 款以相关文书的保管期间已经过为由对原告主张的事实作了不知的陈述，这显然是不够的。因为被告并没有确切地说明由于保管期限届满已经销毁了相关文书，所以其作不知的陈述并不能获得支持。作为德国的一家大银行，被告本应详细地陈述在保管期限满后的大约什么时候以及什么条件下销毁了相关资料。如果考虑到被告参与了建筑计划的分红及被告建筑部门的多个负责人直接参与了该建筑计划，则有充分的理由认为，被告已经处分了全部的关联文书是极不正常的。此种情形下，被告至少应陈述其以什么理由处分了关联文书。在本件诉讼中，该封闭式不动产基金于 1984 年才开始清算并且在 1981 年到

---

① 参见 BGHUrteiluom10. Oktober1994—IIZR95/93［Z］. BGHNJW1995，130，131。

1990 年间，被告一直与另外一个投资者进行诉讼。基于此，应当认为被告几乎没有处分相关文书的可能。联邦法院最后指出，虽然不能将直接参与投资模型制作的已离职的被告原董事会成员 S 与已经死亡的员工 G 的认识都归入被告自己的认识或者与被告自己的认识同视，但是被告也不能仅仅由于这两个人的不在而免除进行具体陈述的义务。根据被告的陈述，包括前述两人在内的被告的多个部门的员工都参与了该投资模型的制作从而了解当时的事实经过。因此，应认为，原告主张的事实仍在被告自己的事业领域范围，被告只有在进一步收集情报并且在调查未果的情况下才允许进行不知的陈述。

（2）联邦法院 2001 年 4 月 19 日判决之事案①

原告是某一图形商标的持有者，该商标于 1989 年 8 月 14 日注册。不久，原告与同属某广告协会的其他部分成员共同创办了合伙企业。1990 年，合伙企业吸收被告入伙。1995 年 2 月 17 日，合伙人共同决定解散这家合伙企业。之后，原告与除被告外的其他合伙人签订了商标许可协议。被告于 1995 年 6 月将原告持有的商标用于其商业活动。原告主张被告侵犯了其商标权，诉请被告停止侵权行为并赔偿损失。地方法院支持了原告的诉讼请求，被告不服提起控诉，州高等法院驳回了原告的诉讼请求。原告向联邦法院提起上告，联邦法院判决撤销二审法院判决，发回重审。在诉讼中，为反驳原告的诉讼请求，被告主张，原告在 1989 年申请商标注册时与广告协会的成员达成了一项内容为原告仅基于信托为该广告协会持有商标的协议。根据该协议，包括被告在内的合伙企业的全体成员自合伙企业成立时起都有权使用该商标。原告对此作了不知的陈述。二审法院认为，原告所作的不知的陈述是不合法的，因为原告参与了被告所主张的事件。在上告审中，联邦法院认为，二审法院关于原告所作的不知的陈述的评价是错误的。联邦法院认为，根据德国《民事诉讼法》第 138 条第 4 款的规定，某一待证事实，只

---

① 参见 BGHUrteilvom19. April 2001—ZR238/1998 ［Z］. BGHNJW—RR2002，612，613。

有在它既非不负证明责任的当事人自己的行为，又不属于其认识的对象时，才允许其对此作不知的陈述。待证事实若为不负证明责任的当事人自己的行为或认识的对象时，其是否能够不知的陈述原则上取决于该事实发生的时间点。如果该事件发生久远，并且不负证明责任的当事人能合理地释明其一时想不起来，则其作不知的陈述仍是合法的。当然，对于类似这样的事实主张，不负证明责任的当事人并不能当然地可以进行不知的陈述，其必须在进一步履行调查相关情报的义务并且未果后始可为之。在本件诉讼中，原告有义务向前负责人调查 1989—1990 年间双方当事人是否确实订有关于商标使用的信托协议。二审法院在未确认原告是否履行了调查义务的情形下即遂然认为原告作不知的陈述是不合法的，这显然是不正确的。

从上述两则判例中我们不难看出，在德国联邦法院看来，待证事实若属于不负证明责任的当事人自己的行为或认识的对象，其仅以不记得此事为由进行不知的陈述显然是不够的。不负证明责任的当事人尚须进一步向法院释明其不能进行具体的陈述的理由。该理由通常是，其已在可能的范围内对相关的情报进行了调查，但调查未果。质言之，对不负证明责任的当事人来讲，其虽可对于属于自己的行为或认识对象的事实进行不知的陈述，但条件相当严格。不负证明责任的当事人只有在已尽情报搜集的调查义务并且向法院释明了调查结果的真实性后才能对该事实作不知的陈述。相反，不负证明责任的当事人若未尽调查义务或虽已尽调查义务但未能向法院合理地释明调查结果的真实性即遽然进行不知的陈述，将被认为是不合法的不知的陈述。

2. 待证事实不属于不负证明责任的当事人的行为或认识的对象

对于此类案件，德国联邦法院阐明了这样的立场：不负证明责任的当事人对于不负证明责任的当事人的行为或认识的对象也即属于第三人的行为或认识对象的事实主张原则上可以作不知的陈述，但是以下两种场合则不允许当然地进行不知的陈述。其一，对方当事人所主张的事实处在自己的事业领域（Unternehmungsbereich）

或认识领域（Wahrnehmungsbereich）内；其二，对方当事人所主张的事实乃在自己领导、监督或负责之下工作的人所为。在前述两种情形下，不负证明责任的当事人只有在履行调查义务不具有期待可能性或虽已履行了调查义务但仍不能获取相关情报的情形下，方允许作不知的陈述。① 德国联邦法院于不同时期所作的下述两则判例较好地阐释了该原则。

（1）1987 年 7 月 9 日判决之事案②

原告是一家金融机构，对案外人 W 公司融资 155 万马克。被告为 W 公司的姊妹公司。1983 年 5 月 11 日被告作了一份以与 W 公司共同对融资公司负清偿责任为内容的确认函交给原告。1983 年 12 月 12 日，W 公司开始破产程序。此际，原告向被告提示了此确认函，请求被告进行交互计算的清算。在本件诉讼中，原告请求被告支付其从 W 公司的定期存款中受一部清偿的余额。在诉讼中，原告主张 W 公司的定期存款不足，W 公司还负有其他保证债务。被告认为其不知道 W 公司还负有其他保证债务。地方法院驳回了原告的诉讼请求。在控诉审中，州高等法院认为，被告对作为自己姊妹公司的 W 公司是否负有其他保证债务这一事实负有调查义务，故不能对此作不知的陈述，遂判决部分支持原告的诉讼请求。原告不服二审法院的判决，上告于联邦法院。联邦法院认为，原审法院根据德国《民事诉讼法》第 138 条第 4 款所作的关于不允许被告作不知的陈述之判断是不正确的。因为根据联邦法院一向之见解，不负证明责任的当事人只有对在自己的事业领域（Unternehmugsbereich）内的相关情报存在调查的可能时，才能认为其作不知的陈述是不合法的。在本件诉讼中，由于 W 公司已经开始破产程序，并且其前业务执行人已于 1983 年 12 月辞职，故不能要求被告对其姊妹公司 W 公司进行调查以获取相关情报，从而

① 参见 BGHNJW1999, 53［Z］. BGHNJW—RR2009, 1666, Vgl. Zöller, ZPO［Z］. §138Rn. 13, 15, 28. Aufl. , 2010。

② 参见 BGH, UrteilVom9. Juli1987—Ⅲ ZR229/85［Z］. BGHNJW1987, 1125, 1126。

被告对于 W 公司负有其他保证债务这一事实主是可以作不知的陈述的。

（2）1998 年 10 月 7 日判决之事案①

原告是一家生产建筑构件的企业，被告是一家经营各种建筑构件的公司。原告诉请被告支付货款 95211 马克。在诉讼中，原告主张，1994 年 2 月 9 日，被告负责采购业务的 C 致函原告，要求订购一批建筑构件，交货地点为与被告有固定商业往来的 D 公司。原告委托一家运输公司于 1994 年 12 月 16 日将货发至 D 公司，并于 12 月 20 日交给 D 公司一张未签名的关于原告订购该批建筑材料的发票。被告经原告两次催促均未付货款。被告对于原告主张的建筑构件已于 12 月 16 日运送至 D 公司这一事实作了不知的陈述。州地方法院驳回了原告的诉讼请求，原告向州高等法院提起控诉。州高等法院判决支持原告的诉讼请求。在控诉审中，州高等法院认为，被告对于原告主张的已于 1994 年 12 月 16 日交付货物的事实作不知的陈述是不合法的。尽管根据德国《民事诉讼法》第 138 条第 4 款的规定，不负证明责任的当事人原则上可以对任何不属于自己认识对象的事实作不知的陈述，但依据诉讼促进义务及由此而衍生出来的信息告知义务，其在为不知的陈述之前至少应该尝试从其辅助人处探询相关信息。在本件诉讼中，虽然 D 公司并未听命于被告的指挥，但是根据双方当事人的陈述，D 公司显然应当履行原被告买卖合同中的接收货物这一随附义务。况且，原告已向 D 公司出具了发票。因而，被告至少应尽可能地向 D 公司探知原告是否已于 1994 年 12 月 16 日完成了交付。被告不服控诉法院所作的判决，提起上告。在上告审中，联邦法院认为，州高等法院关于本件诉讼中是否允许不负证明责任的当事人作不知的陈述之判断是不正确的，被告对于原告主张的其已于 1994 年 12 月 16 日完成交付的事实可以作不知的陈述。联邦法院进一步认为，根据此前一贯

① 参见 BGH，Urteilvom7.Oktober1998—Ⅷ ZR100/97 ［Z］．NJW1999，53，54。

的见解，不负证明责任的当事人在作不知的陈述之前尚须在一定范围内履行调查义务。在本件诉讼中，原告所主张的建筑构件已发送至 D 公司之事实既非被告自己的行为也非其认识的对象，加之 D 公司既未听命于被告的指挥，也未在被告的领导、监督或负责之下运行，故被告对 D 公司并不负收集情报的调查义务，D 公司与被告仅仅为商业伙伴的关系尚不足以使被告产生调查义务。因此，在本件诉讼中，被告对原告所主张的事实作不知的陈述是合法的。

从上述两则判例中，我们可以看出，在德国的审判实务中，联邦法院向来强调，不负证明责任的当事人对于不属自己的行为或认识对象（即第三人的行为或认识对象）的事实并不能当然地可以进行不知的陈述。其能否作不知的陈述从根本上取决于其针对对方当事人主张的事实是否已履行了相应的调查义务。而判断调查义务是否存在的基准是：该第三人的行为是否处在不负证明责任的当事人的认识领域或事业领域或者是否乃在当事人的指挥、监督和负责之下的人员所为。如在前述判例（2）中，联邦法院即认为，不负证明责任的当事人与第三人存在商业伙伴关系并不能构成当事人可以对其收集情报尽调查义务的理由。当然，在调查义务的识别上，德国联邦法院考虑的并不是或并不仅仅是不负证明责任的当事人与第三人之间是否存在一定的法律关系，而是或更多的是不负证明责任的当事人从第三人处获得情报可能性之有无。如在上述判例（1）中，德国联邦法院即认为由于第三人已经破产，对其进行调查以收集情报存在事实上的困难，故不能苛求不负证明责任的当事人尽调查义务。

3. 小结

从上述几则判例中，我们可以得出这样的认识，在德国的民事审判实务中，不负证明责任的当事人并非绝对地不允许对于属于自己的行为或认识对象的事实作不知的陈述。不负证明责任的当事人如果已向法院合理地释明了其已不记得此事，并且在可期待的范围内尽了情报收集义务或调查义务，仍然是允许其进行不知的陈述的。与此相反，待证事实即便不属于不负证明责任的当事人自己的行为或认识的对象，其也并非当然可以作不知的陈述。不负证明责任的当事人在进行不知的陈述之前尚须向第三人履行一定程度的调查义务并向法院报告调查结果。只有在不负调查义务或虽负调查义务但调查无果的情况下，不负证明责任的当事人才能对于对方当事人所主张的事实作不知的陈述。根据德国联邦法院一贯的见解，第三人的行为只要处在不负证明责任的当事人的认识领域或事业领域内或者乃是在受其指挥、监督或负责之下的人所为即可认为不负证明责任的当事人履行调查义务具有期待可能性。

(三) 德国学说的见解

根据前面的论述可知，若仅以德国《民事诉讼法》第 138 条第 4 款的文义为解释依据，可以得出这样的结论：在德国的民事诉讼中，不负证明责任的当事人对于对方当事人所主张的不属自己的行为或认识对象的事实毫无例外地可以作不知的陈述；相反，不负证明责任的当事人对于对方当事人所主张的属于自己的行为或认识对象的事实则绝对禁止作不知的陈述。但德国学者普遍认为，不应拘泥于德国《民事诉讼法》第 138 条第 4 款的文义而应从该款的立法目的去探知不知的陈述的合法性要件。如德国学者 Brehm 认为，德国《民事诉讼法》第 138 条第 4 款所规定的"事实主张非自己的行为或认识的对象"这一情形乃不负证明责任的当事人不能详细地陈述对方当事人所主张的事实关系的典型状态。在上述场合，通常是不能要求不负证明责任的当事人进行具体的陈述的。所以，该款的目的在于保护不能就待证事实进行附理由的否认的不负证明责任的当事人。与此相反的见解则认为，德国《民事诉讼法》第 138 条第 4 款的目的并不是为了保护不能就待证事实进行附理由的否认的不负证明责任的当事人，毋宁认为乃是为了禁止不负证明责任的当事人轻易地作不知的陈述。如德国学者 Peters 认为，德国《民事诉讼法》第 138 条第 4 款的立法目的在于，防止不负证明责任的当事人在根据经验法则拥有关于待证事实的情报的情形下，规避真实地解明案之义务。德国学者 Lange 也认为，德国《民事诉讼法》第 138 条第 4 款的目的在于，禁止不负证明责任的当事人就自己认知的事实，轻易地援引不知的陈述而免于作具体的陈述。①德国学者 Hackenberg 甚至认为，德国《民事诉讼法》第 138 条第 4 款完全承袭 CPO 第 129 条第 3 款的内容从一开始即存在巨大的立法漏洞，表现为，规定不负证明责任的当事人仅可对于非自己的行为或认识对象的事实作不知的陈述在根本上就未考虑到这样的情形存在，即对方当事人所主张的事实虽属于不负证明责任的当事人自己所为或认识的对象，其却不能对之进行具体的陈述。如对于发生久远的事，不负证明责任的当事人因遗忘而只能作不知的陈述。但根据德国《民事诉讼法》第 138 条第 4 款，在前述情形下，不负证明责任的当事人仍负有具体陈述的义务而不能作不知的陈述，这显然失之过苛。② 德国学者 Morhard 也认为，德国《民事诉讼法》第 138 条第 4 款仅为推定不负证明责任的当事人进行不知的陈述具有期待可能性的规范，因而待证事实即便不属于不负证明责任的当事人自己的行为或认识对象，若能够期待其对此进行具体的陈述时，则其为不知的陈述同样是不合法的。③

综上所述，德国的学说尽管在其《民事诉讼法》第 138 条第 4 款的目的的具体阐释上存在些许差异，但无论哪一种见解均认为，对于不负证明责任的当事人来讲，如果其能够被期待对于对方当事人所主张的事实进行具体的陈述，即不允许其作不知的陈述。因此，是否允许不负证明责任的当事人作不知的陈述应以期待可能性的有无作为判断基准。德国《民事诉讼法》第 138 条第 4 款所规定的"事实主张非自己的行为或认识对象"并不能作为不负证明责任的当事人进行不知的陈述的合法要件，而仅能作为受诉法院判断不负证明责任的当事人进行不知的陈述是否具有期待可能性的参考依据。申言之，根据德国学说，在民事诉讼中，某项待证事实虽

---

① 参见［日］伊东俊明：《不知の陈述の规制——ドイツ民事诉讼法一三八条四项の检讨を中心として（二）》，载《民商法杂志（117）》1998 年第 6 期，第 843~844 页。

② 参见 Hackenberg, a. a. O［Z］. S. 70。

③ 参见 Morhard, DieInformationspflichtderParteinbeiderErklärungmitNicht-wissen［Z］. S. 64, 1993。

然不属于不负证明责任的当事人自己的行为或认识对象，但如果能够期待其对此进行具体的陈述时，则不允许其作不知的陈述。相反，待证事实即便属于不负证明责任的当事人自己的行为或认识对象，但如果不能期待其对此进行具体的陈述时，则仍可允许其作不知的陈述。由此我们可以进一步看出，在如何规制不负证明责任的当事人进行不知的陈述这个问题上，德国学说所持的见解与德国联邦法院的立场相同，均强调是否允许不负证明责任的当事人对对方当事人所主张的事实作不知的陈述并不取决于该事实是否属于其自己的行为或认识的对象，而是取决于不负证明责任的当事人对该事实作具体的陈述是否具有期待可能性。也正因为如此，无论是德国联邦法院还是德国学说均进一步和强调，不负证明责任的当事人在作不知的陈述之前，必须履行相应的调查义务以收集相关情报。

二、日本民事诉讼关于不知的陈述之规制

（一）日本《民事诉讼法》的规定

与德国《民事诉讼法》不同的是，日本《民事诉讼法》并未对不负证明责任的当事人进行不知的陈述设定任何条件。因此从立法论上讲，在日本的民事诉讼中，不负证明责任的当事人对于对方当事人所主张的事实似乎在任何情形下都可以作不知的陈述。当然，如前所述，由于不知的陈述既非承认也非争执或否认对方当事人所主张的事实，故其究竟具有怎样的法律效果在日本民事诉讼中仍有确定的必要。故日本《民事诉讼法》第159条第2款规定，当事人为不知的陈述，推定争执对方当事人的事实主张。根据日本通说的见解，其应被理解为，法院对于不负证明责任的当事人所作的不知的陈述，除不能认定其具有否认的效果外，应将其作为否认对方当事人所主张的事实来处理。① 由此可知，在日本的民事诉讼中，对于不知的陈述乃是由法院根据言词辩论的全部意旨与证据调查的结果，依自由心证判断其法律效果的。

---

① 参见［日］兼子一、松浦馨、竹下守夫、新堂幸司：《条解民事诉讼法》，弘文堂1986年版，第359页。

不过从历史沿革上看，日本 1926 年修改前的《民事诉讼法》第 113 条第 3 款对于不知的陈述乃是作了与德国《民事诉讼法》第 138 条第 4 款相同的规定，其内容是：不知的陈述，只有在其既非原告或被告自己的行为或体验的事实的情形下才被许可。1926年日本修改其《民事诉讼法》时废除了该项规范，取而代之的是1996 年修改前的旧《民事诉讼法》第 140 条第 2 款（日本现行《民事诉讼法》第 159 条第 2 款）的内容。修改该条文的立法理由为：虽然从经验上讲，作为不知的陈述之对象的事实如果属于第三人的行为或认识的事实，不负证明责任的当事人对此多半不知情。而不负证明责任的当事人对自己参与的行为（如实施侵权行为、缔约契约等）与体验或经历的事实（如交通事故现场状况），应该当然知晓。不过，对于后者，不负证明责任的当事人也并非当然地都能认识，如其对于发生久远的事情或在醉酒状态下实施的行为极有可能由于遗忘而不能认识。此种情况下，如果不允许不负证明责任的当事人对之作不知的陈述显然是不妥当的。①

（二）日本的裁判实务

对于不知的陈述，日本的裁判实务鲜有判例，日本最高法院曾在昭和 10 年（1935 年）7 月 9 日作过这样的判决：一方当事人申请法院调查对方当事人制作的文书证据，对于该文书是否由自己制作，该当事人作了不知的陈述，法院仅根据言词辩论的全部意旨即认定即该文书真正成立。② 由此判决结果似乎可推知，日本裁判实务中关于不知的陈述的法律效果的认定基本上乃是遵从其《民事诉讼法》而为。

（三）日本学说的见解

如前所述，日本学者通常认为，法院对于不负证明责任的当事人所作的不知的陈述，除不能认定其具有否认的效果外，应将其作

---

① 参见 ［日］竹下守夫、伊藤真：《注释民事诉讼法（3）》，有斐阁1993 年版，第 135 页。

② 参见 ［日］青山善充、菅野和夫：《判例六法》，有斐阁 2005 年版，第 1067 页。

为否认对方当事人所主张的事实来处理。并且进一步认为，日本旧《民事诉讼法》第 113 条第 3 款虽被废除，但是在解释上，适用现行《民事诉讼法》第 159 条第 2 款仍然能得出与适用旧法相同的结论。因为根据经验法则，法院若认为不负证明责任的当事人对自己参与的行为或经历的事实作不知的陈述不存在合理的理由，通常并不会推定其具有否认对方当事人所主张的事实的效果，而是以违反诚信原则为由将该不知的陈述评价为不合法的陈述。相反，法院若认为不负证明责任的当事人作不知的陈述是合理的，将会认定其具有否认对方当事人所主张的事实的效果。①

不过与日本通说相反的是，有学者对日本旧《民事诉讼法》第 113 条第 3 款的废除提出了强烈的批评，认为日本旧《民事诉讼法》第 113 条第 3 款的废除实乃对德国《民事诉讼法》第 138 条第 4 款的片面认识所由致。原因在于，尽管德国《民事诉讼法》第 138 条第 4 款规定了不负证明责任的当事人对于属于自己的行为或认识对象的事实不能作不知的陈述，但是日本的立法者根本没有注意到，在德国，该条的规定仅在形式上予以适用。无论是德国联邦法院的判例还是德国的学说都认为，不负证明责任的当事人对于属于自己的行为或认识对象的事实，并非当然地不能作不知的陈述。只要不负证明责任的当事人履行了一定程度的调查义务，仍然可以对之作不知的陈述。② 在此基础上，该学者进一步指出，日本现行《民事诉讼法》关于不知的陈述之规制方法不仅存在立论基础的错误，并且会给当事人及法院都带来不利的影响。依该学者的建议，德国《民事诉讼法》关于不知的陈述之规制方法应通过解释论适用于日本的民事诉讼中。具体来讲，法院首先应从诉状、准

---

① 参见［日］小室直人：《新民事诉讼法》，日本评论社 2003 年版，第 88 页。

② 参见［日］伊东俊明：《不知の陈述の规制——ドイツ民事诉讼法一三八条四项の检讨を中心として（二）》，载《民商法杂志（117）》1998 年第 6 期，第 869 页。

备书状的记载内容与当事人的主张中判断不负证明责任的当事人进行具体的陈述有无期待可能性，再经由阐明权的行使促使当事人履行调查义务。如果不负证明责任的当事人合理释明其虽履行了调查义务，但仍不能获得相关情报即可允许其作不知的陈述。此种场合，对方当事人所主张的事实应视为已被不负证明责任的当事人进行了有效的争执。与此相反，不负证明责任的当事人若未履行调查义务而径为不知的陈述，该不知的陈述应被评价为不合法而视为自认了对方当事人所主张的事实。①

三、德国民事诉讼与日本民事诉讼关于不知的陈述规制之比较

综上所述，在德国的民事诉讼中，乃是经由《民事诉讼法》设定不知的陈述的合法要件（该项合法要件在内容上被德国联邦法院作了实质性阐发）之方式预先规制不负证明责任的当事人进行不知的陈述的。笔者认为，德国《民事诉讼法》第 138 条第 4 款之所以明定关于不知的陈述之合法要件，从根本上讲是为了同条第 1 款所确立的当事人真实陈述义务与同条第 2 款所确立的当事人具体化陈述（附理由的否认）义务能够得到真正的落实。这三项规范从不同层面规制不负证明责任的当事人的陈述行为，并统合而成为主张阶段的当事人应遵守的行为规范。首先，真实陈述义务要求不负证明责任的当事人对于对方当事人所主张的明知为真实的事实不得进行虚假的陈述，强为争执。其次，具体化陈述义务或附理由的否认义务要求不负证明责任的当事人在争执对方当事人所主张的事实时必须陈述相应的理由，而不能仅作单纯的否认。故在德国，无论是联邦法院的判例还是学说都认为不负证明责任的当事人

---

① 参见［日］伊东俊明：《不知の陈述の规制——ドイツ民事诉讼法一三八条四项の检讨を中心として（二）》，载《民商法杂志（117）》1998年第 6 期，第 868 页。

对于对方当事人所主张的事实进行单纯的否认并不能产生否认的效果。① 最后，对不知的陈述予以限制也即原则上禁止不负证明责任的当事人作不知的陈述事实上即是为了防止其藉不知的陈述以规避附理由否认义务的履行。而德国联邦法院的判例将不负证明责任的当事人履行相应的调查义务作为其进行不知的陈述的前提要件更是为了促使其努力获取相关情报以期能进行附理由的否认。上述三个方面的规范从根本上讲实只有一个目的，那就是借助于不负证明责任的当事人在主张阶段协力义务的履行而尽可能地使法院获得关于案件的必要情报，进而促进法院早日确定争点，集中且有效率地进行证据调查以避免诉讼迟延。

反观日本的民事诉讼，乃是采取在主张阶段，首先一概允许不负证明责任的当事人对对方当事人所主张的事实进行不知的陈述，然后再委诸法官依自由心证来判断其是否合理并赋予其不同的法律效果这一路径来规制不负证明责任的当事人进行不知的陈述的。笔者认为，日本的民事诉讼之所以采取了迥异于德国民事诉讼规制不知的陈述的方式，根本的原因在于，日本《民事诉讼法》并未像德国《民事诉讼法》那样确立了不负证明责任的当事人之真实陈述义务与具体化陈述义务，从而欠缺经由设定不知的陈述的合法要件预先规制不负证明责任的当事人进行不知的陈述的内在要求。申言之，在日本，无论是学说还是在裁判实务中，向来均认为依主张责任的法理，不负证明责任的当事人在争执对方当事人所主张的事实之际，无须自觉地协力解明事案，进行单纯的否认即为己足。②

---

① 德国联邦法院判例乃是以诚实信用原则作为不负证明责任的当事人负附理由的否认义务的根据，德国学说中有以当事人的真实、完全义务作为附理由的否认义务的根据，有以一般的事案解明义务作为附理由的否认义务的根据。(参见：[日] 松本博之：《民事诉讼における证明责任を负わない当事人の具体的事实陈述二证据提出义务について》，载《法曹时报 (49)》1997 年第 7 期，第 29~32 页。)

② 参见 [日] 三ヶ月章：《民事诉讼法》，有斐阁 1972 年版，第 272 页。

在此背景下，即便其《民事诉讼法》规定了不知的陈述的合法要件，不负证明责任的当事人为了避免被受诉法院评价为不合法的陈述而遭受不利益，甚至在确实不知晓对方当事人所主张的事实的情形下也会选择进行单纯的否认而不是作不知的陈述（在真实义务缺失的背景下，不负证明责任的当事人如此选择似乎也并不会遭受法院不利益的评价）。日本《民事诉讼法》虽然于 1996 年作了大幅度的修改，但关于规制主张阶段当事人陈述行为的规范完全因袭了旧法的内容并未有任何更易。尽管日本最高法院为因应其新《民事诉讼法》而制定的新《民事诉讼规则》第 79 条第 3 款明确规定，当事人在准备书状中若否认对方当事人主张的事实，应附理由，从而在规则层面确立了不负证明责任的当事人的附理由否认义务，但由于该项规定向被解释为仅属训示规定，故当事人不遵守此项规则并不会遭受特别的制裁。所以，该项规则的存在并不会使日本裁判实务中当事人在主张阶段的陈述行为现状得到根本性的改观。① 从学说上看，虽早自上世纪 90 年代开始，受德国学说的影响即有日本学者提出，在主张阶段，不负证明责任的当事人应负协力解明事案义务，② 但这些见解均未被日本裁判实务所接受。凡此种种足以说明，日本的民事诉讼未能采取德国民事诉讼那样的规制不知的陈述的路径实有其坚实的依据。

笔者认为，由于不知的陈述乃不负证明责任的当事人对于对方当事人所主张的事实的陈述形态之一，理应在主张阶段即应受到规制。故像日本民事诉讼那样，一概允许不负证明责任的当事人对于对方当事人所主张的事实作不知的陈述，然后再委诸法官依自由心

---

① 参见［日］三宅省三：《新民事诉讼法（2）》，青林书院 2000 年版，第 62 页。

② 比较有代表性的学说有春日伟之郎的 "事案解明义务论" 与松本博之的 "具体的事实陈述ニ证据提出义务论"。参见：［日］春日伟之郎：《民事证据法研究》，有斐阁 1991 年版，第 232 页；［日］松本博之：《民事诉讼における证明责任を负わない当事人の具体的事实陈述ニ证据提出义务について》，载《法曹时报（49）》1997 年第 7 期，第 28 页。

证来判断其是否合理并赋予其不同的法律效果这一规制路径并不符合主张阶段的内在规律而滋生流弊。第一，委诸法官依自由心证对不知的陈述进行评价从表面上看似乎有助于法官作灵活的判断，但是，一个不可忽视的事实是，法官对不知的陈述作最终的评价（认为合理而将其视为否认对方当事人所主张的事实或认为不合理而将其评价为不合法的陈述）往往直至言词辩论结束后始能为之。在言词辩论（包括证据调查阶段）中途，法官由于不能向当事人公开其目前的心证结果，从而会给双方当事人都带来不利益。对于负证明责任的当事人来讲，由于针对其所主张的事实所作的不知的陈述有可能被法院评价为合法的否认，为此，其必须预先申请法院调查相关证据以证明之。但若法院基于自由心证，特别是仅依言词辩论的全部意旨即将对方当事人所作的不知的陈述评价为不合法的陈述，则先前所实施的证据调查势必是无益的；而对于不负证明责任的当事人来讲，如果法院基于言词辩论的全部意旨与证据调查的结果，直至言词辩论终结时才将其所作的不知的陈述评价为不合法的陈述，其即丧失了向法院进一步主张其进行不知的陈述具有正当性的机会。第二，由法官依自由心证对不知的陈述的法律效果进行判断将会使得相关待证事实在证明必要性的范围不明确的状态下进入证据调查阶段，故尔，法院欲早期确定争点继而有效率地集中进行证据调查并在此基础上进行事实认定的目标势必难以实现，诉讼迟延也就在所难免了。①

综上笔者认为，关于不知的陈述的规制规范从来不是也不应当是一项自洽的规范，其妥当地适用显然须以当事人的真实陈述义务与附理由的否认义务已有效确立为前提。在民事诉讼中，原则上禁止不负证明责任的当事人进行不知的陈述客观上正是为了让其更好地履行附理由的否认义务。德国联邦法院一贯坚持将不负证明责任的当事人履行一定的调查义务作为其进行不知的陈述的前提要件之

---

① 参见［日］伊东俊明：《不知の陈述の规制——ドイツ民事诉讼法一三八条四项の检讨を中心として（二）》，载《民商法杂志（117）》1998年第6期，第870页。

一正是因循这一方向而为。日本的民事诉讼中虽然也存在像德国民事诉讼那样的早日确定争点以解明事案的客观需要（此乃普适的而非个案的），并因此也需要在主张阶段即要求不负证明责任的当事人履行相应的协力义务从而尽可能地减少作不知的陈述。但一如前述，若使规制不知的陈述的规范真正地发挥其机能，必须以《民事诉讼法》已有效确立了当事人的真实陈述义务与附理由的否认义务为前提，欠缺后者，对不负证明责任的当事人作不知的陈述进行任何规制均是徒劳的。基于此，笔者认为，德国法关于不知的陈述之规制路径更符合主张阶段当事人陈述行为的内在规律而可为我国的民事诉讼所借鉴。

四、我国民事诉讼关于不知的陈述之规制应遵循的路径

在我国，无论是《民事诉讼法》还是司法解释，关于不知的陈述的规范均付之阙如。因此，仅从立法论上讲，在我国的民事审判实务中，不负证明责任的当事人对于对方当事人所主张的事实，无论是知晓还是不知晓均允许作不知的陈述。法官对于不负证明责任的当事人所作的不知的陈述只能根据案件审理的全部情形进行视为自认或否认对方当事人所主张的事实的评价。就此而言，日本《民事诉讼法》第159条第2款关于不知的陈述的规范似可作为我国民事诉讼中关于不知的陈述的解释论上的依据。循此作进一步的推断，我们可以得出这样的结论，一如日本《民事诉讼法》，由于我国也欠缺类似德国《民事诉讼法》第138条第4款并经由德国联邦法院判例的阐释而确立的规制不知的陈述之方法，故日本民事裁判实务中委诸法官依自由心证来判断不知的陈述之法律效果所带来的种种问题同样会发生在我国的民事诉讼中。然而，这仅为理论上的假设，考察我国民事司法实践，在我国的民事诉讼中，上述问题基本上甚至可以说根本不会产生。道理很简单，在我国的《民事诉讼法》及司法解释中，由于均未规定当事人负有具体的陈述义务，因而不负证明责任的当事人为使对方当事人所主张的事实产生证明必要性，进行单纯的否认以表示争执即为己足。此外，当事人的真实陈述义务在我国现行《民事诉讼法》中也未确立，从而

使得不知的陈述这种陈述形态在我国目前的民事司法实践中根本就欠缺存在的空间。很难想象，不负证明责任的当事人在作单纯的否认即可达到争执对方当事人所主张的事实的目的之情形下，会进行不知的陈述。①

尽管如此，笔者认为，在我国的民事诉讼中，对不知的陈述进行事先的规制仍具有十足的必要。因为根据前文的分析已知，在民事诉讼中，为使受诉法院早日确定事实关系并求双方当事人平衡分担诉讼上的不利益，在诉讼的主张阶段即需要法院确定争点，以便为在证据调查阶段能集中且有效率地实施证据调查奠定基础。为达此目的，即需要不负证明责任的当事人协助对方当事人及法院提供关于事实主张的情报。不负证明责任的当事人对于对方当事人所主张的事实作真实的、具体的陈述而非仅为单纯的否认即乃此种要求的内在体现。对不知的陈述进行规制事实上即是为了促使不负证明责任的当事人积极探寻关于待证事实的情报以确保其履行真实陈述的义务与附理由的否认义务，从而使得双方当事人与法院共同拥有关于待证事实的情报。果尔，不仅有助于法院早日确定争点，实施有效率的证据调查，也为将来双方当事人展开进一步的攻击防御奠定了必要的事实基础。有鉴于此，笔者认为，将来我国《民事诉讼法》实应借鉴德国《民事诉讼法》及德国联邦法院的判例关于不知的陈述之规制方法，遵循下述思路对不知的陈述进行规制。

其一，由于对不知的陈述进行规制乃是为配合当事人切实履行真实陈述的义务与附理由的否认义务而设，故将来我国《民事诉讼法》在对不知的陈述在进行规制之际，应同时明确规定当事人负有真实陈述的义务与附理由的否认义务。

其二，由于德国《民事诉讼法》第 138 条第 4 款关于不知的陈述的合法要件规范仅被德国联邦法院作为例示规定进行阐释，更由于德国联邦法院判例所确立的关于不知的陈述之规制路径更具科

---

① 此从 2001 年《证据规定》第 8 条第 1 款、第 2 款（2019 年《证据规定》第 3 条、第 4 条）分别规定了自认、沉默的法律效果却未对同属不负证明责任的当事人陈述形态的不知的陈述未作规定可得到部分印证。

学性，我国《民事诉讼法》宜直接地吸收德国联邦法院判例所持的见解，将不负证明责任的当事人对于对方当事人所主张的事实进行具体的陈述是否具有期待可能性作为是否允许其作不知的陈述的规范要件，同时将不负证明责任的当事人履行相应的调查义务作为允许其作不知的陈述的事实要件。

其三，为使关于不知的陈述之规制更具实效，我国《民事诉讼法》将来进一步修改时宜明确规定不合法的不知的陈述之后果。具体体现为，不负证明责任的当事人在具有期待可能性的情形下若未尽调查义务而作了不知的陈述，应认为乃不合法的陈述从而视为自认了对方当事人所主张的事实；相反，不负证明责任的当事人虽然履行了相应调查义务却仍未能获得相关情报从而作了不知的陈述应认为乃合法的陈述从而视为有效否认了对方当事人所主张的事实。

第五章　民事诉讼运行中的证据法理

第一节　证据法定与法定证据

　　在采行辩论主义运作方式之民事诉讼中，受诉法院认定案件事实，除公知的事实、法院职务上应当知晓的事实、当事人之间不争执的事实外，皆须以证据调查结果作为基础。① 为保障事实认定结果之客观、公正及当事人之程序参与权，法院进行证据调查，原则

---

　　① 公知的事实，乃指包括法官在内的社会上一般成员均能知晓的事实，如重大历史事实、重大自然灾害等。职务上应当知晓的事实乃指法官于审判职务执行中所获知的于本案审理时仍有记忆的事实。譬如，法官于本案审理之前曾作出宣告本案原告为无民事行为能力人之判决。原告无民事行为能力这一事实即为法院职务上应当知晓的事实。公知的事实与法官职务上应当知晓的事实虽在内涵上迥不相同，但均具有客观实在性，故两者皆为不要证事实。当事人之间不争执的事实包括当事人自认的事实与拟制自认的事实。与公知的事实、法官职务上应当知晓的事实不同的是，当事人之间不争执的事实成为不要证事实乃基于辩论主义这一实质依据，而非基于其之客观实在性。因此，在采行辩论主义不妥当之民事诉讼领域，如身份关系诉讼，当事人间不争执的事实即不能作为不要证事实，也即某一主要事实，当事人即便对其不争执，法院亦要对其进行证据调查，并不能当然地作为裁判之基础。参见骆永家：《民事举证责任论》，台湾"商务印书馆"1984年版，第10~32页；周叔厚：《证据法论》，台湾三民书局2000年版，第209~217页；[日] 兼子一：《民事诉讼法》，弘文堂1972年版，第101~106页；[日] 斋藤秀夫：《注解民事诉讼法》（4），第一法规出版株式会社1983年版，第331页。关于不要证事实之规范，可参见德国《民事诉讼法》第138条、第288条，日本《民事诉讼法》第159条、第179条，我国台湾地区"民事诉讼法"第278条、第279条、第280条。

上必须以法律所规定的证据方法为其范围，并遵循法定程序为之。非法定的证据方法仅在自由证明之场合方可采用，此即证据法定之意义所在。在法律所规定的证据方法中，每种证据方法皆不同于其他证据方法的不同证据调查方式，此亦乃法定证据类型确立之正当性基础。我国《民事诉讼法》第 63 条虽然明确规定了八种证据形式从而明示了证据法定之意旨，但在证据类型之确立上并不科学，亟待完善。

一、证据法定之意义

解决私权争执之民事诉讼程序，就要证事实之认定而言，不外乎追求事实之真实发现。为确保事实认定过程之公正及保障当事人之程序参与权，各国或地区《民事诉讼法》不仅规定了可以供法院进行证据调查之证据方法的种类，且就每种法定证据方法之证据调查程序作了严密之规定。尽管受诉法院对于不同的法定证据方法采取不同之证据调查方式，譬如，对于证人之调查乃采命证人出庭接受法官讯问并陈述证言之方式，而对于文书之调查乃采命持有文书之当事人或第三人将其提交于法院以供法官阅览之方式。但法官对任一法定证据方法之证据调查均须恪守以下两个方面的共通原则：其一，直接原则，即证据调查应由作出本案判决之受诉法院为之，仅在特殊情况下，方可交由受命法官与受托法官完成。其二，当事人公开原则，即法官进行证据调查时，当事人有在场之权利。①

（一）证据调查应贯彻直接原则

在民事诉讼中，所谓证据调查乃指法院从证据方法中获取证据

---

① 法院对非法定的证据方法进行证据调查时，直接原则及当事人公开原则悉可不必遵守。受诉法院为解明事案，可以不通知当事人到场而任意嘱托其他机构为调查。譬如，为查明特殊的经验法则或外国法，受诉法院可以嘱托外国官厅、本国官厅、学校、研究所等机构进行调查。参见［日］松本博之：《民事诉讼法》（第 4 版），弘文堂 2005 年版，第 350 页。

原因的诉讼行为，法院证据调查之结果构成了裁判事实的重要基础，① 对诉讼的走向及诉讼结果起着重要的作用。为确保事实认定的客观性与公正性，大陆法系各国或地区民诉法例皆强调对法定的证据方法的证据调查原则上须由作出本案判决之受诉法院于公开法庭行之。盖由参与判决的法院进行证据调查，因法官于证据调查时在场，故能依据直接的体验获得"新鲜"之判决资料，对于证据之价值及证据调查之结果能作最好的评价，进而对事实之真相，可得明确之认识，从而有利于真实之发现。② 德国《民事诉讼法》第355条第1款即明确宣示了证据调查之直接原则，该条规定，调查调查，由受诉法院为之。只有在本法有规定时，才能将证据调查委托给受诉法院的成员或委托给其他法院。③ 日本《民事诉讼法》

①　在大陆法系民事诉讼中，能够成为法院判决事实认定基础的除证据调查结果也即证据资料外还包括言词辩论的全部内容（言词辩论全部意旨）。所谓言词辩论全部意旨，乃指于言词辩论中呈现出来的除证据调查结果以外的一切资料、模样、状态等。当事人于言词辩论时陈述的全部内容，当事人及其诉讼代理人陈述时的态度，如不清楚的陈述、陈述时频繁更正、当事人提出攻击防御方法的时期等均属于言词辩论全部意旨。此外，当事人对于证据调查的非协力态度，如不服从文书提出命令等亦构成言词辩论全部意旨的内容。言词辩论全部意旨之所以能作为法院认定事实的基础，是因为诉讼资料与证据资料虽在法律上存在严格的区分，但诉讼资料亦乃经由当事人的诉讼行为向法院提出，法院自然能够对当事人诉讼行为自身进行评价并以其作为事实认定的资料。

②　参见 Musielak, Grundkurs ZPO, s. 245, 5. Aufl, 2000。[日] 小岛武司：《要论民事诉讼法》，中央大学出版部1977年版，第208页；[日] 吉村德重、竹下守夫、谷口安平：《讲义民事诉讼法》，青林书院1982年版，第226页；陈计男：《民事诉讼法论》（上），台湾三民书局2002年版，第256页。

③　依德国《民事诉讼法》第375条的规定，受诉法院外的证据调查在适用范围上仅限于对证人（关于当事人讯问与鉴定人讯问准用之，第415、402条）之讯问，并须满足下列条件之一：第一，为发现真实，以在现场讯问证人为适当时，或者依法律规定不应在法院讯问而应在其他场所讯问证人时；第二，证人因故不能到受诉法院时；第三，证人远离受诉法院所在地，从其证言的重要性来看，不能预期其到场。

及我国台湾地区"民事诉讼法"虽没有正面宣示证据调查之直接原则，但从日本《民事诉讼法》第 185 条第 1 款"法院于认为相当时，能在法院外行证据调查。此种场合，可以命令合议庭之成员或嘱托地方法院及简易法院进行证据调查"及我国台湾地区"民事诉讼法"第 290 条"法院认为适当时，得嘱托他法院指定法官调查证据"之规定的反面可以推知，日本民诉法及我国台湾地区"民诉法"亦采证据调查直接原则。①

我国现行《民事诉讼法》虽亦没有宣示证据调查之直接原则，但从《民事诉讼法》第 130 条第 1 款"人民法院派出人员进行调查时，应当向被调查人出示证件"及第 131 条"人民法院在必要时可以委托外地人民法院调查"之规定中可以反面推认，我国现行民诉立法亦采证据调查之直接原则。②

（二）证据调查应保障当事人的在场权

因法院证据调查之结果直接关系到事实的认定，攸关当事人的利益，故法院进行证据调查应对当事人公开，也即当事人于法院进行证据调查时应有在场之权利。当事人于证据调查时在场不仅可以

---

① 依日本《民事诉讼法》第 185 条第 1 款及我国台湾地区"民事诉讼法"第 290 条之规定，法院外之证据调查可适用于所有的证据方法，只要受诉法院认为这样做具有"相当性"（必要性）。由于其《民事诉讼法》并未同时确定须满足哪些特别条件始符合"相当性"，故而受诉法院能自由裁量由受命法官或受托法院进行证据调查，并且此种裁量行为具有诉讼指挥之性质，当事人不得表示不服。学者一般认为，受诉法院应综合考虑应行调查的证据方法之重要性、证据调查所需要的费用、证据调查之场所、证据方法之特性、法院自身之情况等各种因素，决定是否采行法院外之证据调查。参见［日］门口正人编集代表：《民事证据法大系》（第 2 卷），青林书院 2004 年版，第 245 页。

② 从我国现行《民事诉讼法》第 130、131 条的规定来看，在我国民事诉讼中，受诉法院外的证据调查也有两种基本形式：由受诉法院成员进行证据调查与由受托法院进行证据调查。受诉法院外之证据调查可适用于所有的证据方法，此点与日本相同，而不同于德国法。在适用之特别要件上，现行《民事诉讼法》亦未作具体规定，而仅抽象地规定，受诉法院认为必要时即可进行法院外之证据调查，故在解释上受诉法院可自由裁量是否实施法院外之证据调查。

参与证据调查，如依规定向到庭之证人发问，并且能主张关于证据的利益。为保障当事人之在场权，各国或地区《民事诉讼法》皆规定，法院进行证据调查应以合法的方式传唤当事人到场（参见德国《民事诉讼法》第 357 条第 1 款、日本《民事诉讼法》第 94 条第 1 款、我国台湾地区"民事诉讼法"第 156、167 条及我国现行《民事诉讼法》第 136 条）。在解释上，法院若未遵守法律规定传唤当事人到场，除未到场之当事人不及时行使责问权而使得该证据调查程序之瑕疵得以补正外，① 法院不得以所实施的证据调查之结果作为判决基础，否则判决即属违法，且可构成当事人上诉的理由。不过，于证据调查期日传唤当事人到场乃从程序保障角度所作之设计，给予当事人在场参与证据调查的机会即为已足。当事人一方或双方若已受合法传唤，却于证据调查期日不到场，应视为当事人放弃其权利，法院仍能进行证据调查。法院于当事人不在场的情形下仍可进行证据调查也能避免证人、鉴定人等因当事人不出庭而遭受空跑一趟之不利益且可防止诉讼迟延。就此而言，也有其正当性（参见德国《民事诉讼法》第 367 条第 1 款、日本《民事诉讼法》第 183 条、我国台湾地区"民事诉讼法"第 296 条）。② 依德国《民事诉讼法》第 367 条第 2 款之规定，当事人若能释明于证据调查期日不到场乃因不可归责于己的事由所致，可以申请法院于言词辩论结束前追行证据调查。除此以外，当事人若能释明因其未

---

① 所谓责问权，乃指当事人对于法院及对方当事人违反关于诉讼程序规定（方式规定）而实施的诉讼行为向法院陈述异议并主张其无效的权能。法院或当事人实施诉讼行为时所违反的规范若属于效力规范中的任意性规范，则该诉讼行为可因有权责问之当事人放弃责问权的行使或逾时不行使责问权而使得其瑕疵治愈从而成为自始即为有效的诉讼行为。参见［日］新堂幸司、铃木正裕、竹下守夫：《注释民事诉讼法》（3），有斐阁 1993 年版，第 319~321 页；［日］上田徹一郎：《民事诉讼法》（第 4 版），法学书院 2004 年版，第 310 页。

② 我国现行《民事诉讼法》虽未有类似之规范，但从理论上讲，因证据调查的主体为法院，故当事人受合法传唤后于证据调查时不到场，并不影响证据调查之实施。

参与证据调查不致延滞诉讼时，也可申请法院追行或补充证据调查。日本《民事诉讼法》虽并无类似规定，但日本学者通常认为，德国《民事诉讼法》的上述规定在解释论上于其本国民事诉讼的实践不无参考价值。① 笔者认为，德国法的上述规定对于我国的民事诉讼实践亦有相当之借鉴意义。

二、法定证据的类型

如上所述，证据法定最根本的意义在于法院对法定证据的调查要遵循直接原则并保障当事人于证据调查时的在场权，不过，具体到每一法定的证据方法而言，法院对其所为之证据调查在方式上并不相同，此亦乃法定证据确立之依据所在。

（一）大陆法系民事诉讼中法定证据的类型

与我国现行《民事诉讼法》第 63 条专门规定证据的种类（法定证据之类型）这种立法技术不同，大陆法系民事诉讼法一般乃就每种法定证据以节或目的形式分别予以规范。譬如，德国关于证据方法的规范规定在其《民事诉讼法》第二编"第一审程序"中的第一章"州法院诉讼程序"中。其中，第六节规定了"勘验"，第七节规定了"人证"，第八节规定了"鉴定"，第九节规定了"书证"，第十节规定了"当事人讯问"。日本《民事诉讼法》第二编"第一审诉讼程序"第三章乃关于证据之规范，其中第二节规定了"证人询问"，第三节规定了"当事人讯问"，第四节规定了"鉴定"，第五节规定了"书证"，第六节规定了"勘验"。我国台湾地区"民事诉讼法"第二编"第一审程序"第一章"通常诉讼程序"第三节乃关于证据之规范，其中第二目规定了"人证"，第三目规定了"鉴定"，第四目规定了"书证"，第五目规定了"勘验"，第五目之一规定了"当事人讯问"（乃 2000 年其"民事诉讼法"修订时新增，故以第五目之一标之）。从德国、日本及我国台湾地区民事诉讼法关于证据的规范形式可以看出，其对每种

---

① 参见［日］小室直人等：《新民事诉讼法》（Ⅱ），日本评论社 2003 年版，第 151 页。

法定证据规范之序次虽各不相同，但均规定了人证、鉴定、书证、勘验、当事人讯问等五种法定证据类型。

此外，我们还可以看出，大陆法系民事诉讼法所规定的五种证据类型，并非从证据方法或证据资料之层面予以表征，① 而是以证据调查形式之语义指称之。其中，人证乃以证人为证据方法，以其所陈述之证言内容为证据资料之证据调查形式；鉴定乃以鉴定人为证据方法，以其所陈述的关于专门事项的判断意见为证据资料之证据调查形式；书证乃以文书为证据方法，以文书的内容为证据资料之证据调查形式；勘验乃以勘验标的物为证据方法，以法官所直接感知的关于勘验标的物之性质与外在状态为证据资料之证据调查形式；当事人讯问乃以当事人本人为证据方法，以其所陈述的案件事实为证据资料之证据调查形式。

大陆法系国家或地区民事诉讼法之所以将人证、鉴定、书证、勘验及当事人讯问定为法定的独立证据类型，最根本的原因在于此五种证据在证据调查的具体方式上存在本质的差异，每一证据皆不能代替或包容他种证据之故。尽管从某种意义上讲，法官进行任何一种形式的证据调查均须经由法官的五官作用进行事实上的判断，如在勘验之场合，法官乃基于自己五官之作用直接感知人或物的物理上之状态；证人讯问、鉴定、当事人讯问之场合，法官须聆听证人、鉴定人、当事人的陈述；在书证之场合，法官须阅览文书之内容。前者涉及法官听觉之作用，后者涉及法官视觉之作用。但勘验乃以法官对被调查对象的性质、形状的直接认识为内容，与以文书之记载及人的陈述所涉之思想内容为调查对象的书证与证人讯问、鉴定、当事人讯问等均不相同。因而，法官以文书为调查对象时，若以其笔迹、纸质为检查对象乃为勘验，非为书证；法官以人为证

---

① 从诉讼法理上讲，所谓证据方法乃指能由法官基于五官之作用进行调查并从中获得事实认定的资料的有形物。证据方法分为人的证据方法与物的证据方法，前者如证人、鉴定人、当事人本人等，后者如文书、勘验标的物等。法院基于证据方法的调查结果所感知的资料，称为证据资料。如证人证言，当事人陈述、鉴定意见、文书的内容、勘验的结果等。日常生活用语中的举证及提供证据，通常是在证据方法这一层面上使用的。

据调查对象时，不以其陈述的内容，而以其容颜、声音等身体特征作为检查的对象时亦为勘验，非为人证。因为书证乃以法官经由阅览文书，获知其所记载之内容为特质；证人讯问之本质在于证人经由受诉法院之讯问陈述其所感知的发生于过去的具体事实；鉴定的意义在于，拥有特别学识经验的鉴定人向法官陈述相关专门知识或基于该专门知识所作之事实判断，以补充法官判断能力之不足；而当事人讯问作为证据调查方式，是指当事人本人基于证据方法之地位，经由法院之讯问而陈述其见闻、经历之事实，并以所陈述之内容作为证据资料。由此可知，在大陆法系民事诉讼中，每种法定证据类型均有区别于其他法定的证据类型之本质特征，其民事诉讼法正是以此为基石，针对每种法定证据类型规定了不同的证据调查程序。

（二）我国民事诉讼中法定证据的类型

与大陆法系民事诉讼法例不同，我国现行《民事诉讼法》第63条专门规定了法定的证据类型。依该条的内容可知，在我国民事诉讼中，共有书证、物证、视听资料、证人证言、当事人陈述、鉴定结论及勘验笔录等七种法定证据类型。从形式上考察，现行《民事诉讼法》第63条所规定的八种证据并非处于同一逻辑层面，其中，书证、物证、视听资料乃是证据方法，证人证言、当事人陈述、鉴定结论则为证据资料，而勘验笔录从性质上讲，即非证据方法，亦非证据资料，仅为记载勘验结果之文书。从范围上看，大陆法系民事诉讼中的人证、鉴定、书证、当事人讯问等法定证据类型亦为我国民事诉讼中的法定证据类型，分别称为证人证言、鉴定结论、书证、当事人的陈述，二者虽然用语或规范的视角不同，但内涵或意义并无本质差异。大陆法系民事诉讼中的勘验这一法定证据类型，在我国民事诉讼立法中则作为物证与勘验笔录这两种独立的证据类型予以规范。其中，物证指可移转占有之物，而勘验笔录则指记载法官关于不能移转占有之物或现场的调查结果之文书。此外，我国《民事诉讼法》将视听资料确定为独立的证据类型，此亦为大陆法系民事诉讼法所无。

三、现行《民事诉讼法》第 63 条之检讨

如上所述，证据法定的意义在于法院对每一法定证据的调查要严格遵循直接原则并保障当事人的在场权，而法定证据确立的基准在于证据调查方式之不同。循此而言，笔者认为，我国现行《民事诉讼法》第 63 条将勘验笔录列为独立的证据类型有违证据调查之直接原则，不符合证据法定之要求，而将视听资料确立为独立的证据类型亦欠缺正当性，因为视听资料作为新种证据在证据调查方式上并无独立于书证或物证之特质。

（一）将勘验笔录列为法定证据类型有违证据调查直接原则

一如大陆法系民事诉讼法通例，勘验在我国民事诉讼法中亦为实定法上的用语。但与前者乃将勘验作为独立的证据类型或证据调查方式予以规范不同的是，现行《民事诉讼法》上的勘验仅指勘验人调查不能移转占有或者无法由当事人提交于法院的物证及现场（《民事诉讼法》第 80 条第 1 款前段），勘验本身亦不具有独立证据类型的意义。从理论上讲，无论是大陆法系民事诉讼法中的勘验还是我国现行《民事诉讼法》上的勘验，其均指勘验人依自己之五官作用感知事物之物理上的性质或状态并在此基础上进行事实判断的一种认知活动。在大陆法系民事诉讼中，勘验从其对象上看，为一切可由法官基于五官作用感知的以人或物的形式存在的证据方法；只要不以文义或思想内容作为证据资料皆为勘验之对象，为人为物在所不问。而依我国现行《民事诉讼法》第 80 条第 1 款 "勘验物证或者现场" 与第 63 条 "证据有以下几种：……（三）物证……" 及第 70 条 "物证应当提交原物" 之规定可知，在我国民事诉讼中，作为勘验对象的仅为不能移转占有的物证或现场，故能由当事人提示于法院的则以物证称之，并作为独立的证据形式予以规范，而非勘验的对象。而大陆法系民事诉讼法中的物证与勘验在本质上实指称同一证据，仅语义不同而已。勘验之文义乃在证据调查对象这一层面上使用，其强调的是法官基于五官之作用直接感知调查对象。而物证则是证据调查对象这一层面上使用，其乃指勘验标的物本身，二者实乃同一证据之一体两面。此外，在大陆法系

民事诉讼中，勘验作为证据调查方式乃由法官亲自实施，仅在不能或不便接近勘验标的物时才使用勘验辅助人具体实施勘验活动并听取勘验辅助人关于事实判断之报告。而在我国民事诉讼中，勘验的主体乃作为法院工作人员的勘验人，这乃是从民诉法第80条第1款"勘验物证或现场，勘验人员须出示人民法院的证件……"之规定中所得出的结论。依《民事诉讼法》第44条"审判人员有下列情况之一的，应当自行回避，当事人有权用口头或者书面方式申请他们回避……前款规定，适用于书记员、翻译人员、鉴定人、勘验人"及第139条第2款"当事人经法庭许可，可以向证人、鉴定人、勘验人发问"之规定可以进一步推论，勘验人在我国的民事诉讼中似为组成合议庭的审判人员或独任审判员以外的法院工作人员。从《人民法院组织法》（2018年10月26日修订）第四章（"人民法院的人员组成"）关于法院工作人员设置的规定来看，属于人民法院工作的人员有：院长、副院长、庭长、副庭长、审判员（第40、42条）；法官助理（第48条）；书记员（第49条）；司法警察（第50条）；司法技术人员（第51条），其中并无独立的专司勘验工作的勘验人之设置。显而易见的是，若作纯粹形式逻辑上的推演，我国民事诉讼中的勘验人应指参与案件审理的审判人员以外的审判人员、法医、司法警察，但从职责上看，无论是法医还是司法警察均非勘验人选，故勘验人在我国民事诉讼中应由没有参与该需要勘验的案件之审理的审判人员担任。《民事诉讼法》第130条第1款"人民法院派出人员进行调查时，应当向被调查人出示证件"之规定似可佐证上述论断之成立（即勘验实乃调查的一种形式或方法）。

令人感到难以理解的是，作为直接感知证据方法的一种证据调查方式，勘验本可由庭审法院直接（或经由勘验辅助人之协助）实施，为何偏要迂回地让受诉法院的庭审法官以外的其他法官实施？因为如此安排将导致庭审法官不能直接形成关于勘验标的物之认识及其事实判断，而仅能经由阅览勘验人已制作（《民事诉讼法》第80条第3款规定："勘验人应当将勘验情况和结果制作笔

录，由勘验人、当事人和被邀人签名或者盖章"）的勘验笔录①
进行证据调查（《民事诉讼法》第138条规定"法庭调查按照下列
顺序进行：……宣读勘验笔录"）。这显然使得庭审法官不能获得
作为判决基础的事实之"新鲜"印象而影响其心证之形成从而有
违证据调查中的直接原则。笔者认为，物证，无论其以何种形式体
现，皆以其外在的物理状态或性质为证据资料，法院获知该证据资
料时，皆采取以五官作用于该物直接感知之方式。无论其是否能被
移转占有，也无论其是否能被当事人向法院提出，法院调查证据之
方式均不会因此而改变，仅调查之场所不同而已（一为在物之现
场，一为在法庭）。准此而言，笔者认为，我国现行《民事诉讼
法》将对物之证据调查区分为物证与勘验两种不同的证据方法予
以规范，不仅不具有立法技术上的意义反而徒增繁杂，易滋弊
病。因此，笔者认为，我们应当借鉴大陆法系民事诉讼法通例，
将勘验作为真正的独立证据调查方式予以规范，将勘验对象扩大
适用于所有的物证。如此一来，物证便仅仅为勘验标的物，勘验
笔录亦仅为勘验结果的固定与保存方式而不再具有独立证据类型
的意义了。

（二）将视听资料作为法定证据类型有违法定证据之确立准则

在我国，早于1982年颁布的《民事诉讼法（试行）》第55
条即将视听资料作为独立的证据类型予以规范，该项规范内容为现

---

① 在大陆法系民事诉讼中，勘验一般由庭审法官亲自实施，并由书记
官根据法官所谕示之勘验结果制作勘验笔录。不过，作为证据资料使用的乃
法官已形成的关于勘验标的物之认识及在此基础上的事实判断本身，勘验笔
录更多地起着固定、保存证据资料的作用，甚至如一位日本学者所言，勘验，
乃以法官直接认识对象事物进行事实判断为核心，在勘验标的物无变质、灭
失之虞的场合，因法官可随时认识勘验标的物，关于勘验的结果实不必记载
于笔录中。即使受诉法院成员变更而须更新辩论亦无此必要，因为新加入的
法官若能直接认识勘验标的物，反而更忠实勘验之目的。毋宁认为，在勘验
标的物有灭失、变质之可能时，将勘验结果记载于笔录始真正有其必要。参
见［日］门口正人编集代表：《民事证据法大系》（第5卷），青林书院2005
年版，第125页。

行民诉法所承袭。从世界范围看，将视听资料作为独立的法定证据类型予以规范似为我国《民事诉讼法》之创举，有学者甚至认为，相比于德国、日本及我国台湾地区民事诉讼规定就电子或磁记忆媒体未设特别规范之立法，我国现行《民事诉讼法》第63条明定视听资料作为证据方法之一，应属较先进之立法。① 诚然，随着科学技术的进步，人类逐步迈向高度资讯化的社会。其结果是，磁带、光碟、电子记忆媒体等资讯媒介亦常以证据方法的形式在诉讼上出现。此新种证据（讲学上称之）也即我国《民事诉讼法》上的视听资料，② 就其具有传达一定的思想之机能而言，具备文书之要素，然就其欠缺可阅览性而言，又与文书不相符合，因法官不能依视觉直接认识其所载之内容，须借助科技设备才能认识其内容。

因此，从形式上或技术层面看，视听资料确实不同于传统的勘验标的物或书证。然而，这并不能成为视听资料可以作为独立的法定证据类型之理由，因为如前所述，法定证据确立之准则在于，每种证据方法在证据调查方式上皆有区别于其他的证据方法之特质，譬如，法官调查书证采取阅览之方式，勘验采取依五官作用直接感知之方式，法官调查证人采取讯问之方式。而关于视听资料之证据调查显然并不能独立于书证或物证之证据调查。这也是大陆法系国家或地区审判实践中尽管有视听资料或新种证据之运用，其民事诉讼法却均未将之确立为独立的法定证据类型的根本缘由所在。

譬如，在德国，学者一般认为，新种证据具有容易改变之特质，而不能一般性地适用于关于书证证明力之规范，故应依勘验程

① 不过，该学者同时亦认为，我国现行《民事诉讼法》第71条虽规定："人民法院对视听资料，应当辨别真伪，并结合本案的其他证据，审查确定能否作为认定事实的根据。"但对如何辨别真伪及如何将其作为认定事实的根据则付之阙如，故亦难免在适用上存在困难。参见杨建华：《海峡两岸民事程序法》，月旦出版股份有限公司1997年版，第309、316页。

② 我国学者通常将视听资料界定为，采用现代技术手段，将可以重现案件原始声响、形象的录音录像资料和储存于电子计算机的有关资料及其他科技设备提供的信息，用来作为证明案件真实情况的资料。参见樊崇义主编：《证据法学》，法律出版社2004年第3版，第212页。

序进行调查。2002 年修正后的德国《民事诉讼法》第 372 条第 1 款更是明定电子证据乃为勘验之标的物。①

在日本及我国台湾地区，关于新种证据之调查有书证说、勘验说、新书证说、新勘验说等四种学说。书证说认为，新种证据可经由列印其所载之资料而使其处于阅读可能之状态，故其属于保存、传达思想之文书，可依书证程序进行调查。勘验说重视新种证据之媒介性质，认为其记载内容若不借助于科技设备列印则不能阅读，故并非文书，而应依勘验程序进行调查。新书证说认为，新种证据可依一定的科技设备之操作而呈现其内容而成为可操作之文书，故可将其称为可能文书；列印出来之文书可称为生成文书，对生成文书，应依书证程序进行调查。新勘验说认为，新种证据因不能阅读，应否定其文书性，其本身之证据调查应依勘验程序为之，但列印出来之文书，其本身为独立文书，应依书证程序进行调查。② 日本《民事诉讼法》第 231 条、我国台湾地区"民事诉讼法"第 363 条明定新种证据准用书证之规范。对其适用，在解释上乃以"新书证说"为多数说。

综上所述，我国《民事诉讼法》将视听资料确立为独立的证据类型因有悖于法定证据之确立准则而显然欠缺正当性。事实上，即使现行民诉法未将视听资料确立为独立的证据类型亦不妨碍当事人及法官对其利用，域外法的实践即是很好的证明。

四、结论

在大陆法系民事诉讼中，为确保事实认定过程的客观及公正，法院进行证据调查应以法定的证据方法为对象，严格遵循直接原则

---

① 参见 Musielak, Grundkurs ZPO, s. 254, 5. Aufl, 2000。

② 参见［日］高桥宏志：《证据调べについて》（十二），载《法学教室》2002 年第 1 期；［日］小林秀之：《新证据法》（第 2 版），弘文堂 2003 年版，第 26~31 页；骆永家：《新种证据之证据调查》，载《月旦法学杂志》2000 年第 11 期。

并保障当事人的在场权，此即证据法定的要求或意义所在。与此相应，其民事诉讼法乃依证据调查方式之不同，确立了不同的证据类型。我国现行《民事诉讼法》尽管在制度设计上贯彻了证据法定的要求，但关于法定证据类型的确立并不科学，突出表现为误将勘验笔录与视听资料作为独立的证据类型予以规范，亟待修正。

第二节　当事人申请证据调查的法律规制

在民事诉讼中，基于辩论主义的要求，法院原则上不能依职权调查证据，须依当事人之申请始能为之。[1] 根据现行《民事诉讼法》第 64 条第 2 款的规定，并结合 2015 年 1 月 30 日最高人民法院发布的《民诉法解释》第 96 条第 2 款所作的解释可知，[2] 在我国民事诉讼中，法院能够依职权调查证据也仅限于涉及国家利益、社会公共利益等事项。通常情形下，当事人欲获得于己有利的事实认定，必须积极地申请法院调查证据。由于证据调查的结果直接关系到法院如何认定案件事实，对当事人诉讼的成败有着重大的影响，故是否准许当事人的证据调查申请显然不能委诸法院自由裁量，而应设有一定的判断基准。征诸各国立法通例，其主要体现

---

① 在域外民事诉讼中，允许法院依职权调查证据一般限于婚姻案件、亲子关系案件等身份关系诉讼。因为在这些案件中，诉讼标的为具有公益性质的身份关系，裁判的效力又及于第三人，发现案件真实具有高度必要性因而强调法院须依职权调查证据。参见 [日] 中野贞一郎、松浦馨、铃木正裕：《新民事诉讼讲义》（第 2 版），有斐阁 2004 年版，第 293 页；王甲乙、杨建华、郑健才：《民事诉讼法新论》，台湾三民书局 2002 年版，第 364 页。

② 《民事诉讼法》第 64 条第 2 款规定："当事人及其诉讼代理人因客观原因不能自行收集的证据，或者人民法院认为审理案件需要的证据，人民法院应当调查收集。"《民诉法解释》第 96 条规定："民事诉讼法第 64 条第 2 款规定的人民法院审理案件需要的证据包括：（一）涉及可能损害国家利益、社会公共利益的；（二）涉及身份关系的；（三）涉及民事诉讼法第 55 条规定诉讼的；（四）当事人有恶意串通损害他人合法权益可能的；（五）涉及依职权追加当事人、中止诉讼、终结诉讼、回避等程序性事项的。"

为：(1) 证据调查申请应特定证明主题与证据方法；(2) 证据调查申请应适时提出；(3) 证据调查具有必要性。这三者分别从申请内容、申请时期、证据调查必要性等不同层面规制了当事人申请法院调查证据行为。

一、当事人申请证据调查应特定证明主题与证据方法

(一) 证据调查申请应特定证明主题

当事人申请法院调查证据，乃是请求法院就一定的证据方法进行调查以证明其所主张的事实。从证明责任的角度考察，当事人所主张的事实即为其应负证明责任的证明主题或立证事实。在证据调查申请中，当事人如果未明确地表示证明主题将使法院无从判断待证事实是否需要进行调查。显而易见的是，在是否需要进行证据调查仍存在疑问的情形下，法院即遽然实施证据调查，不仅使对方当事人花费不必要的劳力与时间而遭受不利益，也会导致法院实施的证据调查归诸徒劳而浪费司法资源。因此，在各国的民事诉讼中，当事人不特定证明主题而申请法院调查证据均被认为是滥用证明权而不合法。特定证明主题不仅要求当事人具体地陈述对裁判具有重要性的事实，而且要求所陈述的事实有一定根据而非仅仅基于推测。故当事人虽具体地陈述了证明主题，但仅为射幸式地陈述，试图借助于法院的证据调查而进一步具体化其主张也是不被允许的。例如，原告以因使用木材防腐剂导致其健康受损为由将制造商作为被告提起损害赔偿诉讼。在诉讼中，原告主张其免疫系统与中枢外围神经系统因木材防腐剂之涂刷而受到不可恢复之损害并申请法院进行鉴定。原告申请鉴定即为不合法的证据调查申请，因为作为证明主题的事实，原告的健康受到损害以及该损害应归咎于木材防腐剂的使用仅为原告的推测。① 学说上一般认为，在诸如环境污染、消费者权益损害等现代型诉讼中，与案件有关的资讯或情报往往构

---

① 参见 Gehrlein, Zivilprozessrechtnachder ZPO-Reform 2002, 2001. S. 134.

造性地偏在于一方当事人手中，另一方当事人并不能充分知晓案件的具体事实经过。因而对于该当事人而言，其在申请法院调查证据时即难以甚至不能具体地陈述作为证明主题的案件事实，而只能抽象地提示证明主题或基于推测主张作为证明主题的事实。此种场合，应例外地承认当事人提出的证据调查申请合法。①

（二）证据调查申请应特定化证据方法

为方便法院判断当事人的证据调查申请是否应予准许以及需进行要调查的证据之范围，避免侵害对方当事人的防御权并实现适切、迅速地进行证据调查之目的，当事人申请法院调查证据时，除须特定证明主题外，还应特定需要调查的证据方法。证据方法的特定必须达到足以能让法院识别其需要调查的证据为何种证据的程度，如当事人申请法院传唤某人作为证人，应具体表明该人的姓名、住所等能识别被法院传唤作为证人的身份等事项；举证人申请法院命令文书持有人提出文书证据，应具体表示该文书的名称、作成人、作成的日期等识别文书的事项；举证人申请法院命令勘验标的物持有人提出勘验标的物，应表明勘验标的物之名称及品种、所在地等足以与其他标的物区别的事项。在民事诉讼中，鉴定人通常由法院指定，故举证人申请鉴定，只须表明需要鉴定的事项而毋须具体表明鉴定人。

为使法院能初步地判断进行证据调查是否有必要，当事人申请法院调查证据除应特定证明主题与需要调查的证据方法外，还应具体表明立证趣旨，也即证明主题与需要调查的证据之间的关系。例如，原告申请法院传唤 A 为证人，以证明其与被告订立的买卖契约成立。在证据调查申请中，原告除须具体表明作为证据方法的证人 A 的身份信息与作为证明主题的买卖契约成立之事实外，还必须具体地表明证人 A 乃买卖契约的居间人，于订立契约时在场等

---

① 参见［日］门口正人：《民事证据法大系（第 2 卷）》，青林书院 2004 年版，第 125 页。

能够彰显证据方法与证明主题之间关系的事项。

综观我国现行《民事诉讼法》，明确规定当事人申请法院调查证据应特定证明主题与证据方法的规范虽然付之阙如，但从《民事诉讼法》第119条"起诉必须符合下列条件：……（三）有具体的诉讼请求和事实、理由……"的内容中，我们不难看出，在我国的民事诉讼中，原告在起诉状中具体地陈述能支撑其所提诉讼请求的事实乃起诉的合法条件之一。根据平等原则"同类事物应为同一处理"的原理，则我们可以合乎逻辑地推断，被告在其所提的答辩状中，也应具体地陈述能够反驳原告诉讼请求所依据的事实与理由。由于原被告双方当事人所主张的事实除属于免证事实而毋庸当事人举证外，均为当事人应负证明责任的事实而构成证明主题，故当事人申请法院调查证据应特定证明主题乃当然的解释。此外，根据最高人民法院2019年修改的《证据规定》第20条，"当事人及其诉讼代理人申请人民法院调查收集证据，应当在举证期限届满前提交书面申请。申请书应当载明被调查人的姓名或者单位名称、住所地等基本情况、所要调查收集的证据名称或者内容、需要由人民法院调查收集证据的原因及其要证明的事实以及明确的线索"。由此规定可以看出在我国的民事司法实践中，当事人申请法院调查证据也应特定需要调查的证据方法。不过从该项司法解释的文义来看，其似乎仅针对书证、物证等物的证据方法的证据调查申请而设并未囊括证人等人的证据方法因而并不周全。因为根据前文的分析可知，在民事诉讼中，当事人申请法院调查证据，无论是物的证据方法还是人的证据方法，均要求具体表明需要调查的证据方法。为全面地规制当事人申请法院调查证据行为，笔者认为，2019年《证据规定》第20条显然需要作目的性扩张解释，以便其也能作为我国民事诉讼中当事人申请法院调查人的证据应遵循的规范。

二、当事人申请证据调查应当适时提出

在民事诉讼中，为保证诉讼的快速推进与程序的顺畅进展，世界主要国家或地区的民事诉讼法例采适时提出主义，规定当事人应在诉讼的适当阶段提出各种攻击、防御方法。① 作为攻击防御方法的一种，当事人申请法院调查证据自然也应当在诉讼的适当阶段提出，逾时提出证据调查申请将会产生于己不利的后果。如德国《民事诉讼法》第 282 条第 1 款规定，当事人双方都应该在言词辩论中，按照诉讼的程度和程序上的要求，在为进行诉讼所必要的与适当的时候，提出他的攻击和防御方法，特别是各种主张、否认、异议、抗辩、证据方法和证据抗辩。同法第 296 条第 2 款规定，违反第 282 条第 1 款而未及时提出攻击或防御方法，如果法院依其自由心证认为逾时提出足以迟延诉讼的终结并且当事人究其逾期有重大过失时，可以予以驳回。又如日本《民事诉讼法》第 156 条规定，攻击和防御方法应当根据诉讼进行的状况于适切的时期提出。同法第 157 条第 1 款规定，当事人由于故意或重大过失逾期提出攻击或者防御方法，法院认为其将由此导致诉讼迟延终结时，法院依申请或以职权，裁定驳回。此皆为适例。

从前文提到的德国、日本《民事诉讼法》的相关规定中可以看出，为确保适时提出主义能得到实质贯彻，充实并推进案件的审理，在以德国、日本为代表的大陆法系国家的民事诉讼中，当事人逾时提出证据调查申请，虽不会遭受罚款、拘留等公法上的制裁，但很可能被法院以证据调查申请不合法为由而驳回。其结果，需要法院进行调查的某特定的证据即不能被法院采纳作为事实认定的根

---

① 所谓攻击方法，是指原告为使其所提诉讼请求有根据而向法院提出的一切裁判资料，所谓防御方法是指被告为反对原告所提诉讼请求而向法院提出的一切裁判资料，两者合称为攻击防御方法。就内容而言，攻击防御方法不仅包括当事人围绕诉讼请求而提出的法律上及事实上的主张（包含对对方主张的自认、否认等），也包括当事人为使其主张的事实能得到法院确信而提出的要求法院就特定证据方法进行调查的申请。当事人向法院提出的认为对方当事人所提供的证据与证明主题无关，无证据能力等证据抗辩亦为重要的攻击方法。参见［日］上田徹一郎：《民事诉讼法》（第 4 版），法学书院 2004 年版，第 291 页。

据。就当事人而言，其再也不能申请法院调查该证据也即导致了失权的后果。① 法院裁定驳回当事人未适时提出的证据调查申请必须同时具备以下三个方面的要件：

第一，举证人提出证据调查申请逾时，此为客观要件。通常认为，所谓逾时，是指当事人本能于更早的时期提出证据调查申请并且在此阶段提出也有适当的机会却未提出证据调查申请。判断当事人提出证据调查申请是否逾时，应视法律或者法院是否就当事人提出证据调查申请规定或指定有明确的期间而定。如果法律或者法院已就当事人提出证据调查申请规定或指定有明确的期间，则当事人超出该期间始提出证据调查申请即可认定为逾时。与此相反，如果法律或者法院并未就当事人提出证据调查申请规定或指定有明确的期间，则法院应当综合该诉讼的具体进行状态，当事人于更早的时期提出证据调查申请是否具有可期待性等因素判断当事人提出证据调查申请是否逾时。②

第二，当事人逾时提出证据调查申请具有可归责性，此为主观要件。所谓具有可归责性，是指当事人逾时提出证据调查申请在主观上乃是基于故意或重大过失，轻过失则不包括在内。重大过失要件的判定，应综合考虑当事人本人的法律知识程度、当事人申请法院调查的证据种类等因素。当事人逾期提出证据调查申请这一事实本身通常可以推定当事人存在重大过失。例如，当事人迟至最后的言词辩论期日始向法院申请传唤早就为其所知的证人即可认定当事

---

① 在民事诉讼中，失权制度设立的目的是为了促进诉讼，实现诉讼经济原则。经由失权之规制，不仅能促使当事人不迟延地提出各种攻击防御方法，加速诉讼的进行，也能使集中审理制度或的较好地实现。参见姜世明《新民事证据法论》，台湾新学林出版文化事业有限公司 2004 年版，第 368 页。

② 参见［日］小室直人等：《新民事诉讼法（2）》，日本评论社 2003 年版，第 80 页。

人具有重大过失。①

第三，法院采纳当事人的证据调查申请并对该证据进行调查将会导致迟延诉讼的终结，此为迟延要件。关于诉讼迟延内涵的理解，理论上存在相对迟延与绝对迟延两种不同的观点。所谓相对迟延，指的是当事人的证据调查申请假如没有逾时提出预计终结诉讼的时点，与法院采纳当事人逾时提出的证据调查申请并调查该证据预计终结诉讼的时点相比较，后者所花费的时间如果长于前者，则构成诉讼迟延。所谓绝对迟延，指的是法院驳回当事人逾时提出的证据调查申请不进行证据调查预计终结诉讼的时点，与当事人假如适时提出证据调查申请预计终结诉讼的时点相比较，后者所花费的时间如果长于前者，则构成诉讼迟延。将诉讼迟延理解为相对迟延还是绝对迟延，对于法院是否采纳当事人逾时的证据调查申请会产生不同的结果。例如，假设被告本应于答辩状中申请法院传唤证人乙作证，却迟至言词辩论期日才提出该项证据调查申请，又假设须被传唤的证人乙在言词辩论期日前仍在国外旅行，因此法院传唤该证人作证只能另行指定证据调查期日。此种情形下，若采取相对的迟延的观点，则法院应采纳被告的证据调查申请，传唤证人乙出庭作证。因为即便被告于答辩状提交时即申请法院传唤证人乙出庭作证，证人乙在第一次言词辩论期日仍因为未回国而不能出庭作证。其结果与被告逾时提出证据调查申请相同故应认为没有造成诉讼迟延。相反，若持绝对迟延的观点，则构成了诉讼迟延。因为在被告迟至言词辩论期日才提出证据调查申请，申请法院传唤乙出庭作证时，法院如果驳回被告的该项证据调查申请，可以免却对证人乙另行指定期日进行询问，诉讼终结所需时间显然要比采纳被告的该项证据调查申请并另行指定期日询问证人乙而结束诉讼的时间短。②

就我国民事诉讼而言，2012 年《民事诉讼法》修正后，一反此前一直采行的随时提出主义，改采域外立法例通行的适时提出主

---

① 参见［日］小室直人等：《新民事诉讼法（2）》，日本评论社 2003年版，第 81 页。

② 参见 Jauernig, Zivilprozessrecht, 25. Aufl, 1998. S. 203。

义。现行《民事诉讼法》第 65 条第 2 款规定："人民法院根据当事人的主张和案件审理情况，确定当事人应当提供的证据及其期限。当事人在该期限内提供证据确有困难的可以向人民法院申请延长期限，人民法院根据当事人的申请适当延长。当事人逾期提供证据的，人民法院应当责令其说明理由；拒不说明理由或者理由不成立的，人民法院根据不同情形可以不予采纳该证据，或者采纳该证据但予以训诫、罚款。"从该项规范中，我们可以看出：第一，在我国的民事诉讼中，判断当事人是否适时提出了证据调查申请乃是以当事人是否遵守了法院确定的举证期限为标准。一般意义上的由法院依据诉讼的具体进展以及申请调查的证据的性质与种类判断当事人提出的证据调查申请是否逾时之情形并不存在。《民诉法解释》第 99 条对于法院如何确定当事人的举证期限作了明确的解释，其规定："人民法院应当在审理前的准备阶段确定当事人的举证期限。举证期限可以由当事人协商，并经人民法院准许。人民法院确定举证期限，第一审普通程序案件不得少于 15 日，当事人提供新的证据的第二审案件不得少于 10 日。举证期限届满后，当事人对已经提供的证据，申请提供反驳证据或者对证据来源、形式等方面的瑕疵进行补正的，人民法院可以酌情再次确定举证期限，该期限不受前款规定的限制。"第二，在我国的民事诉讼中，当事人逾时申请证据调查遭受不利的后果也是以当事人具有可归责性为前提。《民诉法解释》第 102 条将当事人的可归责性进一步解释为当事人基于故意或重大过失从而与域外立法例相同。第三，在我国的民事诉讼中，当事人因可归责于自己的事由逾时提出证据调查申请并不必然导致失权的后果，法院对于是否采纳当事人的证据调查申请享有自由裁量权。《民诉法解释》第 102 条对法院的自由裁量权作了限缩，规定当事人因故意或重大过失逾时提供的证据，一般不予采纳，只有该证据与案件基本事实有关才予以采纳。此种制度设计体现了我国《民事诉讼法》对促进诉讼与发现实体真实的衡平追求，因而与域外立法中的适时提出主义并不完全相同。

值得检讨的是，现行《民事诉讼法》第 65 条并未将诉讼迟延作为法院不予采纳当事人逾时提出的证据调查申请的要件之一予以规定并不妥当。因为根据前面的分析可知，在适时提出主义的背景下，无论是《民事诉讼法》设定当事人申请法院调查证据的期间还是法院指定当事人申请调查证据的期间，均是为了促进与充实诉讼的审理，加快诉讼进展。故法院驳回当事人逾时提出的证据调查申请须以采纳之将会导致诉讼迟延为必备要件。自反面讲，当事人即便因故意或重大过失逾时提出证据调查申请，但只要未因此导致诉讼终结迟延，该逾时提出的证据仍会被法院进行调查。因为在此种情形下，适时提出主义目的之贯彻并没有受到实质阻碍。就此而言，笔者认为，现行《民事诉讼法》第65条设立的证据失权制度不仅有违适时提出主义之本旨，一定程度上也侵蚀了当事人的证据调查申请权。为周全保护当事人的利益，充实案件的审理与促进诉讼，《民事诉讼法》将来作进一步修改时，显然有必要在增设诉讼迟延要件的基础上重新设计证据失权制度。

三、当事人申请证据调查应具有必要性

在民事诉讼中，为保障法院能正确地认定事实以实现裁判结果的公正，并尽可能地迅速审结案件以贯彻诉讼经济原则，当事人申请法院调查证据除须特定证明主题与证据方法、适时提出外，还应具备证据调查必要性这一合法要件。具体包括：

（1）证明主题须具有裁判重要性

所谓证明主题具有裁判重要性，是指需要当事人证明的案件事实对于法院裁判的作出具有决定意义，具体包括两个方面的要求：第一，原告所陈述的案件事实能使其所提诉讼请求具有正当性，也即原告所陈述的案件事实若为真实，则能满足其所追求的法律效果，此称之为原告陈述的充分性；第二，被告针对原告陈述的案件事实所作的防御性陈述是重要的（erheblich），也即被告的陈述如果成立，将使原告所提诉讼请求丧失正当性基础而被法院驳回。①因此，如果原告陈述的案件事实不充分或者被告针对原告陈述的案

---

① 参见 Gehrlein, Zivilprozessrechtnachder ZPO-Reform 2002, 2001. S. 126。

件事实所作的防御性陈述不重要，该事实即不构成具有裁判重要性的事实。当事人间虽对该事实有争执，但其是否存在并不会影响法院裁判的正当作出，故法院不会考虑对其进行证据调查，因为针对该项事实即便进行证据调查也完全是徒费时间与劳力。德国的民诉法教科书经常举下面的例子来说明何谓具有裁判重要性的事实。原告 K 针对被告 B 提起损害赔偿诉讼，理由是 B 所驾驶的小汽车因高速行驶偏离马路而撞坏了原告地产周围的篱笆。在诉讼中，被告提出抗辩，称其行驶遵守了交通规则并且没有超速，也不知为何会偏离马路而驶入原告的地产，也许是事发前所出现的不可预测的技术性障碍所导致的。在该诉讼中，可以认为双方当事人针对汽车偏离道路的真正原因发生争执所作的陈述即不具有裁判重要性。因为依《德国道路交通法》第 7 条第 2 款之规定，小汽车在行驶过程中所产生的损害按无过错责任处理，也即损害只要是在汽车行驶中产生的，并且不是由于不可抗力造成的，车主即负损害赔偿责任。当事人虽然对汽车偏离道路的原因产生争议，但该事实对于裁判并不具有重要性，法官对其毋庸进行证据调查。[①]

（2）非属法院依自由心证裁量认为不必要进行证据调查的事项

在民事诉讼中，当事人申请法院调查证据是为了能使其所主张的事实得到法院确信。在现代法治国家，法院乃依自由心证判断当事人主张的事实是否真实。如果法院已就作为证明主题的要证事实已得到心证，或者当事人申请法院调查的证据乃是为了证明与心证同一方向的事实，则证据调查即欠缺必要性。不过，学者一般认为，法院不能以作为证明主题的反对事实（Gegenteilderzubeweisenden Tatsache）已获得确信为理由驳回当事人的证据调查申请。也即当事人如果提出反证而申请法院进行调查时，法院则不能以已得心证为由驳回当事人的证据调查申请。法院更不能以当事人申请调查的证据价值极低为由驳回当事人的证据调查申请，因为这

---

① 参见 Musielak，Grundkurs ZPO，5. Aufl. 2000. S. 237。

样做会导致法院对事实的认定形成预断而损害事实认定的客观性。① 此外，因法院是否采纳当事人的证据调查申请对事实认定具有重大的影响，有时甚至直接决定诉讼的走向，故即便是否采纳当事人的证据调查申请证据仅为纯粹事实上的判断，法院的裁量权也须受到一定的制约。日本最高法院判例所确定的唯一证据不能驳回法则即体现了这一要求。根据该项证据法则，当事人申请法院调查的证据如果从整个审级看仅为争点的唯一证据时，法院对该证据必须进行证据调查。因为法院若排除该的证据而不进行调查，则基于证明责任之规制，法院只能作出对申请调查证据的当事人不利的事实认定，该当事人必心存不满而影响对裁判公正的信赖，故需要调查的证据为证明案件事实的唯一证据时，法院必须采纳当事人的证据调查申请。

（3）证据调查不存在不确定期间的障碍

在民事诉讼中，法院作出裁判固然应追求真实发现并为此而需要广范地采用证据以为事实认定的根据，但迅速审结案件以贯彻诉讼经济原则也不能忽视。在诉讼中，往往会出现这种情况，即需要法院调查的证据方法虽然存在，但何时能对其进行有效地调查并不能有一明确的预期，也即证据调查存在不确定期的障碍，如证人、应受法院询问的当事人病重，法官进行临床询问事实上也不可能；证人迁居外地，迁居地不明；证人居留外国或去外国旅行归期不明；文书或勘验标的物遗失，发现很困难等等。此种情形下，法院若一直等待此证据调查的障碍消除，势必使得诉讼大大迟延，不仅有违诉讼经济原则，也会影响权利人权利的迅速实现。② 为此，域外民事诉讼法皆规定，法院进行证据调查若存在不确定期间的障碍，法院可以不进行证据调查，并以此为由驳回当事人的证据调查申请。如德国《民事诉讼法》第 356 条规定，因为有不定期的障

---

① 参见［日］门口正人：《民事证据法大系（第 2 卷）》，青林书院 2004 年版，第 143 页。

② 参见［日］小室直人等：《新民事诉讼法（2）》，日本评论社 2003 年版，第 147 页。

碍致不能调查证据，法院应规定一定期间，如在期间内仍不能调查，只有在法院依其自由心证，认为不致拖延诉讼程序时，才可以在期满后对该证据方法进行调查。又如，日本《民事诉讼法》第181条第2款规定，法院进行证据调查存在不定期间的障碍时，可以不进行证据调查。再如，我国台湾地区"民事诉讼法"第287条规定，因有窒碍而不能预定调查证据之时期者，法院得依申请定其期间。但期间已满而不致延滞诉讼者，仍应为调查。从上述域外法规定中，我们可以看出，证据调查如果存在不确定期间的障碍，在德国及我国台湾地区，乃是首先由法院确定对该证据进行调查的期间，期间届满前，如果障碍已消除，法院应继续行证据调查；期间届满后，该障碍始行消除，法院只有在认为进行证据调查不会延滞诉讼时才进行证据调查。而在日本，证据调查若存在不确定期间的障碍，法院则直接驳回当事人的证据调查申请。笔者认为，比较而言，德国及我国台湾地区的规定更为合理，因为在证据调查存在不确定期间的障碍时，法院不予采纳当事人的证据调查申请目的在于避免诉讼迟延，故在期间届满后障碍才消除的情形下，只要法院调查该证据不至于延滞诉讼，法院仍有必要进行证据调查而不是一律驳回当事人的证据调查申请。

就我国民事诉讼法而言，关于证据调查必要性的规范见诸于《民诉法解释》第95条。其内容为："当事人申请调查收集的证据，与待证事实无关联、对证明待证事实无意义或者其他无调查收集必要的，人民法院不予准许。"笔者认为，该项司法解释乃是从反面规定了当事人申请调查证据必须具备证据调查必要性这一合法要件。其中，作为例示事项予以规范的"与待证事实无关联"、"对证明待证事实无意义"与前文所提"证明主题具有裁判重要性"、"非属依法院依自由心证裁量认为不必要进行证据调查的事项"本旨相当。而从"其他无调查收集必要的"这一概括性事项中我们也可以经由目的性解释解读出"证据调查不存在不确定期间的障碍"在我国的民事诉讼中同样被要求必须具备。因此，笔者认为，《民诉法解释》第95条关于证据调查必要性的规范实乃正确的解释，足资赞同。

第三节　言词辩论的全部意旨

法治国家，无论是刑事诉讼还是民事诉讼，例采自由心证主义为受诉法院认定案件事实之基本原则。不过，与刑事诉讼因严格实行证据裁判主义而致使受诉法院仅能以证据调查的结果作为认定案件事实的依据不同的是，在民事诉讼中，受诉法院认定案件事实不仅须斟酌证据调查的结果，而且也要考虑言词辩论的全部意旨。易言之，在民事诉讼中，言词辩论的全部意旨与证据调查的结果一道共同构成了受诉法院认定案件事实的依据。作为法官心证形成的原因之一，言词辩论的全部意旨在受诉法院认定案件事实的过程中起着非常重要的作用。

一、言词辩论的全部意旨之内涵

言词辩论的全部意旨乃实定法上的概念，在德国的民事诉讼法中称为"dergesamte Inhaltdermündlichen Verhandlung"，在日本民事诉讼法中称为"口頭弁論の全趣旨"，从字面意义上，中文可以将其译为"言词辩论的所有内容"①，本文以"言词辩论的全部意旨"指称之。在大陆法系各国的民事诉讼立法中，言词辩论的全部意旨通常被作为与证据调查的结果并列的法官心证之原因规定于自由心证主义条款中。如德国《民事诉讼法》第 286 条规定："法院应斟酌言词辩论的全部内容以及证据调查之结果，依自由心证评价事实上的主张是否真实。"又如日本《民事诉讼法》第 247 条规定："法院作出判决时，应斟酌口头辩论的全趣旨及证据调查的结果，依自由心证判断能否认定事实主张为真实。"

---

① 言词辩论乃大陆法系各国民事诉讼立法术语，具体是指双方当事人于庭审期日向受诉讼法院为本案之声明，提出攻击防御方法以及为其他的陈述行为之总称。其内涵大体与我国现行民事诉讼法中的"开庭审理"相当。参见［日］小岛武司、小林学：《基本讲义民事诉讼法》，信山社 2006 年版，第 124 页。

在德国，其民事诉讼法教科书及注释书均未对言词辩论的全部意旨之内涵作出定义式界定，而是采列举言词辩论的全部意旨的具体内容之方式对言词辩论的全部意旨进行诠释。德国学者一般认为，言词辩论的全部意旨不仅包括当事人的事实陈述本身，而且也包括当事人在案件审理中的所有作为与不作为以及当事人及其诉讼代理人在言词辩论程序中留给法官的个人印象。当事人的沉默、拒绝作具体化陈述、不真实的或相互矛盾的陈述、陈述事实的时机、对事实主张的变更、证据声明之撤回等作为言词辩论的全部意旨在法官依自由心证认定案件事实时尤应考虑。① 德国联邦法院的判例也认为，在民事诉讼中，当事人在案件审理中反复变更陈述、变更事实主张却没有对此作合理的释明应作为言词辩论的全部意旨纳入法官自由心证的范围。②

与德国不同的是，在日本，其民事诉讼法教科书或注释书通常对言词辩论的全部意旨的内涵作出了定义式的界定。如有认为，言词辩论的全部意旨是指呈现在口头辩论程序中除证据调查的结果外的一切诉讼资料；③ 有认为，言词辩论的全部意旨是指在口头辩论程序中所呈现出的证据调查结果以外的一切资料、情报；④ 有认为，言词辩论的全部意旨是指除证据资料外，诉讼过程中所呈现出的一切资料、模样、状态。⑤ 不难看出，日本学者关于言词辩论的

---

① 参见 Prütting. Münchener Kommentarzur Zivilproz-essordnung ［Z］. §286Rn.7, 3. Aufl., 2008。

② 参见 ［日］斋藤秀夫：《注解民事诉讼法（3）》，第一法规出版株式会社 1983 年版，第 142 页。

③ 参见 ［日］高桥宏志：《重点讲义民事诉讼法（下）》，有斐阁 2004 年版，第 49 页。

④ 参见 ［日］高桥宏志：《重点讲义民事诉讼法（下）》，有斐阁 2004 年版，第 49 页；伊藤真：《民事诉讼法》，有斐阁 2004 年第三版，第 316 页。

⑤ 参见 ［日］松本博之，上野泰男：《民事诉讼法》，弘文堂 2005 年版，第 361 页；［日］中野贞一郎，等：《新民事诉讼法讲义》，有斐阁 2004 年第 2 版，第 339 页；［日］山本弘，等：《民事诉讼法》，有斐阁 2009 年版，第 294 页。

全部意旨内涵之界定尽管用语不尽相同，但本质上并无差异，其均强调言词辩论的全部意旨乃呈现在庭审中的有助于法官形成心证的除证据调查的结果外的一切内容。由于仅从上述定义中并不能让人明了言词辩论的全部意旨究何所指，故日本学者在对言词辩论的全部意旨之内涵作了定义式的界定后，通常也对言词辩论的全部意旨的具体内容进行了解释。日本学者普遍认为，言词辩论的全部意旨具体包括：当事人主张的内容、言词辩论程序中的作为与不作为、主张的变更与撤回、主张的逾时提出、拒绝释明及怠于举证；陈述事实过程中所表现出来的状态，如主张的前后不一致，不真实地陈述等。① 有日本学者还认为，在普通的共同诉讼中，基于共同诉讼人诉讼行为独立之原则之规制，共同诉讼人一人所为之陈述，其效力并不当然地及于其他共同诉讼人而作为其他共同诉讼人之陈述，但是受诉法院可以将之作为言词辩论的全部意旨予以斟酌。例如，在主债务人与保证人作为共同被告的诉讼中，主债务人向受诉法院明确承认主债务存在。该自认虽不当然地对保证人发生效力，但在与保证人的关系上，受诉法院可以将之作为言词辩论的全部意旨予以斟酌。因而，在保证人对于主债务的成立不予以积极否认的情形下，受诉法院不妨以主债务人自认了主债务存在这一言词辩论的全部意旨为基础对于保证人也认定主债务成立。②

　　二战前，日本的大审院于昭和 3 年（1928 年）10 月 20 日所作的一则判例中对言词辩论的全部意旨之内涵做了较为明确的解释。日本大审院认为，当事人主张的内容本身、主张的态度乃言词辩论的全部意旨自不待多言。根据诉讼的进展，当事人应主张的事实而不主张，应提出的证据而不提出或逾时提出，对于对方当事人所主张的事实一开始不争执随后又表示争执，拒绝释明受诉法院及对方

----

① 参见［日］斋藤秀夫：《注解民事诉讼法（3）》，第一法规出版株式会社 1983 年版，第 142 页。

② 参见［日］门口正人：《民事证据法大系：第 1 卷》，青林学院 2007 年版，第 298 页。

当事人之发问等在言词辩论中程序所呈现出的一切积极、消极的事柄等均属于言词辩论的全部意旨的范围。① 日本最高法院于昭和41 年（1966 年）1 月2 日所作的判例中还认为，在人事诉讼中，自认法则虽无适用的余地，但一方当事人对于对方当事人所主张的事实所作的承认之表示能够作为言词辩论的全部意旨成为受诉法院认定相关事实之资料。②

如上所述，在德国、日本等大陆法系国家的民事诉讼中，言词辩论的全部意旨之内容非常广泛。但凡适法地呈现于言词辩论程序中有助于法官对案件事实形成心证的一切诉讼资料，除证据调查的结果外，皆可称之为言词辩论的全部意旨。对言词辩论的全部意旨进行反面解释，可以认为，下述事项即不属于言词辩论的全部意旨。

1. 未适法地呈现于言词辩论程序中的事项

在民事诉讼中，基于直接、言词原则之规制，一切可资作为受诉法院认定案件事实根据的诉讼资料原则上均须由当事人在言词辩论程序中进行口头陈述。因此，某一事项即便已在诉状、答辩状或其他准备性书状中予以记载，若未为当事人在言词辩论程序中进行口头陈述，其仍不能作为受诉法院认定案件事实的根据，因而也就不属于言词辩论的全部意旨。同样的道理，言词辩论程序以外双方当事人之间所产生的事项也不能作为言词辩论的全部意旨为受诉法院斟酌。如一方当事人在庭外对另一方当事人所主张的事实表示承认，此事即便为法官知晓，也仅属于法官的私知，并不能作为言词辩论的全部意旨对待。③

2. 当事人、证人在作为证据方法被受诉法院询问时的态度、

---

① 参见［日］青山善充、菅野和夫：《判例六法》，有斐阁2005 年版，第1066 页。

② 参见［日］铃木正裕、青山善充：《注释民事诉讼法（4）》，有斐阁1997 年版，第77 页。

③ 参见［日］门口正人：《民事证据法大系：第1 卷》，青林学院2007 年版，第299 页。

气色等

在民事诉讼中，当事人、证人皆为法定的证据方法，其经由受诉法院询问所作之陈述即为当事人陈述、证人证言。二者皆为受诉法院对当事人、证人这两种证据方法进行调查的结果，在性质上属于证据资料而显非言词辩论的全部意旨自无异议。有争议的是，当事人、证人在陈述案件事实过程中所表现出来的态度或气色等在性质上是证据资料还是言词辩论的全部意旨。毋庸讳言，当事人、证人在证据调查过程中所表现出来的外部印象，如回答法官询问时过度犹豫、脸红等无疑有助于法官对当事人陈述、证人证言的证据力作出正确的评价从而最终有助于法官对案件事实作出正确的认定，故其显然也属于法官心证的原因。就此而言，争论当事人、证人在证据调查过程中所呈现出来的外部印象是属于证据调查的结果还是属于言词辩论的全部意旨并无多大实益。但为了正确地厘定言词辩论的全部意旨的概念，界分其归属还是有必要的。在日本，传统观点认为，当事人、证人在被法官询问时所表现出来的态度、气色等并非证据资料，而为言词辩论的全部意旨。日本最高法院于昭和30 年（1955 年）11 月 8 日所作之判例亦持此见解。① 日本的多数说认为，当事人、证人在被法官询问时所表现出来的态度、气色等乃证据调查的结果之一部分。因为，言词辩论的全部意旨乃证据调查过程之外所呈现出来的诉讼资料，当事人、证人陈述案件事实时的态度、气色等乃是在证据调查过程中所产生的，故应将其理解为证据调查的结果的一部分。② 近时，更有日本学者认为，当事人、证人在陈述案件事实时所表现出来的态度、气色等是属于证据调查的结果还是属于言词辩论的全部意旨应视其与证明主题之关系而定。质言之，在与本身证明主题的关系上，当事人、证人在陈述案件事实时所表现出来的态度、气色等乃证据的结果的一部分，而在

---

① 参见［日］门口正人：《民事证据法大系》第 1 卷，青林学院 2007 年版，第 297 页.

② 参见［日］小室直人等：《新民事诉讼法（2）》，日本评论社 2003 年版，第 250 页。

与其他的证明主题的关系上，其乃言词辩论的全部意旨的一部分。① 笔者认为，证据调查的结果与言词辩论的全部意旨虽然同属于法官心证的原因，但二者产生于言词辩论程序中的不同阶段。证据调查的结果乃在证据调查过程中所生，言词辩论的全部意旨乃在狭义的口头辩论中程序所生，与证据调查无涉。当事人、证人陈述案件事实时的态度、气色等虽然不像当事人陈述、证人证言那样属于直接的证据资料，却为影响法官心证形成的辅助事实或间接证据资料，故将之归入证据调查的结果显然更为妥适。

3. 当事人在诉讼和解程序中向受诉法院所作的陈述及态度

在诉讼和解程序中，一方当事人为谋求和解协议的达成，有意识地作出让步，在明知对方当事人所主张的事实与自己之认识不一致的情形下仍向受诉法院承认该事实存在，或者撤回自己的部分主张等乃常有之事。在诉讼和解不成立时，当事人的前述行为、态度在随后的裁判程序中若仍可作为言词辩论的全部意旨为受诉法院斟酌，则不仅无助于双方当事人达成诉讼和解协议，也会阻却受诉法院对案件事实形成正确的心证。因之，当事人在诉讼和解程序中向受诉法院所作的陈述及态度不能认定为言词辩论的全部意旨。②

二、言词辩论的全部意旨作为受诉法院认定案件事实的根据之正当性

在民事诉讼中，言词辩论的全部意旨之所以可作为受诉法院认定案件事实的根据，乃是由民事诉讼中事实认定之内在规律所决定的，试分析如下：

第一，从认识论的角度看。在民事诉讼中，受诉法院对案件事实的认定过程究其本质实乃受诉法院对当事人所主张的事实是否真

① 参见 ［日］铃木正裕、青山善充：《注释民事诉讼法（4）》，有斐阁 1997 年版，第 79 页；［日］兼子一，等：《条解民事诉讼法》，弘文堂 1986 年版，第 520 页。

② 参见 ［日］门口正人：《民事证据法大系》第 1 卷，青林学院 2007 年版，第 299 页。

实进行判断的过程。从认识论上讲，该判断过程事实上乃受诉法院以经验法则为大前提，以呈现于案件审理中的各种诉讼资料为小前提，并从中得出结论的三段论过程。① 为避免受诉法院对当事人所主张的事实恣意地作出判断，必然要求受诉法院认定案件事实须以具有客观实在性的诉讼材料为依据。实行证据裁判主义，强调受诉法院认定案件事实必须以证据调查的结果也即证据资料为基础即是基此考量。然而应当指出的是，证据资料之所以能够作为受诉法院认定案件事实的基础，除其具有可信凭性外，根本的原因在于，受诉法院从该项证据资料中合乎逻辑地推演出某一待证事实是否真实乃是合乎经验法则的要求。②

言词辩论的全部意旨虽然不具有证据资料那样的客观实在性，但毫无疑问的是，其同样会影响受诉法院对当事人所主张的事实进行正确的判断。借助于言词辩论的全部意旨，受诉法院也能对当事人所主张的事实给予有利的或者不利的评价，并且这样的评价也是合乎经验法则的。例如，当事人非常态地（不自然地）反复变更、撤回其主张，从经验法则上讲，通常可以认为其所主张的事实的真实性是有疑问的；又如，一方当事人向受诉法院主张契约的内容并提出有契约书为证，但在随后的案件审理中，其仅提出人证并未向受诉法院提出该契约书，从经验法则上讲，受诉法院可以基于该当事人未向受诉法院提出契约书以证明其所主张的契约内容作对其不利的事实认定；再如，在原告请求被告返还借款的诉讼中，针对原告主张的借款事实，被告直至言词辩论终结时始向受诉法院提出已经清偿之抗辩。从经验法则上讲，受诉法院即可以被告不及时主张

---

① ［日］大江忠：《要件事实民事诉讼法（下）》，第一法规出版株式会社 2000 年版，第 165 页。

② 在受诉法院对案件事实进行判断的过程中，经验法则从以下两个方面发挥着作用：其一，在受诉法院依直接证据认定案件事实之场合，借助于经验法则可以判断该项证据的证明力的大小；其二，在直接证据不存在或者证明力不充分之场合，受诉法院借助于经验法则能够从间接事实中推认主要事实是否存在。参见［日］伊藤滋夫：《経験則の機能》，载《ジュリスト》1999 年增刊。

事实这一诉讼追行态度而作对其不利之评价。① 凡此种种，不一而足。二战前，日本大审院于昭和 11 年（1936 年）5 月 21 日所作的一则判例较好地诠释了言词辩论的全部意旨对受诉法院进行事实评价之影响。日本大审院认为，一方当事人在诉讼中若撤回其主张，固然使该主张行为失其效力，受诉法院也不能将该主张作为判决的基础。但是该当事人曾经为某一主张的事实本身及其撤回该主张的诉讼追行态度可作为法官自由心证之资料。基于该情事，受诉法院在绝大多数场合均可对此当事人所主张的新事实施以负面的评价，而对于对方当事人所主张的事实施以正面的评价，作如此斟酌显然是合乎经验法则的。②

　　一言以蔽之，在民事诉讼中，证据调查的结果固然可以作为受诉法院认定案件事实的基础，言词辩论的全部意旨事实上也不同程度地影响着法官进行事实评价，将言词辩论的全部意旨排除在受诉法院认定事实的根据之外，显然不合法官心证形成之实际，有违民事诉讼中事实认定之规律。

　　第二，从目的论的角度看。众所周知，民事诉讼乃以解决当事人之间的私权争执为目的，为合理实现此目的，在案件审理中，受诉法院即有必要基于合理解决当事人之间的民事纠纷之目的性考虑灵活地或弹性地对案件事实进行认定。除证据调查的结果外，受诉法院尚可斟酌言词辩论的全部意旨认定案件事实即体现了这一要义。③ 将之与刑事诉讼中的事实认定作比较，更可坐实这一论断。刑事诉讼乃以实现国家的刑罚权、保障被告的人权为目的，为实现这一目的，必然要求受诉法院在认定事实过程中将真实发现置于首要的位置。为此，在刑事诉讼中，实行严格的证据裁判主义，强调只有具备证据能力且经过受诉法院合法的证据调查之证据才能作为

---

　　①　参见［日］门口正人：《民事证据法大系：第 1 卷》，青林学院 2007年版，第 294~296 页。

　　②　参见［日］铃木正裕、青山善充：《注释民事诉讼法（4）》，有斐阁 1997 年版，第 77 页。

　　③　参见［日］小林秀之、安富潔：《ケロスォーバ—民事诉讼法・刑事诉讼法》，法学书院 2001 年版，第 209 页。

受诉法院认定案件事实之基础。从认识论上讲，受诉法院斟酌言词辩论的全部意旨认定案件事实虽然有助于心证的形成，但由于依言词辩论的全部意旨认定事实在客观性的担保上具有内在的缺陷而不利于保障被告的人权，故而在刑事诉讼中概不承认言词辩论的全部意旨可以为受诉法院认定案件事实的根据。①

第三，从合理解决当事人之间的民事纠纷角度看。在民事诉讼中，受诉法院认定案件事实若一如刑事诉讼，也采严格的证据裁判主义，也即受诉法院也仅能以证据调查的结果作为事实认定之基础，则会出现这样的不合理局面。那就是，在受诉法院虽然基于言词辩论的全部意旨已确信当事人所主张的事实为真实，却无法获知关于该事实主张的证据资料之情形下，基于受诉法院在任何情形下均不得拒绝裁判这一原理之规制，受诉法院必须根据证明责任规范作对该事实负有证明责任的当事人不利的认定，甚至以此为基础判决其败诉。这样的裁判结果不仅有违法官心证的形成的实际，更是不利于当事人间纠纷的合理解决，显非妥适。因此，基于合理解决当事人间的民事纠纷之考量，也有必要将言词辩论的全部意旨纳入法官自由心证之范围，使之可以成为受诉法院认定案件事实的根据。

综上所述，在民事诉讼中，受诉法院依言词辩论的全部意旨认定案件事实不仅合乎法官心证的形成之实际，而且契合民事诉讼之目的，更是有利于当事人间民事纠纷的合理解决。鉴于此，笔者认为，言词辩论的全部意旨在民事诉讼中作为受诉法院认定案件事实的根据具有十足的正当性。

三、言词辩论的全部意旨在事实认定中的作用范围

如上所述，在德国、日本等大陆法系国家的民事诉讼中，言词辩论的全部意旨与证据调查的结果同为受诉法院认定案件事实的根据。毋庸讳言，受诉法院依据证据调查的结果认定案件事实不仅合

---

① 参见［日］松尾浩也：《刑事诉讼法（下）》，弘文堂1999年版，第3页；［日］小林秀之：《新证据法》，弘文堂2003年版，第63页。

乎证据裁判主义之要求，也乃自由心证主义的题中应有之义。有疑议的是，在民事诉讼中，受诉法院能否仅依据言词辩论的全部意旨认定案件事实。由于德国《民事诉讼法》第286条及日本《民事诉讼法》第247条虽均强调法官依自由心证认定案件事实必须"斟酌证据调查结果和言词辩论的全部意旨"，但对于言词辩论的全部意旨在受诉法院认定案件事实中的作用范围并未作清晰的界定，因而，在德国及日本，对于受诉法院能否仅依言词辩论的全部意旨而为事实认定这一问题一直存在很大的争议。在德国，少数学者认为，由于言词辩论的全部意旨之内容非常含糊，也难以在裁判理由中予以清晰的表示，为确保事实认定的客观性，应认为，言词辩论的全部意旨不能单独作为受诉法院认定案件事实的根据，其仅能与证据调查的结果一道共同作为受诉法院认定案件事实的基础。① 德国的通说则认为，从德国《民事诉讼法》第286条将言词辩论的全部意旨与证据调查的结果并列作为法官自由心证之基础来看，应认为，证据调查的结果并非受诉法院认定案件事实的唯一手段。对于受诉法院而言，其即便未进行证据调查而仅依据言词辩论的全部意旨确信某一事实主张是否真实也是允许的。② 尽管言词辩论的全部意旨可以单独作为受诉法院认定案件事实的基础乃德国的通说，但在德国的裁判实务上，对言词辩论的全部意旨之运用则持相当谨慎的态度，德国联邦法院迄今尚未有关于受诉法院仅依据言词辩论的全部意旨认定案件事实之判例似为明证。③

同德国一样，在日本，少数说也认为，言词辩论的全部意旨不能单独作为受诉法院认定案件事实之依据，理由有二。其一，言词

---

① 参见 Musielak. ZPO［Z］. §286Rn. 2，8. Aufl. ，2011。

② 参见 Jauernig. Zivilprozessrecht［Z］. S. 190，25. Au-fl. ，1998。

③ 在笔者所查阅的德国民事诉讼法教科书、评释书中，均未提到德国审判实务中法官是如何运用言词辩论的全部意旨认定案件事实的；在笔者以德国《民事诉讼法》第286条（ZPO §286）为关键词而搜索到的德国联邦法院的判例中，也未找到德国联邦法院仅依据言词辩论的全部意旨或依据言词辩论的全部意旨与证据调查结果认定事实的例子。正是基于这两个方面的原因，笔者才得出正文中的上述结论。

辩论的全部意旨在内容上存在不确定性，若仅以之为事实认定的基础，则易滋受诉法院恣意认定案件事实之弊；其二，着眼于目的性解释，应当认为，日本现行《民事诉讼法》第 247 条（日本旧《民事诉讼法》第 185 条）乃是强调受诉法院在认定案件事实时，必须在全盘斟酌言词辩论的全部意旨与证据调查的结果之基础上进行，不能仅依言词辩论的全部意旨认定案件事实。① 日本通说则认为，基于民事诉讼中受诉法院可以弹性地、灵活地认定案件事实之考虑，在民事诉讼中，言词辩论的全部意旨不仅具有补充、补强证据调查的结果或证据评价之作用，自身也可单独作为法官心证的原因。② 由于对于某一案件事实，受诉法院即便没有进行证据调查而仅根据言词辩论的全部意旨对其进行认定也是有可能的，故与证据调查的结果相比，受诉法院也应重视言词辩论的全部意旨在事实认定中的作用。③ 有学者甚至进一步认为，与证据调查的结果相比，言词辩论的全部意旨在受诉法院认定案件事实时被置于优先考虑的地位也是允许的。例如，在被告对于本应也可早日提出的抗辩事实迟至言词辩论即将终结才提出之场合，即便被告为证明该抗辩事实而提供了证据，受诉法院根据言词辩论的全部意旨以被告所提抗辩无理由而予以驳回也是允许的。④

　　日本的裁判实务采与通说相同之立场，也即认为，受诉法院在民事诉讼中可仅依言词辩论的全部意旨认定案件事实。在日本，无

---

① 参见［日］斋藤秀夫：《注解民事诉讼法（3）》. 第一法规出版株式会社 1983 年版，第 143 页。

② 参见［日］铃木正裕、青山善充：《注释民事诉讼法（4）》，有斐阁 1997 年版，第 80 页；［日］兼子一，等：《条解民事诉讼法》，弘文堂 1986 年版，第 521 页；［日］新堂幸司：《新民事诉讼法》，弘文堂 2005 年版，第 479 页；［日］梅本吉彦：《民事诉讼法》，信山社 2002 年版，第 755 页。

③ 参见［日］青山善充、菅野和夫：《判例六法》，有斐阁 2005 年版，第 80 页。

④ 参见［日］门口正人：《民事证据法大系：第 1 卷》，青林学院 2007 年版，第 291 页。

论是其二战前的大审院还是战后的最高法院都著有关于受诉法院可仅依言词辩论的全部意旨认定案件事实的判例。日本大审院于昭和3年（1928年）10月20日所作的关于当事人以错误为由撤回先前所作的自认之判例、于昭和10年（1935年）7月9日所作的关于举证人主张文书乃由当事人真正作成的判例、于昭和16年（1941年）10月8日所作的关于当事人逾时提出攻击防御方法的判例、日本最高法院于昭和27年（1952年）10月21日所作的关于第三人作成的文书是否真正成立的判例、于昭和43年（1968年）6月6日所作的关于以土地被不法侵占所产生的损害数额为基础计算租金的判例均为受诉法院仅依言词辩论的全部意旨认定案件事实的典型判例。① 日本最高法院于前述昭和27年（1952年）10月21日所作之判例中较为代表性地诠释了其关于言词辩论的全部意旨在受诉法院认定案件事实的过程中所具有的作用之立场。在该判例中，日本最高法院认为，在民事诉讼中，言词辩论的全部意旨乃是与证据调查的结果并列的法官心证的材料（证据原因），并非证据调查的结果之补充，受诉法院即便不特别地进行证据调查，也能从言词辩论的全部意旨中形成关于某一案件事实的心证。② 不过值得注意的是，在前述肯认受诉法院可仅依言词辩论的全部意旨认定案件事实的判例中，受诉法院仅依言词辩论的全部意旨所认定的案件事实均为诸如文书是否真正成立之类的辅助事实或者诸如攻击防御方法是否逾时提出之类的非重要的间接事实，而皆非案件的主要事实。③ 在主要事实的认定上，日本最高法院向来认为，受诉法院应

① 参见［日］门口正人：《民事证据法大系：第1卷》，青林学院2007年版，第289页；［日］青山善充、菅野和夫：《判例六法》，有斐阁2005年版，第80页；［日］梅本吉彦：《民事诉讼法》，信山社2002年版，第755页。

② 参见［日］梅本吉彦：《民事诉讼法》，信山社2002年版，第63页。

③ 在日本的地方审判实务中，受诉法根据依言词辩论的全部意旨与证据调查的结果认定案件事实的裁判虽然大量存在，但仅依言词辩论的全部意旨认定属于当事人主要争点的案件的裁判事实绝少见之。参见［日］门口正人：《民事证据法大系：第1卷》，青林学院2007年版，第292页。

在全盘斟酌言词辩论的全部意旨与证据调查的结果的基础上进行。① 由此可以看出，尽管日本最高法院肯认了言词辩论的全部意旨在民事诉讼中可以单独作为受诉法院认定案件事实的根据，但对于言词辩论的全部意旨的适用仍持相当谨慎的态度。

四、言词辩论的全部意旨之运用与判决理由之说示

如前所述，在德国、日本等大陆法系国家的民事诉讼中，受诉法院认定案件事实必须在斟酌言词辩论的全部意旨与证据调查的结果基础上进行。由于证据方法的明确性及客观实在性，受诉法院在根据证据调查的结果认定案件事实时，必能在判决理由中对于其乃是从何种证据方法中得出此种证据调查的结果予以明确的说明。但由于言词辩论的全部意旨在内容上极其含糊，有些事项甚至"只可意会，不可言传"，因而，受诉法院在判决理由中明确地揭示其乃是依何种言词辩论的全部意旨对案件事实进行认定的有时极其困难甚至可以说乃不可能。正因如此，在民事诉讼中，受诉法院在根据言词辩论的全部意旨认定案件事实时是否必须及如何在判决理由中予以说示便成为颇受争议之问题。

在日本，其二战前的大审院与二战后的最高法院对于受诉法院根据言词辩论的全部意旨认定案件事实是否须在判决理由中予以具体说示这一问题所持之立场并不完全一致，即日本最高法院自身在其于不同时期所作的判例中对此问题所持的见解也有龃龉之处。日本大审院的判例通常认为，在受诉法院仅依言词辩论的全部意旨进行事实认定之场合，只要在判决书中记载有某事实"依言词辩论的全部意旨即可明了"等语义，即便没有在判决理由中具体地记载该言词辩论的全部意旨之内容，也不认为该判决由于判决理由不备而违法。但是，日本大审院同时强调，作为受诉法院认定案件事实依据的言词辩论的全部意旨必须经由核照诉讼记录能够让人明了其具体内容，若依照诉讼记录上的记载，言词辩论的全部意旨之具

① 参见 ［日］斋藤秀夫：《注解民事诉讼法（3）》，第一法规出版株式会社 1983 年版，第 144 页。

体内容并不明了，则该判决仍属于判决理由不备而违法。① 日本最高法院在昭和 30 年（1955 年）11 月 8 日所作的判例中认为，在民事诉讼中，受诉法院在将言词辩论的全部意旨作为认定案件事实的诉讼资料时，如果从判决书中看不出该言词辩论的全部意旨在内容上乃何所指或不甚明了，应认为判决乃属判决理由不备而违法。② 不过，日本最高法院在昭和 36 年（1961 年）4 月 7 日就法官依言词辩论的全部意旨与证据调查的结果对双方当事人是否缔结了租赁契约的事实进行认定之判例中似乎改变了此前所持之立场。在该判例中，日本最高法院认为，言词辩论的全部意旨在内容上颇为微妙。受诉法院在依言词辩论的全部意旨而形成对某一事实的确信时，其在判决理由中对此作出具有一般常识的人都能理解或首肯程度的说示在多数场合下乃是件很困难甚至是不可能的事。特别是，将当事人向受诉法院陈述案件事实时的陈述态度等呈现给法官的外部印象记载于判决书中，或者由书记官像法官所认识到的那样准确地将其记载于笔录中更是困难或不可能。因此，在受诉法院依言词辩论的全部意旨认定案件事实时，受诉法院在判决理由中于可能的范围内对言词辩论的全部意旨之具体内容进行说示以便能够为上诉法院事后审查确认该事实认定是否适法即可。从而，如本件诉讼那样，受诉法院即便设有对作为事实认定资料的言词辩论的全部意旨之具体内容予以明确的说示，但依照诉讼记录能够明了其乃何所指时，也不能认为该判决由于判决理由不备而认其违法。③

从日本最高法院的前述判例中，我们可以看出，关于受诉法院在依言词辩论的全部意旨与证据调查的结果共同对案件事实进行认定时如何在判决理由中对言词辩论的全部意旨予以说示，日本最高法院显然承袭了大审院之立场，也认为只要依照诉讼记录能让人明

---

① 参见［日］青山善充、菅野和夫：《判例六法》，有斐阁 2005 年版，第 83 页。

② 参见［日］斋藤秀夫：《注解民事诉讼法（3）》，第一法规出版株式会社 1983 年版，第 145 页。

③ 参见［日］斋藤秀夫：《注解民事诉讼法（3）》，第一法规出版株式会社 1983 年版，第 145 页。

了言词辩论的全部意旨乃何所指时，受诉法院在判决理由中仅记载"征诸言词辩论的全部意旨即可明了"即为已足，对此，不能指责受诉法院所作的判决因判决理由不备而违法。不过，日本最高法院对于在受诉法院仅依言词辩论的全部意旨进行事实认定时，是否也只需在判决理由中记载"征诸言词辩论的全部意旨即可明了"并未给予明确的解释。从总体上讲，日本最高法院关于受诉法院依据言词辩论的全部意旨认定案件事实须在判决理由中对言词辩论的全部意旨作具体的说示乃是持消极的立场，这或许是由于言词辩论的全部意旨在内容上极不确定并欠缺像证据方法那样的客观的外部表征之缘故。从中我们也可看出，日本最高法院之所以限定受诉法院仅依言词辩论的全部意旨认定案件事实之范围，根本的缘由或许即为受诉法院在判决理由中对言词辩论的全部意旨进行具体的说示存在困难。

在日本，其学说关于受诉法院根据言词辩论的全部意旨认定案件事实是否必须及如何在判决理由中对言词辩论的全部意旨之内容予以说示基本上存在以下三种见解：第一种见解认为，受诉法院根据言词辩论的全部意旨认定案件事实时，必须在判决理由中对所有的言词辩论的全部意旨之具体内容进行说示，否则不能将之作为认定案件事实的根据；第二种见解持与日本最高法院相同判例之立场，认为受诉法院根据言词辩论的全部意旨认定案件事实时，只要依照诉讼记录能让人明了言词辩论的全部意旨乃何所指时，受诉法院即便未在判决理由对其作具体的说示也不违法；第三种则见解认为，受诉法院根据言词辩论的全部意旨认定案件事实时，即便言词辩论的全部意旨从诉讼的记录中也不能特定其何所指时，受诉法院也可将其作为认定案件事实的根据。上述三种见解乃以第二种见解为通说。① 笔者认为，依日本学说中第一种见解，受诉法院在认定案件事实时，其可资利用的言词辩论的全部意旨之范围将大大缩小，类如当事人向受诉法院陈述案件事实的态度等外部印象等言词

---

① 参见［日］青山善充、菅野和夫：《判例六法》，有斐阁 2005 年版，第 83 页。

辩论的全部意旨无为受诉法院利用作为事实认定的根据之可能，这显然不利于受诉法院对案件事实作正确的认定因而并不妥当。依第三种见解，受诉法院可资利用的作为心证的原因的言词辩论的全部意旨具体乃何所指将不甚明了，易导致受诉法院恣意地进行事实判断而影响裁判结果的正确性，故也显非妥适。而上述学说中的第二种见解由于既考虑到言词辩论的全部意旨在判决理由中予以明确的揭示存在困难之特质，又能避免受诉法院在根据言词辩论的全部意旨认定案件事实流于恣意，因而较为妥当。

尽管日本学说关于受诉法院在根据言词辩论的全部意旨认定案件事实是否必须及如何在判决理由中对言词辩论的全部意旨进行说示存在不同的见解，但日本学者普遍认为，为担保受诉法院认定案件事实之透明化，防止法官恣意地对案件事实进行判断，须慎重运用言词辩论的全部意旨认定案件事实，避免轻易地援用言词辩论的全部意旨作为事实认定之资料。在言词辩论的全部意旨之运用上，更需强调法官的自律。①

五、言词辩论的全部意旨原理对我国立法的借鉴意义

我国现行《民事诉讼法》虽未一如德国、日本等大陆法系国家的民事诉讼立法通例，明确宣示受诉法院认定案件事实采取自由心证主义。但在我国的民事司法实践中，自由心证主义实际上一直为我们所践行乃不争之事实。不过，与德国、日本等大陆法系国家的民事诉讼中受诉法院乃是在斟酌言词辩论的全部意旨与证据调查的结果依自由心证认定案件事实不同的是，在我国的民事诉讼中，受诉法院仅能以证据调查的结果作为事实认定之根据，言词辩论的全部意旨被排除在法官心证的原因之外。2019 年《证据规定》第85 条第 1 款更是从司法解释之层面明确宣示了我国民事诉讼采取严格的证据裁判主义，其内容是："人民法院应当以证据能够证明的案件事实为依据依法作出裁判。"毋庸讳言，在民事诉讼中，强

① 参见［日］高桥宏志：《重点讲义民事诉讼法（下）》，有斐阁 2004年版，第 50 页。

调受诉法院认定案件事实时一如刑事诉讼也仅能以证据调查的结果以证据资料为基础确实能有效保障法院裁判根据之明确性。但不能否认的是，将言词辩论的全部意旨排除在受诉法院认定案件事实的根据也即法官的心证的原因之外显然有违民事诉讼中事实认定之规律。这是因为，根据前文的分析已知，在民事诉讼中，基于合目的性考量，受诉法院可以弹性地、灵活地对案件事实进行认定，将言词辩论的全部意旨作为法官心证的原因之一有坚实的基础。此外，在认识论层面上，作为在言词辩论程序中呈现出的诸如当事人陈述案件事实时的态度等诉讼资料，言词辩论的全部意旨不仅能够强化或弱化受诉法院对某一证据的证明力之评价从而具有补充证据调查的结果之机能，而且其自身也能够使受诉法院形成关于某一事实主张之内心确信。言词辩论的全部意旨在受诉法院认定案件事实过程中所具有的上述机能不仅在德国、日本等大陆法系国家的民事诉讼中存在，在同采现代民事审判运作方式的我国民事诉讼中也是存在的。不言而喻，在我国的民事司法实践中，由于受诉法院认定案件事实仅能以证据调查的结果为基础而不能在同时斟酌言词辩论的全部意旨的基础上进行，必然会在一定程度上影响到受诉法院对证据的证明力作出正确的评价，进而影响到受诉法院正确地认定案件事实。笔者认为，为使我国民事诉讼中受诉法院认定案件事实更契合民事诉讼中事实认定之规律，确保法官对案件事实形成正确的心证，我国民事诉讼立法将来修正时实宜借鉴德国、日本等大陆法系国家的民事诉讼立法通例，明确宣示采取自由心证主义，规定受诉法院认定案件事实应在斟酌言词辩论的全部意旨与证据调查的结果之基础上进行。为使受诉法院能够妥当地运用言词辩论的全部意旨认定案件事实，最高人民法院应出台相关司法解释，对言词辩论的全部意旨之内涵及其适用作具体的阐释。在这方面，前述日本最高法院的判例及日本通说所持之见解堪可借鉴。

第四节 自认的审判排除效

自认作为民事诉讼的一项重要制度，并未规定在我国《民事诉讼法》中。2001 年最高人民法院发布的旧《证据规定》第 8 条首次明确自认制度。最高人民法院 2015 年发布的《民诉法解释》第 92 条在承袭《证据规定》基础上对自认制度作了一定的修正。对比可以发现，《民诉法解释》第 92 条前两款是《证据规定》相关规定的沿袭，而该条第三款"自认的事实与查明的事实不符的，人民法院不予确认"乃增设的内容。该项规定为各国自认制度所无，最高人民法院作如此规定的用意何在？有无正当性？

一、《民诉法解释》第 92 条第 3 款出台背景

根据最高人民法院的解释，《民诉法解释》第 92 条第 3 款"自认的事实与查明的事实不符"是指当事人于诉讼上自认的事实与法官依据法律、司法解释的规定已经形成内心确信的事实不相符，且当事人的自认亦不能动摇法官的心证的情形。① 该处法院查明的事实不仅包括人民法院此前已经依法查明的事实，还包括人民法院在本案审理过程中依法查明的事实；尤其是后者对于人民法院加大对虚假诉讼的打击力度、维护诉讼诚信和诉讼秩序具有积极意义。② 虚假诉讼或恶意诉讼涉及第三人利益，属于人民法院依职权调查的范围，若自认的事实与法院查明事实不符，由于事实已经被证明，从发现真实的角度，无当事人自认适用的余地。③

由此可知，《民诉法解释》第 92 条第 3 款主要是基于两点考虑。其一，基于裁判真实的考虑。最高院认为，当事人的自认陈述与法院查明事实不符的情况下仍承认该自认的效力会导致法院以虚假的事实为基础进行裁判的荒唐结果，这既违背了司法裁判的宗旨，也不益于树立司法的公信力。

---

① 杜万华主编：《最高人民法院民事诉讼法司法解释实务指南》，中国法制出版社 2015 年版，第 146 页。

② 奚晓明、杜万华主编：《最高人民法院民事诉讼法司法解释适用解答》，人民法院出版社 2015 年版，第 131 页。

③ 沈德咏主编：《最高人民法院民事诉讼法司法解释理解与适用》，人民法院出版社 2015 年版，第 319 页；杜万华主编：《最高人民法院民事诉讼法司法解释实务指南》，中国法制出版社 2015 年版，第 145 页。

其二，规制虚假诉讼。据不完全统计，① 2013 年度我国民事案件总量为 838508 起，其中可能涉及虚假诉讼的案件有 947 起，②占 2013 年度案件总量的 0.113%；2014 年度我国民事案件总量为 3920076 起，其中可能涉及虚假诉讼的案件 4042 起，③ 占 2014 年度案件总量的 0.103%；2015 年度我国民事案件总量为 5033521 起，其中可能涉及虚假诉讼的案件 7427 起，④ 占 2015 年度案件总量的 0.146%；2016 年度我国民事案件总量为 5242900 起，其中可能涉及虚假诉讼的案件 11594 起，⑤ 占 2016 年度案件总量的

---

① 对数据所需要做的若干说明，第一，本文所有数据均来源于中国裁判文书网，所有数据分析均基于中国裁判文书网的数据反馈，因此本文中出现所有数据并不能完全反映中国司法实务的实际情况。第二，由于搜索本身存在的技术原因，会导致搜索结果当中会出现实际上与虚假诉讼无关的案件例如仅是当事人主张对方属于虚假诉讼而实际上并非虚假诉讼，而由于以某一年度的数据为分析对象，无法此范围的排除，因此可能会存在偏差。

② 2016 年 7 月 1 日 10：54 查询，中国裁判文书网，以"裁判日期：2013 年 1 月 1 日~2013 年 12 月 31 日；案件类型：民事案件"为检索条件词查询到 838508 个结果；以"裁判日期：2013 年 1 月 1 日~2013 年 12 月 31 日；全文检索：虚假诉讼；案件类型：民事案件"为检索条件查询到 947 个结果。

③ 2016 年 7 月 1 日 11：03 查询，中国裁判文书网，以"裁判日期：2014 年 1 月 1 日~2014 年 12 月 31 日；案件类型：民事案件"为检索条件查询到 3920076 个结果；以"裁判日期：2014 年 1 月 1 日~2014 年 12 月 31 日；全文检索：虚假诉讼；案件类型：民事案件"为检索条件查询到 4042 个结果。

④ 2016 年 7 月 1 日 11：10 查询，中国裁判文书网，以"裁判日期：2015 年 1 月 1 日~2015 年 12 月 31 日；案件类型：民事案件"为检索条件查询到 5033521 个结果；以"裁判日期：2015 年 1 月 1 日~2015 年 12 月 31 日；全文检索：虚假诉讼；案件类型：民事案件"为检索条件查询到 7427 个结果。

⑤ 2017 年 2 月 22 日 10：56 查询，中国裁判文书网，以"裁判日期：2016 年 1 月 1 日~2016 年 12 月 31 日；案件类型：民事案件"为检索条件查询到 5242900 个结果；以"裁判日期：2016 年 1 月 1 日~2016 年 12 月 31 日；全文检索：虚假诉讼；案件类型：民事案件"为检索条件查询到 11594 个结果。

0.221%。仅从近年来的数据就可以看出，虚假诉讼类的案件呈逐年上升的趋势，而且这些数据仅是裁判文书中提及虚假诉讼字样的案件，司法实务中还存在众多疑似虚假诉讼的案件因法院未察觉等原因而并未在此数据中加以显示。最高人民法院为遏制虚假诉讼下发了一系列的意见、办法，如最高人民法院《关于防范和制裁虚假诉讼的指导意见》，该意见明确指出："民事商事审判领域存在的虚假诉讼现象，不仅严重侵害案外人合法权益，破坏社会诚信，也扰乱了正常的诉讼秩序，损害司法权威和司法公信力，人民群众对此反映强烈。各级人民法院对此要高度重视，努力探索通过多种有效措施防范和制裁虚假诉讼行为。"该意见第六条强调："诉讼中，一方对另一方提出的于己不利的事实明确表示承认，且不符合常理的，要做进一步查明，慎重认定。查明的事实与自认的事实不符的，不予确认。"不仅如此，最高人民法院发布第 14 批指导性案例，其中第 68 号指导性案例为确认虚假诉讼的指导案例，该指导性案例根据民事诉讼法有关规定，指出审查判断虚假诉讼的要求和方法，并对相关人员依法进行制裁，宣示了人民法院依法惩治虚假诉讼的立场和决心，弘扬了诚实信用价值观。① 不少司法实务人员认为，这些案件可能损害案外第三人的合法权益，虽说这种情况下否认当事人的自认违背了当事人意思自治的原则，但是处理结果是适当的，体现了司法公正。所以他们认为，在审判实践中，为了减少当事人规避法律、损害第三人权益的情况发生，对于当事人自认的事实，法院不能直接认定该自认事实为真实，而应该结合案情对于该事实能否进行自认进行判断，若认为可能涉及第三人利益则需要当事人提供相关证据予以证明。关于涉及第三人利益这一点有些司法人员认为当事人不会无目的、无意义地实施于己不利的诉讼行为，故而法官在此种情形下为了防止当事人可能恶意串通损害第三人利益（如降低债务人对其他债权人的履债能力），应当根据案

---

　　①　程国维："最高人民法院发布第 14 批指导性案例"，2016 年 9 月 30 日（更新日期），http://www.court.gov.cn/zixun-xiangqing-27791.html，2016 年 11 月 6 日（访问日期）。

件涉及的基本法律关系以及诉讼金额的大小等作出具体判断，若一旦法官认为可能涉及损害第三人利益、有虚假诉讼的可能性则会要求当事人提供相关证据证明该事实的存在，这样才能最大限度地遏制虚假诉讼、损害第三人利益的情形出现，也符合司法的功能、避免更大的纠纷产生。

二、《民诉法解释》第 92 条第 3 款所引发的实践困境

（一）《民诉法解释》第 92 条第 3 款达不到其出台目的

最高法院出台《民诉法解释》第 92 条第 3 款的主要动因在于借此遏制虚假诉讼已如上述，不过，细细究之，笔者认为，这一目的很难达到。

1. 《民诉法解释》第 92 条第 3 款在实践中运用率极低，且运用的案件几乎均不涉及虚假诉讼。

对《民诉法解释》第 92 条的适用情况进行检索，发现自 2015 年出台后，共有 58 个案件适用该条款。① 对这 58 案件进行分析，发现其中绝大多数的案件均不能适用《民诉法解释》第 92 条第 3 款，本书将其归纳为以下几类：（1）对自认的对象的错误认识，包括将对合同的成立有效要件的审查错认为是对自认事实的审查、② 未区分诉讼外的自认与诉讼中的自认、③ 将当事人的主张错

---

① 2017 年 6 月 3 日 10：22 查询，"聚法案例"网站，以"本院认为：《最高人民法院关于适用〈中华人民共和国民事诉讼法〉的解释》第 92 条"为搜索条件，共查询到 975 个结果。对此结果以"本院认为：自认的事实与查明的事实不符"为条件进行再搜索（设置这样的条件是因为本文欲探讨的是《民诉法解释》第 92 条第 3 款的适用状况，因而以"自认的事实与查明的事实不符"可以更准确地限缩查询范围），共有 64 条结果，删去重复数据，有 58 个案件。

② 参见（2016）京 03 民终 2994 号民事判决书。

③ 参见（2016）浙 03 民终 1840 号民事判决书、（2015）长中民四终字第 08293 号民事判决书、（2015）长中民四终字第 08299 号民事判决书、（2016）赣 1102 民初 711 号民事判决书。

认为自认、① 与承认对方的诉讼请求相混同，② 这些情形均无《民诉法解释》第 92 条第 3 款适用余地。（2）调查事实与自认事实相符，无《民诉法解释》第 92 条第 3 款适用余地。③（3）单从判决书中并不能看出法院对自认的事实进行了调查，但法院认为调查的事实与自认的事实相符，无《民诉法解释》第 92 条第 3 款适用余地。④（4）自认撤回理论即可解决的案件，无《民诉法解释》第 92 条第 3 款适用余地。⑤（5）案件与自认无关，无《民诉法解释》

---

① 参见（2016）鲁 06 民终 926 号民事判决书、（2015）威民初字第 552 号民事判决书。

② 参见（2015）中二法民一初字第 1109 号民事判决书、（2015）中二法民一初字第 1110 号民事判决书。

③ 参见（2015）大民五终字第 457 号民事判决书、（2015）大民五终字第 456 号民事判决书、（2016）粤 08 民终 939 号民事判决书、（2015）淄民三初字第 179 号民事判决书。

④ 参见（2015）大民五终字第 457 号民事判决书、（2016）豫 0183 民初 3658 号民事判决书、（2016）豫 0183 民初 1401 号民事判决书、（2016）豫 0183 民初 3010 号民事判决书、（2016）豫 0183 民初 3427 号民事判决书、（2016 豫 0183 民初 5308 号民事判决书、（2016）豫 0183 民初 1154 号民事判决书、（2016）豫 0183 民初 4415 号民事判决书、（2016）豫 0183 民初 2768 号民事判决书、（2016）豫 0183 民初 5854 号民事判决书、（2016）豫 0183 民初 5609 号民事判决书、（2016）豫 0183 民初 4663 号民事判决书、（2015）乐中民初字第 3746 号民事判决书、（2016）豫 0183 民初 1940 号民事判决书、（2016）豫 0183 民初 4344 号民事判决书、（2016）豫 0183 民初 3356 号民事判决书、（2016）豫 0183 民初 4398 号民事判决书、（2016）豫 0183 民初 3628 号民事判决书、（2016）豫 0183 民初 4793 号民事判决书、（2016）豫 0183 民初 5242 号民事判决书、（2016 豫 0183 民初 4882 号民事判决书、（2016）豫 0183 民初 3442 号民事判决书、（2016）豫 0183 民初 2948 号民事判决书、（2016）豫 0183 民初 5625 号民事判决书、（2016）豫 0183 民初 4815 号民事判决书、（2016 豫 0183 民初 4928 号民事判决书。

⑤ 参见（2015）淄民三终字第 723 号民事判决书、（2015）淄民三终字第 755 号民事判决书、（2014）南市民四终字第 373 号民事判决书、（2014）防市民一终字第 537 号民事判决书、（2015）云中法民一终字第 180 号民事判决书、（2015）兵五民终字第 00098 号民事判决书、（2014）常民再终字第 0019 号民事判决书。

第 92 条第 3 款适用余地。① （6）适用了《民诉法解释》第 92 条第 3 款，但是与自认法理不符。② （7）身份关系诉讼本不能适用自认，无《民诉法解释》第 92 条第 3 款适用余地。③ 58 件案件中仅有两起是《民诉法解释》第 92 条第 3 款可以适用的情形，第一件是（2016）粤 51 民终 91 号民事判决，涉及虚假诉讼，适用《民诉法解释》第 92 条第 3 款。第二件是（2015）滨民再字第 1 号，适用《民诉法解释》第 92 条第 3 款，但并不涉及虚假诉讼的问题。

由上可看出，《民诉法解释》第 92 条第 3 款自出台以来在全国范围 58 个案件与其使用有关，且这 58 起案件中仅有 2 件是该款真正得以能够适用的情形，且其中也仅 1 件与虚假诉讼有关。该款的出台并未能得到很好的运用，其原因在于虚假诉讼产生的原因并非自认导致，限制自认的拘束力与遏制虚假诉讼并无必然联系。

2. 虚假诉讼的常见形态并未表现为自认，其常见领域也并不适合法院依职权调查

（1）虚假诉讼的常见表现形式应当是承认对方的诉讼请求而非自认。

虚假诉讼的常见形态表现为一方当事人直接承认对方当事人的诉讼请求而非自认。若是当事人意图共谋骗取法院裁判以损害第三人合法权益，那么该种虚假诉讼的表现常态也应当是一方承认对方的诉讼请求，以便法院直接在其承认的范围内判决其承担败诉后果。而当事人仅仅自认事实存在并不能够当然产生其所向往的骗取法院错误判决的结果，亦无法达到其损害第三人利益获取非法利益

---

① 参见（2015）吉中民再终字第 34 号民事判决书、（2015）中中法民六终字第 249 号民事判决书、（2015）淄民三终字第 778 号民事判决书、（2015）威民初字第 409 号民事判决书、（2015）浙民初字第 464 号民事判决书、（2015）黔义民初字第 01417 号民事判决书、（2015）东民初字第 485 号民事判决书。

② 参见（2015）一中民终字第 01703 号民事判决书、（2016）冀 05 民再 24 号民事判决书。

③ 参见（2015）青民五终字第 1049 号民事判决书。

的目的。既然虚假诉讼存在的表现常态为直接承认诉讼请求，则应对于承认诉讼请求的效力做出抑制，但是实务中基本上没有如此处理。如此一来便产生了手段（限制自认拘束力）与目的（遏制虚假诉讼）之间不相符的问题。

（2）虚假诉讼通常存在于借贷关系纠纷领域。

虚假诉讼大多发生在借贷关系纠纷领域，在此种纠纷领域中，即使如《民诉法解释》第 92 条第 3 款那样赋予法院职权调查的权限，法院的调查能动性又能发挥多少？我们并不能说调查可能性为零，但是法院对于发生于私人之间过去的事实若是进行职权调查，其耗费的时间、精力等诉讼资源必然与其所欲达到之法律效果不成比例。在此，我们还发现司法实务中存在大量自认误读现象，此处以借贷关系纠纷中夫妻共同诉讼为例加以说明。

通过对 2015 年司法解释出台前后 2014 年以及 2016 年北京市①、上海市②虚假诉讼的分析，笔者发现涉及虚假诉讼以及自认的案件很多都是夫妻共同诉讼的案件。一般的案件事实是现具有或曾经具有夫妻关系的一方自认其对他人负有债务，而夫妻另一方否

---

① 数据来源中国裁判文书网，以"裁判日期：2014 年 1 月 1 日～2014 年 12 月 31 日；案件类型：民事案件；全文检索：虚假诉讼、自认；法院地域为北京市"为搜索条件查询到 10 个结果。有 3 个结果是裁判文书中虽出现"自认""虚假诉讼"字样，但因不属于本书研究课题范围，遂从分析对象中删除；以"裁判日期：2016 年 1 月 1 日～2016 年 12 月 31 日；案件类型：民事案件；全文检索：虚假诉讼、自认；法院地域为北京市"为搜索条件查询到 20 个结果。有 5 个结果是裁判文书中虽出现"自认""虚假诉讼"字样，但因不属于本书研究课题范围，遂从分析对象中删除。

② 数据来源中国裁判文书网，以"裁判日期：2014 年 1 月 1 日～2014 年 12 月 31 日；案件类型：民事案件；全文检索：虚假诉讼、自认；法院地域为上海市"为搜索条件查询到 14 个结果。有 7 个结果是裁判文书中虽出现"自认""虚假诉讼"字样，但因不属于本文研究课题范围，遂从分析对象中删除。以"裁判日期：2016 年 1 月 1 日～2016 年 12 月 31 日；案件类型：民事案件；全文检索：虚假诉讼、自认；法院地域为上海市"为搜索条件查询到 21 个结果。有 2 个结果是裁判文书中虽出现"自认""虚假诉讼"字样，但因不属于本书研究课题范围，遂从分析对象中删除。

认该借款事实的存在，该他人请求夫妻双方共同履行债务的案件。可以发现的是《民诉法解释》出台前后法院对此类案件的处理态度并未发生太大的变化，主要包括以下五种：（1）因主张存在虚假诉讼、并非夫妻共同财产的当事人对其主张无证据可证明而不予支持其诉讼请求；① （2）综合证据认定借贷关系不存在；② （3）综合证据认为该债务并非夫妻共同债务；③ （4）当事人提起第三人撤销之诉进而由法院判决撤回原先的民事调解书④；（5）当事人提起第三人撤销之诉后，法院认为之前判决尚未对该当事人产生法律上的利害关系，该当事人提出第三人撤销之诉的条件尚不具备而驳回起诉。⑤ 可以看出法实务中关于虚假自认的案件大多与夫妻一方负有对外债务有关，大多情况下是夫妻一方承认借贷事实，而另一方否认其为夫妻共同债务，法院对此类案件的处理方式杂乱且无规律可循。反而是对待裁判上的自认，法院态度显得越发谨慎，就算借款人自认也仍然进行审查其借贷事实是否发生，即否认自认的效力。

　　司法实务中之所以在借贷关系纠纷领域特别强调《民诉法解释》第92条第3款的适用，是考虑到借贷纠纷领域更容易滋生虚假诉讼，为了维护法院判决的权威，保障相关人的利益，因而在适用中强调借贷纠纷中当事人自认也必须对相关事实进行调查。但是进一步分析即可发现，实务中大多出现的是夫妻一方向外人借款，

---

　　① 详情参照（2015）高民（商）终字第1015号民事判决书、（2014）一中民终字第159号民事判决书。

　　② 详情参照（2016）京01民终5127号民事判决书、（2016）京01民终4063号民事判决书、（2016）京0114民初5823号民事判决书、（2016）沪02民终6345号民事判决（2014）浦民二（商）初字第1127号民事判决书、（2014）闵民一（民）再初字第2号民事判决书。

　　③ 详情参照（2016）京02民终9188号民事判决书、（2015）虹（民）初字第4349号民事判决书、（2014）闵民一（民）初字第9937号民事判决书、（2014）闵民一（民）初字第10257号民事判决书。

　　④ 详情参照（2014）二中民终字第02198号民事判决书。

　　⑤ 详情参照（2014）二中民终字第00515号民事判决书。

该方自认而另一方否认借贷事实，实务操作认为：此类案件的难点在于仅夫妻一方自认借贷事实，如果基于自认而直接认定借贷法律关系的存在，不知情的夫妻一方会承担可能为虚假的夫妻共同债务，为了保护不知情方的利益而由法院调查借贷事实是否存在，再进一步判断是否为夫妻共同财产。

然而，对于夫妻一方承认对外借贷事实、另一方否认其为夫妻共同债务的案件，无论是司法解释还是法官都在未理解自认制度性质的前提下进行了判断，对于此类案件大多数法官的第一印象都是成立自认，然而对此借贷事实不知的一方要承担巨额债务（且夫妻将要或已经离婚）实乃不公，因而须查明自认的事实是否真实，可是他们步入了一个误区：夫妻乃必要的共同诉讼人，必要的共同诉讼人之诉讼行为必须共同实施，必要共同诉讼人中一人所为之自认，亦因其不利益于共同诉讼人而对全体不生效力。① 在夫妻另一方否认自认事实的情况下，自认并不成立。需由主张借贷关系之当事人对此继续进行举证，若不能尽到其证明责任则需在不能举证范围内承担败诉之诉讼后果。

3. 限制自认拘束力与遏制虚假诉讼并无必然关系

虚假诉讼是导致最高法院出台该款的直接动因，在我国当下民事诉讼的司法实践中，恶意诉讼、虚假诉讼的案件大量发生，这不仅直接损害案外人的合法权益，侵扰人民法院的审判秩序，而且严重影响到民事诉讼制度的良性发展。《民诉法解释》第 92 条第 3 款的出台是否能够遏制虚假诉讼的出现？本书认为，该款的出台对于遏制虚假诉讼并无作用，完整的法律规范应当包含假定条件、行为模式和法律后果，最高法试图通过设置 92 条第 3 款对虚假诉讼进行打击，然而该款本身属于"不完整"的法律规范，未设置法律后果的法律规范对于当事人能够产生怎样的威慑力？对于虚假诉

---

① 陈荣宗、林庆苗：《民事诉讼法》，台湾三民书局 1996 年版，第 481 页；杨建华：《问题研析民事诉讼法（一）》，台湾三民书局 1996 年版，第 263 页；李木贵：《民事诉讼法（上）》，台湾元照出版社 2010 年版，第 6~63 页。

讼、虚假陈述若仅仅以否定其虚假"自认"的效力，法院根据其查明的事实进行判决，法院只是单纯否定虚假陈述的效力，当事人未受到惩戒，自然不能在社会中形成进行虚假陈述是被禁止的社会印象，当事人反而会认为既然没有什么不利于己方的后果发生，那么自己先进行虚假陈述，被法院否定也不会有什么不利，万一法院没调查该事实，那么自己就可以获取该不当之利，何乐而不为？这反而助长了当事人的不良心态，削减了法律权威性与公信力。此外，遏制虚假诉讼、保护第三人利益实则可以通过其他更适合的途径加以实现，如第三人撤销之诉、侵权损害赔偿之诉等，这些制度若是能够得到妥当的应用足以达到打击虚假诉讼的目的，而若如《民诉法解释》第 92 条第 3 款这种通过限制自认拘束力的方式以遏制虚假诉讼无异于缘木求鱼。

（二）《民诉法解释》第 92 条第 3 款并无适用空间

一般来说，当事人进行自认的情形大抵有四种情形，包括当事人双方共谋进行虚假的意思表示以骗取法院裁判、当事人因记忆模糊而选择自认对方之主张事实、当事人明知不真实而认、当事人明知真实予以自认。试分析《民诉法解释》第 92 条第 3 款在此四种表现形式中可能存在的适用空间如下：

1. 当事人双方共谋进行虚假的意思表示以骗取法院裁判（即虚假诉讼、虚假自认）。

如上述《民诉法解释》第 92 条第 3 款与遏制虚假诉讼之间并无必然的联系，因此在此领域并无适用该款的必要。

2. 当事人因记忆模糊而自认对方主张之事实

在司法实务中，自认有时是由于当事人记忆模糊而作出的，记忆本身具有很强的主观性与模糊性，这种情况下，当事人选择自认，对于己不利之事实进行认可，并非不妥，况且诉讼当事人需要承担其诉讼行为带来的法律后果，法院并无理由对此事实进行证据调查并以其调查的证据资料作为判决依据。

首先，法院何时进行调查是个实务难题，司法实践的做法是由法院根据案件的基础法律关系等进行判断后决定需不需要调查、何时进行调查，尤其是借贷纠纷中即使自认仍需对自认的事实进行调查，即我国司法实务由于借贷纠纷存在大量虚假诉讼的案件而否定借贷纠纷中的自认效力，但是这又赋予了法官一定的裁量权，与当代的法治社会约制具有扩张性的权力之理念不符。其次，且不说法院会不会对此启动证据调查程序，当事人都含糊不清的事实往往都没有实证能够予以证明，法院又如何能够获取事实真相？再退一步，假设法院能够调查到当事人都模糊不清的事实，法院所追求到的"实体真实"与耗费的司法资源又如何能够保持平衡，因诉讼拖延而受到不利影响的当事人权益如何保障。最后，一般讲来，不能对自己主张事实进行证明的当事人方因自认方自认后即产生免除其举证责任的后果，如果法院对该事实还进行证据调查将严重损害法院的中立性，从而打破民事诉讼中法院应处于被动消极地位的诉讼状态。综上，《民诉法解释》第 92 条第 3 款显然是不能够适用于这种情况下的自认的。

3. 当事人明知与真实不一致而自认

此处所谓明知与真实不一致而自认的情形是指自认当事人认为自认的事实虽然不真实，但基于种种考虑仍作了自认，此种场合基于自己责任原则当事人应受自认之约束。当事人在知晓其在诉讼中所为诉讼行为的内涵后就应当承担诉讼行为所带来的相应诉讼法律后果。从法院的角度讲，当事人自认的、与真实不一致之事实既然在当事人处分范围之内，则不会对公益有损，为尊重当事人的意思，法院自当受自认的约束。因此，此种情形下《民诉法解释》第 92 条第 3 款也无适用余地。

4. 当事人明知真实予以自认

此种场合下，自认的事实与法院查明的事实一致，《民诉法解释》第 92 条第 3 款自无适用可能。

三、《民诉法解释》第 92 条第 3 款有违诉讼基本法理

（一）混淆了身份关系诉讼与非身份关系诉讼适用的基本法理

1. 《民诉法解释》第 92 条第 3 款动摇了辩论主义的根基

辩论主义是自认的基本理论依据，亦是非身份关系诉讼适用的基本原理。所谓辩论主义与处分权主义共同构成当事人主义的基本

内容，辩论主义是指能够作为判决基础的诉讼资料的收集与提出（即事实的主张、证据的提出）应当是当事人的权能与责任，① 其基本要义有三：一是直接决定法律效果的发生消灭的必要事实（即主要事实）只有在当事人的辩论中出现才能成为判决的基础，未经当事人主张之事实不能成为法院裁判的基础；二是法院应当将当事人之间无争议之主要事实当然地作为判决的基础（即自认具有约束法院的效力）；三是能够成为法院证据调查对象的证据必须是当事人提供的证据资料（职权调查之禁止）。②

　　辩论主义适用于民事诉讼法的依据在于：其一，从民事诉讼的本质看，以实现个人私权为目的的民事诉讼，其对象是基于私人自由意志、允许当事人自由处分的财产纠纷，法院裁判围绕的是如此性质的权利关系，则应当尽可能期盼当事人自主解决纠纷。③ 也就是说，当事人对私权纠纷的解决具有自主决定权，法院只能以当事人提出诉讼资料为判决基础。其二，从自己责任原则出发，与财产纠纷解决结果最有利害关系的便是当事人，辩论主义原则下作为诉讼主体实施诉讼行为的当事人必然需自己承担其诉讼行为带来的法律后果，特别是当事人在诉讼中进行陈述时会比诉讼外更谨慎小心，当事人为获得胜诉判决必然会潜心尽力搜集于己有利之事实，因此由当事人承担证明对其有利之事实的责任与诉讼来说既省时省力又是发现真实最优良之手段。④ 鉴于此，对未提出充分的证据的当事人来说，其承担在不能证明范围内的不利后果亦是合理的。正因如此，非身份关系民事诉讼中，要求将主要事实的提出、证据的

---

　　① 参见［日］新堂幸司：《新民事诉讼法》，弘文堂2008年版，第409页。

　　② 参见［日］高桥宏志：《民事诉讼法：制度与理论的深层分析》，林剑锋译，法律出版社2003年版，第330页。

　　③ 参见［日］河野正宪：《民事诉讼法》，有斐阁2009年版，第223页。

　　④ 参见［日］松本博之：《民事自白法——判例·学说的再检讨》，弘文堂1994年版，第40页。

需要与否、证据方法的提出等全部委任于当事人。① 法院若以当事人未主张的诉讼资料作为判决依据会给当事人造成突然袭击之感,② 如此的诉外判决不能为民事诉讼法追求,民事诉讼需要防止突然袭击,从根本上保障当事人的听审权。③ 而《民诉法解释》第 92 条第 3 款的规定动摇了非身份诉讼中辩论主义的根基,否决了当事人对私人之间纠纷解决的自主处分权。

2. 《民诉法解释》第 92 条第 3 款导致法官自由裁量权的恣意扩张

有关非身份关系诉讼适用辩论主义,有关身份关系诉讼纠纷适用职权探知主义,而《民诉法解释》第 92 条第 3 款之规定有在非身份关系诉讼领域扩张法官职权探知权力之虞。具体而言,适用《民诉法解释》第 92 条第 3 款,有关"法院查明事实"的范围存在三种可能的选择路径:一是凡存在自认则必须对其进行调查;二是法官在审理过程中偶然发现虚假自认的可能性则对该事实进行主动调查;三是当权益受损的第三人发现受损事实向法院提起诉讼,法院进行调查。第一种路径显然是行不通的,该种路径实际上直接否决了自认制度存在本身且不具有实际操作性而不可取;第二种路径方式是当法官发现有虚假自认的可能性时即具有主动调查的义务,这种路径方式的存在前提在于法官在审理过程中通过现有证据发现有虚假自认的可能性,但问题在于:对于待证事实并不需要进行举证以及法官自由心证,法官若通过偶然调查发现存在虚假自认,除非存在损害公共利益、第三人利益的情形,不能对自认事实进行证据调查,否则与自认的法理相矛盾,且公共利益与第三人利益的内涵实在难以确定,在实务中难免会扩张由法院进行自由裁

---

① 参见 ［日］松本博之、上野泰男:《民事诉讼法》(第六版),弘文堂 2010 年版,第 288 页; ［日］木川统一郎:《民事诉讼法重要问题讲义(中)》,成文堂 1995 年版,第 381 页。

② 参见 ［日］小林秀之:《新民事诉讼法》,判例タイムズ2005 年版,第 213 页。

③ 参见 ［日］河野正憲:《民事诉讼法》,有斐阁 2009 年版,第 224页。

量，在我国司法实务整体素质水准尚不高的情形下确实也难以通过此种方式获得好的社会效果；第三种路径实际上才是比较合适的，因为第三人发现他人为损害其利益而骗取法院判决的事实后起诉，法院才有发现虚假自认的可能性，并且对自认事实获得了证据调查的权力，因为此时存在了损害第三人利益的前提。

司法实务中多采取的是类似于第二种路径的方式，即由法官对个案中是否需要当事人对自认事实提供证据证明进行判断，要求法官根据基础法律关系、标的额大小等作出判断。如当事人自认借款1000元，则法院一般不会进行证据调查。但若是自认借款1000万元，法院出于保护可能受损的第三人的利益，其想法是一般人不会自认如此之大之数额，若是已经自认一定存在蹊跷，且该数额也不是在现金能够全部支付的范围内，因而法官一般会要求当事人提供转账凭证，若是不能提供则会驳回原告的诉讼请求。实务认为标的额小大确实会影响是否涉及第三人利益，然而第三人利益若是受损，先前的当事人的行为属于共谋骗取法院裁判的情形，这种情况下第三人可向法院提起损害赔偿诉讼，并不存在无法救济的情形，法院依职权能否审查的范围应以当事人是否具有处分权为限。

因此《民诉法解释》第92条第3款混淆了身份关系诉讼与非身份关系诉讼适用的基本法理，使得法官在案件当中主动探知的定位无限扩大，导致法官恣意启用其审查判断权，对当事人私人之间的处分形成一种不必要的侵害。

（二）《民诉法解释》第92条第3款有违自认基本法理

自认的理论基础直接来源于辩论主义第二要义的要求，法官必须尊重两造当事人表示无争议的事实，将其作为裁判的事实基础。自由心证主义下具有要证性的事实限于当事人间有争议的事实，至于当事人间无争议之事实，即便法官通过自由心证得知当事人之间无争议的事实与真实不一致，也不能无视当事人的自认而将心证内容作为判决的基础事实。而《民诉法解释》第92条第3款的规定是对上述内涵的直接否定。

一项特殊证据制度能否在诉讼程序中运用及发挥其应有的机能，应当从行为样态、适用范围、效力等多方面综合分析，其中最为核心的便是该制度的法律效力，具体到自认制度，其法律效果在于其对法院以及当事人的拘束力：第一，自认成立后自认当事人在之后的诉讼程序中原则上禁止撤回该自认，即所谓的"立证排除""不可撤回"的效力，① 这是因为自认作为诉讼行为且是当事人作出的对于其不利之事实的认可，因此作为理性人作出自认这样的诉讼行为后应当为自己的行为负责，即当事人自己责任原则的体现。若是允许当事人在之后的诉讼程序中任意反悔而撤回先前的自认，这不仅有违禁反言原则，亦不利于维护相对方的信赖利益保护，也无益于维护程序安定、贯彻诉讼经济原则，因而自认对当事人产生这样的不可撤回的拘束力。第二，裁判上的自认拘束法院的效力表现在法院需直接将自认的事实作为判决的基础事实，换言之，自认具有"排除审判权"的效力。② 在民事诉讼程序中，一旦成立自认，该自认事实便成为不要证事实，法院就该自认事实便无需进行证据调查且必须按照自认的事实作为裁判的基础。③ 自认之所以能够具有审判排除效的拘束力，是因为裁判上的自认作为辩论主义的基本内容能够排除法官的心证，这是民事诉讼当事人对自身曾经发生过的事实进行的处分，民事诉讼尊重当事人对事实的形成权、处分权，且该自认事实若非法院依职权调查的范围内，法院必须受其拘束力的约束。辩论主义所适用的对象为私人财产纠纷，此类纠纷的通性在于不涉及公共利益，因而法院对此类纠纷也就不存在职权调查的余地；况且当事人之间发生的法律关系复杂且难以证明，法院对此根本没有探知与解明的能力。因此，对于双方之间无争议的事实即自认事实，当事人亦不能随意撤销，法官无需也不能证据调查且不问法官心证如何，应当认定该事实为真实，而以其作为裁判

---

① 参见［日］小林秀之：《新民事诉讼法》，判例タイムズ2005年版，第322页。

② 参见陈荣宗、林庆苗：《民事诉讼法》，台湾三民书局1996年版，第491页。

③ 参见［日］谷口安平、福永有利：《注释民事诉讼法（6）证据（1）》，有斐阁1995年版，第257页。

的基础。①

而《民诉法解释》第 92 条第 3 款的规定一方面直接否定自认对法院产生的审判权排除效，另一方面也否认了自认的不可撤回的效力。民事诉讼中，一方当事人为使所提的请求或抗辩成立而向法院提出某一事实，对方对该事实亦作同样陈述，就该事实成立自认，如果法院置当事人的自认事实于不顾，出于涉及损害第三人利益之虞的考虑，而对该自认事实依职权进行调查，对于法院以及当事人而言不仅是对司法资源的极大浪费，亦否决当事人之自由意志，扰乱当事人间已形成之"法的平和"状态，② 实为不妥。此外，一般认为自认只有在当事人证明该自认事实与真实不符且其出于错误才能被撤回，《民诉法解释》第 92 条第 3 款若适用，当事人撤回自认便不可能。自认一方面缩减争点范围，另一方面减少法院证据调查范围故能提高诉讼效率，使得诉讼的推进更加顺利、流程。另外，自认具有的对当事人的拘束力使得已进行的程序具有稳定性与不可推翻下，而在免除证明责任、法院无须调查取证等环节又节约了司法成本，使得诉讼程序平稳快速地进行。而在《民诉法解释》第 92 条第 3 款指导下，自认的上述种种优势便会荡然无存。

四、《民诉法解释》第 92 条第 3 款引发诉讼迟延之后果

《民诉法解释》第 92 条会产生不必要的诉讼迟延之法律后果。我国司法实务尤其强调在借贷纠纷中防范虚假诉讼，强调在借贷纠纷中当事人即使自认也要进行证据调查，如当事人询问、责令当事人提供相关证据等。如《上海市高级人民法院关于审理民间借贷案件若干问题的指导意见》（简称《上海市高院指导意见》）规定："民间借贷纠纷案件对于借款人自认仍应进行审查；为防止当

---

① 参见陈荣宗、林庆苗：《民事诉讼法》，台湾三民书局 1996 年版，第 491 页。

② 参见［日］松本博之：《民事自白法——判例·学说的再检讨》，弘文堂 1994 年版，第 40 页。

事人通过虚假诉讼恶意侵害国家、集体、第三人合法权益，在双方当事人诉辩主张无明显对抗，或案件的处理可能涉及第三方利益的，针对不同情况，还应当分别审查：（一）借款人自认口头合同的，应审查口头合同订立的时间、地点、约定的内容、履行的过程、经办人情况等细节；（二）借款人自认收到大额资金的，若钱款通过银行转账进行支付的，还应审查银行往来凭证；若通过现金方式进行支付，还应审查交付的金额、时间、地点、次数、在场人员、出借人的资金来源、出借人和借款人的经济状况等细节，必要时可审查出借人与借款人的关系，出借人家庭其他成员经济情况、借款人与家庭其他成员的关系、所借款的用途等情况，上述情况下，因查明事实的需要，还应采取隔离质证、交叉询问等方式对当事人的自认进行审查、必要时还可主动依职权调查相关事实。"

该种做法导致借贷纠纷中法院无谓的证据调查的增多，既浪费司法资源也不利于诉讼的程序推进。自认的法律效果之一在于排除证据调查效力，这不仅是对当事人的形成处分权的尊重，亦有利于诉讼程序的推进，符合诉讼经济原则。而《民诉法解释》第92条第3款要求法官对当事人自认事实进行职权调查，这不仅是对自认制度本身的颠覆，亦产生了诉讼迟延的后果，试想私人之间发生的事实不仅具有隐蔽性，亦是职权探知所不能及之处，借贷关系纠纷领域更是如此，若如《上海市高院指导意见》般对当事人已自认的事实进行证据调查，不仅费时费力，亦无法探知真实之事实，因为若当事人双方共谋进行虚假的意思表示法院又如何通过上述证据调查方式加以探知。因此该款规定非但不能达到其遏制虚假诉讼的出台目的，还会产生《民诉法解释》出台者没有预料到的诉讼迟延的后果。

五、结语

最高法院出台《民诉法解释》第92条第3款的初衷在于遏制虚假诉讼，但是该款实施以来并未能达到打击恶意诉讼的目的，其原因在于出台者误认为自认是虚假诉讼的成因之一，但是虚假诉讼与自认并不存在必然的因果关系，因而导致该款适用率极低且极少用于遏制虚假诉讼的现象。《民诉法解释》第 92 条第 3 款不仅有违诉讼基本法理、自认的基本法理，还会引发诉讼迟延的不利后果，一言以蔽之，《民诉法解释》第 92 条第 3 款乃错误的司法解释，应予废除。

第六章　民事诉讼程序运行中的程序展开

第一节　民事诉讼审前程序

在民事审判方式改革的早期实践中，实行以弱化甚至取消庭前的准备，将本应于庭审开始前就绪的诸项准备工作（主要是指法院对当事人所提诉讼资料的审核及对证据的调查收集）全部置于庭审中去进行为内容的"一步到庭"曾在各地法院蔚为风气。然而"一步到庭"实行之结果却往往致使一个案件不得不经过好几次开庭才能完成庭审任务从而造成诉讼的无端迟延。之所以会如此，究其根由，笔者认为乃是因为矫枉过正的"一步到庭"必将使得法官在对案件缺乏必要的了解与充分的准备情况下匆忙开庭，以致庭审中难以把握双方当事人之间争议的焦点所在从而无法保证一次开庭的合理成功率。也正因为上述弊端，曾在各地法院倍受推崇的"一步到庭"现今已经难现"昔日风光"，渐趋"偃旗息鼓"了。尽管如此，以消弭审判实践中存在的"暗箱操作"之积弊为鹄的"一步到庭"之"改革措施"（毋宁认为是直接违反法定程序之举）之发端本身却足以昭示：现行民事诉讼审前准备程序显而易见存在诸多妨碍庭审公正进行的制度性缺陷。不言而喻，对其进行矫正的唯一途径或"不二法门"只能是对现行民事诉讼审前准备程序进行立法上的完善而绝非实行"釜底抽薪"式的所谓"一步到庭"。唯其如此，才能保障庭审之公正且又不失效率。

一、审前准备的设定意旨及其功能

众所周知，民事诉讼之直接或曰主要目的在于解决私人之间的民事经济纠纷。这一目的是在当事人双方之诉讼行为与法院审判行为的交替运作过程中予以实现的。法院作为案件的裁判者行使诉讼指挥权，不偏不倚地对待双方当事人并居中裁判，双方当事人作为案件的直接利害关系人各执一端形成攻守关系乃是现代民事诉讼之基本结构。由其所衍生出的程序公正这一民事诉讼最高价值目标决定了举凡现代法治国家，皆以直接原词与言词原则作为法院审理民事经济案件的两大基本原则。前者谓受诉法院以直接认知的诉讼资料作为其裁判之基础，而后者则要求受诉法院所据以裁判的诉讼资料皆须经当事人双方的言词辩论，未经当事人双方言词辩论的事实不得作为法院裁判之根据。直接原则与言词原则二者互为表里，相辅相成，共同维系着民事诉讼的良性运作格局，并由此决定了当事人双方的言词辩论行为不仅在其各自所实施的全部诉讼行为中位居统率之核心地位，并且成为整个民事诉讼程序合成、演绎之基石。在此意义上，开庭审理程序显然可以被指称为言词辩论程序。无疑，若仅从这一层面考虑，所有的诉讼资料，皆应在当事人双方进行言词辩论时提出来，并且在言词辩论终结以前可以随时提出而不受民事诉讼程序进展之限制。

但事实上，这样做的结果，不仅会使得法院在开庭以前不能充分了解当事人双方为维护其各自权益而运用的诉讼资料从而在很大程度上障碍了其对案件审理的指挥权之行使，而且将会导致任何一方当事人皆因在言词辩论之前对对方所要动用的诉讼资料无从了解而致使当事人双方在为言词辩论时均难以甚至无法施展有效地攻击与防御。如此，必然会导致任何一方当事人皆可藉此玩弄诉讼技巧，进行诉讼偷袭，使得开庭审理无法集中、连续进行从而滞延诉讼。故"法律为补救上述弊害，特设言词辩论之准备程序，使所有诉讼资料，在言词辩论期日前均已集合，嗣后仅为一次或二次之言词辩论，即可终结诉讼"。①

---

① 王甲乙：《民事诉讼法新论》，台湾三民书局1981年版，第354页。

由此观之，审前准备程序实乃专为当事人双方的言词辩论行为而设，旨在借此保证当事人双方的言词辩论能够集中且连续地进行，防止诉讼迟延。具体来讲，审前准备程序这一目的是通过其本身所固有的两个方面的功能之发挥而得以实现的。

其一，审前准备程序具有整合当事人争点之功能。民事诉讼之所以会发生，就是因为在双方当事人之间存在民事实体权益方面的争议，而当事人争议之基点则被化约为原告在起诉状中所提之诉讼请求。因之，在民事诉讼中，原告所实施的所有诉讼行为，均是围绕证明该诉讼请求的成立而进行的，而被告所实施之一切诉讼行为其目的则皆在于抗辩原告所提之诉讼请求。无论是原告对其所提诉讼请求的证明抑或是被告对此所进行的抗辩，均须仰赖相应的诉讼资料（主要是指证据材料）作为其支撑之依据，而经由双方当事人所运用之诉讼资料证成或证伪的事实实际上就构成了他们彼此之间争议的全部界域。其中，在哪些事实上，双方当事人分歧不大甚或予以承认，而在哪些事实上则存在较大分歧，其各自的根据又是什么，这些无疑需要经由一个中介来加以整合，以便让双方当事人对彼此之间争议的焦点以及准备在开庭时施展的各种攻击防御手段能够做到"互通有无"。而担纲此中介的即为审前准备程序之基干的原告诉状与被告答辩状在双方当事人之间的送达以及原被告对其各自所拥有的证据资料所进行的相互交换。正是借此两个环节，对当事人争点的整合才得以完成，从而为当事人的言词辩论集中、连续进行构筑了基石。与此同时，由于上述两个环节的运作皆离不开法官的参与，甚至是在其主持下才得以告结的，故而借助于审前准备程序的展开，法官在当事人为言词辩论之前亦因此而掌握了双方当事人之间的争点所在从而为其在庭审中有效地实施诉讼指挥权奠定了基础。

当然，因历史背景、文化传统、法律渊源等诸方面的差异，审前准备程序之整理当事人争点之功能在不同的国家或地区的民事诉讼中所经由实现的具体路径并不完全相同，甚或有很大的差异。譬如，在美国，审前准备程序由诉答程序和发现程序所构成。当事人通过诉答程序亦即通过诉状和答辩状的相互送达来确立争点，而借助于发现程序来完成向对方当事人寻求证据和信息的任务。① 法国的审前准备程序有由裁判长进行指挥的协议期日方式和由准备程序法官指挥的准备程序方式两种运行方式。二者均涉及两方面的任务：其一为当事人向对方送达记载本方主张的准备书状，另一为将本方的书面证据原本送给对方，使其有机会阅览该书证内容（法国民事诉讼采书证优先主义，审理前未在双方当事人之间传递的书证不得在法庭上作为证据提出)②。在德国、日本以及效尤这两国立法例的我国台湾地区，审前准备程序亦有两种运行方式：准备书状与准备程序。所谓准备书状是指"以书状所证明当事人拟在言词辩论时，所提出之攻击防御方法，及对于他造之声明并提出之攻击防御方法之陈述"。③ 当事人所提交之准备书状通常是与诉状或答辩状合二为一的。而准备程序的启动则是由"审判长指令一名审判员进行，指令准备程序期日，通知当事人到场，各自陈述其所用之攻击防御方法，并对对方所用之攻击防御方法进行陈述。在性质上与言词辩论同一，或曰为言词辩论之一部，只不过，其只以阐明诉讼关系为止。也即仅限于明了当事人之争点及两造主张如何"。④

其二，审前准备程序具有约束当事人言词辩论行为之功能。一如前述，双方当事人与法官借助于审前准备程序的展开从而完成对当事人争点的整理，但仅此尚不足以使当事人所为之言词辩论行为真正连续、集中地进行。道理很简单，因为设若双方当事人在开庭审理阶段进行辩论时所运用之诉讼资料不受其在审前准备程序所提交的诉讼资料之限制，或者说当事人在言词辩论阶段可以随时提出新的诉讼资料，那么，业已整理的当事人争点就会因之而随时被修

---

① 不过，美国的发现程序发展到后来，功能已大为扩展，涉及事项亦极为广泛，似已超出审前准备程序之应有之义。从其实际运行来看，在此阶段，常常有大量案件得到最终解决，只有极少数案件才进入开庭审理阶段。参见白绿铉:《美国民事诉讼法》，经济日报出版社 1996 年版，第 84 页。

② 张卫平:《我国民事诉讼法导论》，中国政法大学出版社 1997 年版，第 191 页。

③ 王甲乙:《民事诉讼法新论》，台湾三民书局 1981 年版，第 359 页。

④ 王甲乙:《民事诉讼法新论》，台湾三民书局 1981 年版，第 354 页。

正从而使得审前准备程序在相当大的程度上形同虚设。故审前准备程序除了具备整理当事人争点以服务于当事人言词辩论行为这一功能之外，尚具有决定当事人言词辩论之范围从而对其进行约束之功能。具体来讲，这一功能即体现为任何一方当事人于审前准备程序中未主张的事项或未提交的诉讼资料均不得在言词辩论时提出。对此，一些国家或地区的立法例亦有明定。如日本《民事诉讼法》第 255 条即规定："在口头辩论中不得主张在笔录或可以代替笔录的准备书状上所没有记载的事项。"我国台湾地区"民事诉讼法"第 276 条亦有类似规定："未记载于准备程序笔录之事项，于准备程序后行言词辩论时，不得主张之"。

当然，从某种意义上讲，审前准备程序之约束当事人言词辩论行为之功能是从其服务于当事人言词辩论行为之功能中衍生出来的，甚至可以说是后者的应有之义和进一步体现。

二、我国民事诉讼审前准备程序之立法缺失

依照现行《民事诉讼法》第 125 条到第 132 条之规定，在立法上被冠以"审理前的准备"之字眼的我国民事诉讼审前准备程序共囊括：（1）送达起诉状副本和答辩状副本；（2）告知当事人诉讼权利义务；（3）告知当事人合议庭的组成人员；（4）审核诉讼材料，调查收集必要的证据;①（5）追加当事人②等五个方面的内容。从立法的上述规定中，我们不难窥见，我国民事诉讼审前准备事实上具有两个方面的特质：其一，法院实际上为审前准备程序的唯一主体，其所实施的一系列诉讼行为构成了审前准备程序的全部内涵。③ 在审理前准备阶段，虽然当事人通过法院对诉状及答辩

---

① 参见《民事诉讼法》，第 125 条，第 126 条，第 128 条，第 129 条，第 132 条。

② 参见《民事诉讼法》，第 132 条，追加当事人显然仅在必要共同诉讼中方适用，故不具有常态意义。

③ 在审理前的准备阶段，虽然有被告向受诉法院提交答辩状之诉讼行为，但依照立法之规定，毋宁认为其是受诉法院向原告提交答辩状副本之行为的前期行为。

状的送达而能在一定程度上了解到彼此之间分歧之所在，法院通过"认真审核诉讼材料"以及"调查收集必要的证据"亦能掌握甚或可以洞悉案情，但不管在当事人抑或在法院，其对案情的了解均是单方面的。在此阶段，由于由双方当事人以及法院等三方诉讼主体聚合之"法域"之付之阙如，因此亦就无法生成经由三方诉讼主体所为诉讼行为之间的互动而达到对当事人争点的整理。其二，与第一个方面之特质相对应，现行立法所规定的"审理前的准备"其目的并非在于通过对当事人争点的整理使当事人之言词辩论能够集中、连续地进行，而仅仅在于"使审判人员了解案情的基本情况，掌握必要的证据，做到心中有数"。①

毋庸置疑，我国民事诉讼审前准备程序上述两个方面的特质显而易见在很大程度上影响了法院开庭审理的效率，但审判实践中，妨碍法院开庭审理公正且富于效率地进行则更多的是缘起于立法本身所存在的缺漏。具体来讲，表现为以下两个方面：

1. 立法对被告提交答辩状的行为的约束软化大大影响了庭审效益的提高。由于被告是否提交答辩状不仅关涉到原告是否能借此及时了解被告抗辩要点，以便进一步做好出庭准备，还关涉到法院能否迅速及时地确定双方当事人之间争议的焦点，从而提高庭审效益，因此，从诉讼理论上讲，被告提交答辩状与其说是其所享有的一项权利，毋宁认为是其应尽的一项诉讼义务。但从《民事诉讼法》第125条之规定来看，立法显然只是将提交答辩状视为被告的一项诉讼权利，而缺少对其应有的刚性约束。但正是由于立法对被告提交答辩状的行为缺乏应有的刚性约束，故而导致审判实践中弊端丛生。从民事审判实践来看，被告一般均不按期向受诉法院提交答辩状，究其原因恐怕在于有相当数量的被告，或是担心按期提交答辩状将会使自己的答辩内容在开庭前即被原告所掌握，从而有可能使自己在庭审中处于被动境地，或是出于玩弄诉讼技巧，向原告封锁自己的答辩内容，以便在庭审中展开"诉讼偷袭"并借此获得"攻其不备"的诉讼效果。事实上，这样做的结果无异于增

---

① 柴发邦：《民事诉讼法学新编》，法律出版社1992年版，第306页。

加了庭审负担，降低了诉讼效率。

2.《民事诉讼法》第 129 条 "审判人员必须认真审核诉讼材料，调查收集必要的证据" 之规定表面上似乎有助于法院对当事人争议焦点的了解，但却往往使开庭审理流于形式，直接违背了程序公正之基本要求。依该条规定，人民法院在开庭审理前就可以而且应当对双方当事人所提供的各种诉讼资料进行详细兼具程序性与实体性的双重审查，并在此基础上决定是否需要调查收集证据以及需要调查收集哪些证据。显而易见，如此一来，人民法院在案件正式开庭审理之前就已经对案件进行了书面审理并由此而形成了关于基本案情的先验性认识，其所谓调查收集必要的证据实际上已经成为人民法院及其法官，用以加强此前业已形成的案情结论的 "理想手段"。既然人民法院早在开庭审理之前即已经对案情有了先入为主的认识，那么，其后所进行的以当事人言词辩论为中心的开庭审理等诸项程序统统不过是例行公事地走走过场而已。这样做的结果必然会使得诉讼程序本身所具有的消解与制约审判权之滥用以最大限度地保证案件公正审理之功能被消蚀得荡然无存。

三、完善民事诉讼审前准备程序之构想

基于上述对审前准备程序功能的一般考察和对我国现行民事诉讼法所规定的 "审理前的准备" 之纰漏的梳理，为求庭审之公正且富有效率，笔者特就我国民事诉讼审前准备程序之立法完善提出以下初步构想：

其一，从立法上明定被告提交答辩状是其应尽的一项诉讼义务并同时规定被告如逾期提交答辩状将承担由法院以原告所提诉讼请求直接进行判决之不利后果，藉此避免因被告不按期提交答辩状而导致的诉讼迟延。

其二，取消《民事诉讼法》第 129 条之规定，建立在法官主持下双方当事人对彼此所拥有的以证据资料为主体的诉讼资料的相互交换制度，借此以整理当事人争点和防止法官在对案情认识上的先入为主，同时规定，任何方当事人在此阶段没有提交的诉讼资料或没有主张的事实在开庭审理时均不得再行提出，以保证开庭审理

能真正地连续、集中进行。

其三，建构约束性辩论原则，① 也即在立法上明定法院的判决须以双方当事人言词辩论的事实为基础，未经双方当事人言词辩论的事实，不得作为判决之依据，以凸显当事人之言词辩论在庭审中的核心地位，进一步防止开庭审理流于形式。

其四，建立完整的举证责任制度，合理分配举证责任，并使举证责任的履行与否与案件的裁判结果直接挂钩，并且健全当事人履行举证责任的法律保障机制，使当事人能够通过一切正当的途径与合法的手段及时收集到用以证明其所提主张的相应证据，为当事人争点的整理提供制度保障。

第二节　判决脱漏及其救济

依"法院不得拒绝裁判"之本旨，受诉法院于任何情形下皆应对当事人所提之合法成立之诉作出本案裁判。受诉法院若对当事人所提数项诉讼请求之一或诉讼请求之一部漏未判断即构成判决之脱漏。判决脱漏对于双方当事人而言意味着彼此之间的民事纠纷未能得到法院彻底的解决，故立法对其应设救济之途。依 2017 年 6 月 27 日修正后的《民事诉讼法》第 200 条第 1 款 "当事人的申请符合下列情形之一的，人民法院应当再审：……（十一）原判决、裁定遗漏或者超出诉讼请求的"之规定可以得知，② 在现行法，判决脱漏属于当事人申请再审的法定事由之一，可经由再审程序对其

---

① 参见张卫平：《我国民事诉讼辩论原则重述》，载《法学研究》1996 年第 6 期。

② 第（十一）项将"遗漏诉讼请求"与"超出诉讼请求"并列为再审事由，殊失允当。这是因为，两者在性质上截然不同。在前者，仅为判决事项未尽，在后者，则是对处分权主义之违背，构成诉外判决。此外，从诉讼法理上讲，处分权主义不适用之民事诉讼领域，如具有高度公益性质之身份关系之诉讼，土地境界确认事件、共有物分割事件等形式的形成之诉，法院所作之判决范围并不受当事人所提诉讼请求之限制，此种场合，法院即便超出诉讼请求作判决亦不违法，自不能以之作为再审事由。

予以救济。不过，在笔者看来，依再审程序对判决之脱漏予以救济并不合乎诉讼法理，从操作上看，其亦非便宜之举。

一、判决脱漏之内涵及其识别

（一）判决脱漏之内涵

从诉讼理论上讲，裁判乃指法院将其判断或意思以法定形式表示的诉讼行为。就系属中的事件的全部或一部，以完结该审级之审理为目的所作之裁判便称为终局判决。依处分权主义之原理，法院应在当事人所提诉讼请求范围内判决，故法院应判决之本案事项，即由当事人所提出之诉讼标的及应受判决之声明两者构成。倘当事人于诉讼中已提出诉讼标的及应受判决之声明，而法院于判决时将其一部或全部脱漏，未为判决之意思表示，即生判决有脱漏之情形。① 判决脱漏于单一之诉及复合形态之诉皆有可能存在。在前者，判决脱漏表现为法院对诉讼请求之一部漏未判断。例如，诉讼代理人未经特别授权，向法院提出撤回诉的一部，法院误认诉之撤回有效，仅就未撤回之诉讼请求部分作出判决（日本最高法院昭和 30 年 7 月 5 日之裁判事件）。② 在后者，判决脱漏表现为法院对数个合并审理的诉讼请求之一漏未判断。例如，原告诉请被告支付本金与利息，法院仅对本金债权作出判决，对利息债权漏未判断；又如债权人诉请主债务人与保证人清偿债务及履行保证责任，法院仅对其中之一作出判决。③ 当然，在单一之诉，当事人所提诉讼请求与作为受诉法院判决对象之诉讼标的皆为单一，受诉法院只要作出判决主文即已穷尽所有应判决之事项，是故于单一之诉，判

---

① 参见陈荣宗、林庆苗：《民事诉讼法》（中），台湾三民书局 2006 年版，第 590 页。

② 参见［日］上田澈一郎：《民事诉讼法》（第四版），法学书院 2004 年版，第 442 页。

③ 在诉之预备合并之场合，法院认当事人所提的先位诉讼请求无理由而为驳回其诉之裁判，若未就备位诉讼请求予以裁判，即属判决之脱漏。法院若认为当事人所提的先位诉讼请求有理由而为原告胜诉之判决时，因无庸更就备位之诉讼请求作出裁判，故不生判决脱漏问题。

决脱漏之情形殊为少见。而在复合形态之诉，当事人所提之诉讼请求必然为两个或两个以上。依民事诉讼原理，受诉法院须对当事人所提全部诉讼请求悉为判断方可谓判决事项已尽，若遗漏其一，即构成判决之脱漏。因此，在民事审判实践中，判决脱漏多半存在于复合形态之诉之场合。

因民事诉讼采有偿主义而由当事人负担诉讼费用，故受诉法院作出终局判决时，不仅须对当事人所提关于诉讼标的之本案请求作出裁判，尚须对诉讼费用之负担作出裁判。受诉法院对本案诉讼费用负担的裁判与对诉讼标的之裁判共同构成判决之主文。循此以言，判决脱漏不仅指受诉法院就当事人所提诉讼请求未作出实体判断，尚包括受诉法院就当事人如何负担本案之诉讼费用漏未判决这种情形。因诉讼费用乃当事人利用国家裁判制度之对价，必须由当事人之一方负担或双方当事人分担。基于公益之要求，法院无待当事人之申请应依职权作出诉讼费用负担之裁判。此与法院关于诉讼标的之裁判须受当事人所提诉讼请求之约束迥然有别。譬如，德国《民事诉讼法》第 308 条规定，法院对当事人未申请的事项不能裁判，果实、利息及其他附带请求之裁判同样如此。诉讼费用的负担义务，法院于未申请时亦能裁判。奥地利《民事诉讼法》第 52 条第 3 款规定，费用的偿还义务，即便当事人未申立，法院亦能裁判。日本《民事诉讼法》第 67 条第 1 款规定，法院作出完结事件之裁判时，须依职权就该审级的全部诉讼费用之负担作出裁判。我国台湾地区"民事诉讼法"第 87 条第 1 款规定，法院为终局判决时，应依职权为诉讼费用之裁判。现行法虽未明定法院应依职权作出诉讼费用负担之裁判，但在适用时应与上述立法作同一解释似无疑义。因此，即便当事人未就诉讼费用之负担提出请求，法院亦应依职权作出裁判，法院为终局判决时，若就诉讼费用之负担漏未裁判，也属于判决有脱漏之情形。

（二）判决脱漏之识别

按判决乃要式诉讼行为，受诉法院作出判决应当采用书面形式，也即须制作判决书。因此，判断法院于判决有无意思表示之存在，须查照判决书之记载事项定之。从各国或地区民诉法关于判决书应记载之事项的规定来看，受诉法院所作判决之正文基本上乃由主文、理由、事实等三大部分构成。① 其中主文乃受诉法院对当事人所提诉讼请求是否有理由之直接判断，理由乃受诉法院关于诉讼标的之判断所赖以支撑的依据与心证理由。判决书之主文与理由均系法院就诉讼事件所为判断之意思表示。而判决书之事实项下所记载者，仅属当事人所主张的攻击防御方法，而非法院所为判断之意思表示。② 因此，对于诉讼标的，法院是否漏未裁判，应就当事人请求法院裁判之事项，与法院在判决中所为判断之表示对照以观。而法院有无判断之表示，应查照该判决之主文与理由定之③通常认为，判决书之主文或理由，若两者之一已有关于诉讼标的判断之记

① 德国《民事诉讼法》第 313 条第 1 款规定，判决书应记载下列事项：（1）当事人及法定代理人、诉讼代理人之表示；（2）法院之表示及参与裁判的法官的姓名；（3）终结言词辩论之日期；（4）判决主文；（5）法律要件事实；（6）裁判的理由。奥地利《民事诉讼法》第 417 条第 1 款规定，判决正本中须记载下列事项：（1）法院的表示及参与裁判的法官的姓名；（2）当事人的表示；（3）判决主文；（4）裁判的理由。日本《民事诉讼法》第 253 条第 1 款规定，判决书应当记载下列事项：（1）主文；（2）事实；（3）理由；（4）言词辩论终结之期日；（5）当事人及法定代理人；（6）法院。我国台湾地区"民事诉讼法"第 226 条第 1 款规定，判决，应作判决书，记载下列各款事项：（1）当事人姓名及住所或居所；当事人为法人、其他团体或机关者，其名称及公务所、事务所或营业所；（2）有法定代理人、诉讼代理人者，其姓名、住所或居所；（3）诉讼事件；判决经言词辩论者，其言词辩论终结日期；（4）主文；（5）事实；（6）理由；（7）年、月、日；（8）法院。我国《民事诉讼法》第 138 条规定，判决书应当写明：（1）案由、诉讼请求、争议的事实和理由；（2）判决认定的事实、理由和适用的法律依据；（3）判决结果和诉讼费用的负担；（4）上诉期间和上诉的法院。

② 参见陈荣宗、林庆苗：《民事诉讼法》（中），台湾三民书局 2006 年版，第 588 页。

③ 参见王甲乙、杨建华、郑健才：《民事诉讼法新论》，台湾三民书局 2002 年版，第 120 页。

载者，即可认为法院已有判决之意思表示存在，不构成判决之脱漏。① 具体讲来，受诉法院若已于判决主文中对当事人所提诉讼请求作了判断，仅裁判理由未予记载，依法官之心证必须公开之宗旨，此项情形属于判决之理由未备，乃当事人可据之声明不服而向上级法院提出上诉之事由，不构成判决之脱漏。相反，受诉法院若未于判决主文中对当事人所提诉讼请求进行直接的判断，仅于裁判理由之记载中蕴含了对诉讼请求之判断，此种情形下，因双方当事人据此可合乎逻辑地推衍出受诉法院关于诉讼请求之确切判断，故在解释上应认为其乃受诉法院于判决理由中所表示之意思，于判决主文中漏未表示，属于判决更正之事项，② 亦不构成判决之脱漏。例如，判决理由中对于借款十万元及买卖价金三万元分别判断而认

---

①　参见陈荣宗、林庆苗：《民事诉讼法》（中），台湾三民书局 2006 年版，第 588 页。

②　判决更正乃指判决书有误写、误算或其他类此之显然错误，法院依当事人之申请或依职权以裁定之形式纠正这些错误之诉讼行为。判决更正之目的在于明确判决效力之范围，消除强制执行中因判决书误写、误算而可能产生的障碍。判决更正之对象乃判决中的显然错误，其特征有三，其一，法院已为判断之意思表示；其二，法院所为之意思与判决书所见者不相一致。其三，法院之意思与表示不一致，依该诉讼事件及判决应有之内容，法院或诉讼关系人均能一望而知。误写、误算乃显然错误之典型事例，即判决理由中已为判断，仅判断之结果未揭示于判决主文中亦属之。各国或地区民诉法一般皆设有判决更正制度。譬如，德国《民事诉讼法》第 319 条规定，判决有书写错误，计算错误及其他与此类似的显然错误时，法院能随时依职权裁定更正之。奥地利《民事诉讼法》第 419 条规定，宣告判决的法院，能随时更正判决或其正本中的书写错误、计算错误或其他的显然错误，正本与宣告的判决之间不同时亦同。日本《民事诉讼法》第 257 条规定，判决出现计算错误、误记及其他与此类似的显然错误时，法院依申请或依职权，随时以裁定更正之。我国台湾地区"民事诉讼法"第 232 条规定，判决如有误写、误算或其他类此之显然错误者，法院得依申请或依职权以裁定更正；其正文与原本不符者，亦同。依现行《民事诉讼法》第 154 条"裁定适用于下列范围：……（七）补正判决书中的笔误；……"之规定，我们差可推认判决更正在现行法上亦已确立。

为原告之诉全部有理由，但主文中仅列借款十万元而没有买卖价金三万元之记载，即属于判决需要更正之情形。① 日本广岛高等法院于 1963 年（昭和 38 年）7 月 4 日所作之裁判例，东京高等法院于1966 年（昭和 41 年）11 月 11 日所作之裁判例均认为，法院就当事人所提诉讼请求已于判决理由中进行判断，仅其判断结果未揭示于判决主文之场合，于判决更正可能之范围内，不构成判决之脱漏。② 值得注意的是，判决脱漏仅谓应于判决主文中予以判断之事项遗漏判断。受诉法院对于当事人为使诉讼请求有理由而提出的攻击防御方法之判断若有遗漏，仅为判断之遗脱，而非判决之脱漏。③ 此外，同时履行抗辩权的抗辩，虽为终局判决主文中应予以判断之事项，但由于其并非独立的请求，故受诉法院对其漏未判断也只不过构成判断之遗脱。④ 在日本，依其《民事诉讼法》第 338条第 1 款第 9 项之规定，判断遗脱属于判决之严重瑕疵，当事人可以之为再审事由提起再审之诉予以救济。

二、判决脱漏与一部判决之区别

如前文所述，判决脱漏意味着法院对单一诉讼请求之一部或数个合并审理的诉讼请求之一部漏未裁判。故就整个诉讼事件而言，因为判决之脱漏，受诉法院事实上仅作出了一部判决。惟判决脱漏与一部判决在本质上迥不相同，不可不辨。

（一）一部判决

在民事案件审理中，若当事人所提诉讼请求已达到能得出结论的状态，法院应迅速终结辩论，作出终局判决，无视当事人之利

---

① 参见陈荣宗、林庆苗：《民事诉讼法》（中），台湾三民书局 2006 年版，第 589 页。

② 参见 ［日］ 小室直人等：《新民事诉讼法（2）》，日本评论社 2003年版，第 270 页。

③ 参见 ［日］ 新堂幸司：《新民事诉讼法》（第 3 版补正版），弘文堂2005 年版，第 593 页。

④ 参见 ［日］ 小室直人等：《新民事诉讼法（2）》，日本评论社 2003年版，第 270 页。

益，续行无益的案件审理自为法所不许。因而，同一诉讼程序中审理的事件若全部已达可为裁判之程度时，法院应作出全部终局判决乃属当然。① 惟在复杂多歧的诉讼事件中，法院有意识地将其中一部与他部分离分别作出裁判，也即作出一部判决，不仅能简化诉讼之审理，促进审理之集中化，并且亦能使当事人早日获得确定判决从而使权利得到迅速救济。此在损害赔偿请求事件中尤具实益。因此，各国或地区民诉法殆皆规定了一部判决制度。譬如，德国《民事诉讼法》第 301 条规定，以一诉主张的复数请求中仅其中之一或一个请求的一部或提起反诉时仅本诉或反诉达终局判决程度之场合，法院须以终局判决（一部判决）为之。法院依事件状况认为作出一部判决不相当时，可不为此判决。奥地利《民事诉讼法》第 391 条规定，同一诉中主张的复数请求之一个或一个请求之一部，达终局裁判时，法院可以直接终结该请求或其一部之辩论，作出判决（一部判决）。反诉提起之场合，仅本诉或反诉达终局判决程度时，能为一部判决书，日本《民事诉讼法》第 243 条第 2 款规定，法院于诉讼的一部分已达裁判程度时，就该部分可作出终局判决。我国台湾地区"民事诉讼法"第 382 条规定，诉讼标的之一部或以一诉主张之数项标的，其一达于可为裁判之程度者，法院得为一部之终局判决；本诉与反诉达于可为裁判之程度者亦同。现行民诉法第 153 条"人民法院审理案件，其中一部分事实已经清楚，可以就该部分先行判决"之规定亦宣示了一部判决之意旨。但是，一部判决亦为终局判决，为独立的上诉对象，因而，在一部

---

① 德国《民事诉讼法》第 300 条规定，诉讼于达终局裁判程度时，法院必须作出判决裁判之。以同时辩论与裁判为目的并合的复数诉讼，仅其一已达终局判决程度时亦同。奥地利《民事诉讼法》第 390 条规定，依据实施的辩论及证据调查的结果，诉讼已达终局裁判时，法院须以判决宣告裁判。以同时辩论为目的而并合的复数诉讼仅其一已达裁判程度时，亦同。日本《民事诉讼法》第 243 条第 1 款规定，法院于诉讼已达裁判程度时，应作出终局判决。我国台湾地区"民事诉讼法"第 381 条规定，诉讼达于可为裁判之程度者，法院应为终局判决。命并合辩论之数宗诉讼，其一达于可为裁判之程度者，应先为终局判决。

判决之场合，同一事件将系属不同审级之法院，不仅可能带来诉讼资料利用上的不便与诉讼上的不经济，并且可能造成先期作出的一部判决与残部判决（法院为续行案件的审理所作之判决）于共通事实的认定上造成裁判矛盾。因此，即便法律上允许为一部判决之场合，若法院作出一部判决将使得一部判决与残部判决之间在内容上有生矛盾之虞时，一部判决亦不允许。例如，数个请求合并审理时，法律上虽允许法院就其中一部分作出一部判决，但是，即便单纯合并之场合，若各请求之间共通的事实为主要争点时，（所有权确认请求，基于所有权之物之交付请求、所有权移转登记请求合并审理即其适例）为防止判决矛盾，不许法院为一部判决。又如，反诉提起时，其与本诉合并审理乃属当然，但反诉或本诉之诉讼标的乃基于同一法律关系时，（本诉为基于所有权之移转登记请求，反诉为确认所有权不存在之请求即其适例）则不许法院为一部判决。此外，本诉与反诉之目的在于形成同一法律关系之场合，（例如离婚之本诉与离婚之反诉），也不许法院为一部判决，此乃基于避免裁判抵触之考量。①

（二）判决脱漏与一部判决之本质差异

根据前面的论述可以得知，判决脱漏与一部判决在表征上极为相似，二者均表现为受诉法院仅对当事人所提之数诉中的部分诉讼请求或诉讼请求之一部作出了判断。也即无论是判决之脱漏还是一部判决，均未能使整个诉讼事件全部完结。惟二者存在本质上之差异，在一部判决，其本质乃受诉法院有意于当事人所提一项或数项诉讼请求中选择已达可为终局判决程度之诉讼请求或其部分先为判决，而余下之诉讼请求或其部分则俟时机成熟时再为判决，目的在于使案件审理单纯化，使当事人权利早日获得救济或者避免勉强为合并审理而导致整个诉讼程序之混乱与延滞。而在判决脱漏，其乃受诉法院主观上误以为已就当事人所提诉讼请求全部作出判断或基于疏忽导致判决主文、事实与理由记载不完整所由生。正是由于一

---

①　参见［日］上田澈一郎：《民事诉讼法》（第四版），法学书院 2004年版，第 441 页。

部判决，乃受诉法院有意识选择为之的结果，因而，在判决文本中，必然记载有足以昭示其仅为一部判决之话语以示诸当事人双方。而在判决脱漏，因其乃法院无意识为之的结果，故显无此等话语之记载。

三、判决脱漏应有之救济途径

（一）判决脱漏不应经由再审程序予以救济

依现行《民事诉讼法》第 200 条第 1 款第 9 项之规定，判决脱漏后，当事人可以之为再审事由向法院提起再审。据此可知，在现行法，对判决脱漏乃是经由再审程序予以救济。惟细细究之，便可窥见，此种处理方式显然与再审之诉讼法理不合。从诉讼理论上讲，再审乃指于确定的终局判决（至于为全部判决还是一部判决则在所不问）享有撤销利益的当事人，以胜诉的当事人为相对人向作出判决的法院或其上级法院请求撤销原确定判决并就诉讼事件再次审理的救济方法。再审乃以确定的终局判决为对象，基于对确定判决处理争讼结果的尊重（法的安定性要求），能够引起再审的事由应当仅限于原确定判决之作出存在重大的程序瑕疵或作为判决基础的诉讼资料存在显著的错误，以致无论是从当事人权利保障之视角还是从裁判信赖这一视角均不应承认确定判决之既判力的这类情形（德国《民事诉讼法》第 579、580、581 条、奥地利《民事诉讼法》第 529、530 条、日本《民事诉讼法》第 338 条、我国台湾地区"民事诉讼法"第 496 条可资参照）。而判决脱漏显然不属于此情形。另外，作为例外的，非常救济方法，再审程序欲合法启动，以下两个条件必须同时具备。其一，原审确定判决存在；其二，再审申请人对该确定判决之既判力存在不服的利益。原审确定判决不存在，当事人之再审申请即因缺乏客体或对象而不能合法成立，再审程序便无由启动。同理，当事人若对于原审确定判决未受有不利益；其再审申请便因欠缺撤销原审判决之利益亦不构成合法之再审申请。不言而喻，原审法院既然遗漏了当事人所提之诉讼请求或其一部未作出判决，适足表明就该特定诉讼请求或其一部而言，受诉法院并无判断之意思表示存在。尽管就整个诉讼事件而言，受诉法院制作出了一份判决文书，但该判决文书乃受诉法院对当事人所提他项诉讼请求或其他部分所为判断之记载，并不及于所遗漏之诉讼请求或遗漏之部分。衡诸判决乃受诉法院对当事人所提诉讼请求所作判断之意思表示这一法理，自可认就该遗漏之诉讼请求或遗漏之部分，受诉法院并无判决存在。① 准此而言，当事人于判决脱漏时申请再审实因欠缺合法之再审对之客体或对象而无据可依。故修正后的《民事诉讼法》第 200 条所设藉当事人申请再审而依再审程序对判决脱漏予以救济之途径乃乖背诉讼法理之举，失之允当自不待烦言。

（二）追加判决乃判决脱漏应有之救济途径

其实，对判决脱漏予以救济之途径应从判决脱漏本身性质上去寻找。一如前文所析，判决脱漏，仅意味着受诉法院应判决之事项未尽。就该遗漏判断的诉讼请求或其一部所依附之诉而言，由于已合法成立，故其仍系属于受诉法院而未消灭。基于"法院不得拒绝裁判"之规制，受诉法院对该脱漏之诉讼请求或其一部任负有作出终局判决之义务。故判决脱漏后，唯一的合理救济途径应为受诉法院对该脱漏之诉讼请求或其一部作出追加判决。该追加判决与先前所作判决共同构成整个诉讼事件之判决。从域外民诉立法的规定来看，将追加判决作为判决脱漏之救济方式乃为通例。譬如，德国《民事诉讼法》第 321 条第 1 款规定，当事人基于最初提出的或者事后更正的法律要件事实而主张的主请求或者附带请求，或者费用问题，于终局判决之际，其全部或一部脱漏时，依申请必须追加裁判补充原判决。奥地利《民事诉讼法》第 423 条规定，应裁判之请求忽略之场合，或当事人关于请求诉讼费用偿还未为裁判，或不完全裁判时，基判决，必须依追加的判决予以补充。日本

---

① 诉之追加、反诉之提起、辩论的合并、共同诉讼、诉之客观的合并等于一个诉讼程序中，数个诉讼请求同时审理之场合，法院乃以一个判决书对数诉讼请求作出判决，故从外观上看，仅一个判决存在，但从诉讼请求之个数来看，实乃数个判决。在必要的共同诉讼，因诉讼标的须合一确定，故仅一个判决存在，是为例外。

《民事诉讼法》第 258 条第 1 款规定，法院关于请求之一部脱漏裁判时，关于其请求部分仍系属于法院。我国台湾地区"民事诉讼法"第 233 条规定，诉讼标的之一部或诉讼费用，裁判有脱漏者，法院应依申请或依职权以判决补充之。

从性质上讲，追加判决与先前所作之判决乃个别独立之终局判决，故法院不能于追加判决中变更前判决之判断内容，前判决与追加判决亦乃个别之上诉对象，其上诉期间单独进行。尽管如此，当事人对追加判决与前判决单独提起上诉后，案件系属于上诉审时，上诉法院将两者合并审理亦不失为便宜之举。又追加判决与一部判决场合之残部判决几具同一特质，故对于不允许法院作出一部判决之诉讼事件，法院判决有脱漏时，该判决乃有瑕疵之判决，不允许法院以追加判决之形式对其予以救济，仅可经由上诉程序由上级法院予以撤销。此种情形下，整个诉讼事件皆应移审于上诉法院而由上诉法院作统一之判断。日本最高法院于昭和 43 年 4 月 12 日所作之判例即指出，必要的共同诉讼等诉讼标的必须合一确定之诉讼事件，法院应为全部终局判决，若仅一部判决之场合，不构成判决之脱漏，属于违法的全部判决。①

四、追加判决之适用

（一）追加判决之作出

判决脱漏后，固应由作出前判决的法院就脱漏部分作出追加判决，惟受诉法院须依当事人申请方可作出追加判决抑或或依职权主动作出追加判决，各国或地区立法并不同一。依德国《民事诉讼法》第 321 条第 1 款及奥地利《民事诉讼法》第 423 条第 1 款之规定，在德国及奥地利，判决脱漏后，受诉法院皆不允许依职权主动作出追加判决，须依当事人申请方可为之。德国《民事诉讼法》第 321 条第 2 款及奥地利《民事诉讼法》第 423 条第 2 款规定，当事人之追加判决申请应于原判决送达后两周内以书状为之。我国台

---

① ［日］小室直人等：《新民事诉讼法（2）》，日本评论社 2003 年版，第 270 页。

湾地区"民事诉讼法"于 2003 年 2 月 7 日修正前从德国、奥地利之立法例，认受诉法院须依当事人之声请始可作出追加判决。该"法"第 233 条第 1 款规定，诉讼标的之一部或诉讼费用，裁判有脱漏者，法院应依声请以判决补充之。同条第 2 款规定，声请补充判决应于判决送达后二十日之不变期间为之。在日本，依其《民事诉讼法》第 258 条第 1 款之规定，可以推知，判决脱漏后，受诉法院应依职权作出追加判决，当事人固可向法院申请追加判决，但此申请仅具有促使法院依职权作出追加判决之意义，并不具有声明之性质。① 因此，法院对于当事人追加判决之申请是否有理由无庸作出裁判。我国台湾地区"民事诉讼法"于 2003 年 2 月 7 日修正后改依日本立法例，其第 233 条规定法院可依职权或依当事人申请作出追加判决。不过，与日本立法不同的是，在我国台湾地区民事诉讼中，当事人追加判决之申请具有声明之性质，故受诉法院应对当事人之申请是否有理由作出裁判。基于前述之诉讼法理，笔者认为，在判决之脱漏，由于漏未判断之诉讼请求或其一部之诉讼系属尚未消灭，受诉法院对其仍负有作出终局判决之义务。故受诉法院发现判决脱漏后应依职权主动作出追加判决而无待当事人之申请。当然，当事人若先于受诉法院察觉判决有脱漏情形自可向受诉法院申请追加判决。当事人若不申请追加判决，而是向原法院起诉，也应以申请追加判决论（我国台湾地区"民事诉讼法"第 233 条，"当事人就脱漏部分声明不服者，以声请补充判决论"之规定可资参照）。

（二）追加判决之程序

受诉法院依当事人之申请或依职权应如何作出追加判决，根据域外民诉法之规定，乃分以下两种情形定之：（1）脱漏之诉讼请求或其一部诉讼请求或其一部在先前之庭审中已经过了双方当事人之间的言词辩论，并且已达可为裁判之程度，受诉法院应立即作出追加判决，而无须重开言词辩论。当然，基于民事审判中的直接原

---

① ［日］小室直人等：《新民事诉讼法（2）》，日本评论社 2003 年版，第 270 页。

则之要求，作出追加判决之法官与原参加言词辩论之法官应为同一主体。若原参加言词辩论之法官由于种种缘故不能参加追加判决之作出，则更替之法官应命双方当事人就遗漏之诉讼请求或其一部重新进行言词辩论，并在此基础上作出追加判决。（2）脱漏之诉讼请求或其一部未经言词辩论终结时，受诉法院应确定言词辩论期日，就脱漏部分进行证据调查并命双方当事人进行辩论并在此基础上作出追加判决。譬如，德国《民事诉讼法》第 321 条第 3 款规定，对追加判决之申请，应定言词辩论期日。对对方当事人期日之传唤于送达书面申请时一同为之。同条第 4 款规定，辩论以诉讼尚未完结的部分为对象。奥地利《民事诉讼法》第 423 条第 3 款前段规定，法院于认为必要时，经由言词辩论作出（追加）裁判。此项辩论，应限于未解决之部分。我国台湾地区"民事诉讼法"第 233 条第 3 款规定，脱漏之部分已经辩论终结者，应即为判决；未终结者，审判长应速定言词辩论期日。作出追加判决之法官，既须参与言词辩论，自不以作出前判决之法官为限。① 受诉法院所作之追加判决亦为终局判决，当事人若有不服，自得单独提出上诉声明不服。因法院须依本案裁判之结果而定诉讼费用之负担，故追加判决为诉讼费用负担之裁判时，当事人不得单独对其声明不服而须随同本案判决一同上诉。②

---

① 从域外立法关于追加判决之适用程序来看，经由追加判决对判决脱漏予以救济远较现行《民事诉讼法》所规定的经由再审程序对判决脱漏予以救济简便，因此，即使撇开现行法第 179 条第 1 款第 12 项之规定有违诉讼法理不谈，仅从技术层面上而言，依再审程序解决判决之脱漏亦远非便宜之举。

② 日本《民事诉讼法》第 258 条第 2 款之规定，法院脱漏诉讼费用负担的裁判时，法院依当事人之申请或依职权以裁定形式对诉讼费用之负担裁判。同条第 3 款规定，对于此项裁定，可以即时抗告。此项立法乃日本《民事诉讼法》所独有之规定，为德国、奥地利及我国台湾地区民事诉讼法所无。在后者，关于诉讼费用之追加裁判与关于诉讼标的之追加裁判相同，皆采取判决之形式，且不能单独声明不服。尽管日本《民事诉讼法》允许当事人对诉讼费用之追加裁定提起即时抗告，但其第 258 条第 4 款同时规定，当事人对本案判决若提起合法之上诉，关于诉讼费用负担所作之裁判失其效力。此种场合，由上诉法院就诉讼的总费用作出负担之裁判。

五、结语

当事人所提之诉一旦合法成立，受诉法院即负有就诉讼事件作出全部终局判决之义务。受诉法院因为疏忽无意识地仅就其一部作出判决，便构成了判决脱漏。在判决脱漏，未受法院判断之诉讼请求或其一部尚系属于受诉法院，受诉法院仍负有对其作出终局判决之义务。因此，判决脱漏后，受诉法院应依职权或依当事人之申请就脱漏部分作出终局判决，此乃判决脱漏应有之救济途径。修正后的《民事诉讼法》第 200 条第 1 款第 11 项将判决脱漏规定为当事人申请再审的事由显失允当。

第三节　程序违法与发回重审

在民事诉讼中，发回重审乃是上诉法院针对一审法院所作判决的处置手段之一。发回重审之目的在于消解原审判决中的重大程序瑕疵，维护当事人的合法权益，提升裁判的正当性。根据 2012 年修改的《民事诉讼法》第 170 条的规定，在我国民事诉讼中，上诉法院只有在以下两种情况下可以将案件发回重审：其一，原判决认定基本事实不清；其二，原判决严重违反法定程序。2007 年修改的《民事诉讼法》第 153 条所规定的原判决认定事实错误与违反法定程序可能影响案件正确判决的不再是发回重审的事由。此次修改虽因限缩了发回重审事由的范围而有其合理性，但在笔者看来，其仍存在失当而亟需进一步完善之处，根本的缘由在于未能正确地厘定程序违法与发回重审的关系。

一、程序违法与发回重审的关系

从一般意义上讲，所谓程序违法，是指程序主体违反了法律规定的程序要件的行为，包含所有不符合程序法规定的条件、过程的取证、庭审和裁判运作行为。在民事诉讼中，根据违反的规范之不同，程序违法大体可分为两种类型：第一，对民事诉讼法所规定的基本原则与基本制度的违反，如法院应当公开审理而没有公开审理，应回避的法官未回避而参与案件审理等；第二，对民事诉讼法所规定的具体诉讼程序的违反，如法院未按法庭调查的顺序进行证据调查，又如法庭无正当理由，允许一方当事人宣读证人在法庭之外所作的书面的证言等。在民事诉讼中，受诉法院未遵守法定程序作出裁判，不仅侵蚀了当事人的诉讼权利，也影响到裁判结果的正确性，更是动摇了审判程序的正当性。

发回重审是针对一审程序违法的处置手段之一，所谓发回重审，顾名思义，即是指上诉审法院对于一审法院违反法定诉讼程序的审判活动所采取的撤销原审判决，将案件发回原审法院重新审理的制度。在一审法院判决违反法定程序的情况下，之所以发回重审而不是由二审法院直接改判，目的在于保护当事人诉讼权利，尤其是当事人的审级利益。毋庸讳言，一审法院违反法定程序审理案件，往往就意味着当事人的诉讼权利受到了侵犯。例如，法院违反回避制度，将会使当事人无法获得中立的司法机构之公正审判；违法缺席判决，将剥夺当事人参与审判活动的诉讼权利；而违法限制当事人的辩论权，则必将剥夺当事人对裁判过程的形成权等等，不一而足。① 从理论上讲，几乎所有的诉讼程序的设计都有特定的价值实现之考量。这种价值的核心就是公正的审判和程序的正义。法院违反诉讼程序进行审判，最终都将损害当事人获得公正审判的权利。我国实行两审终审制度，对于当事人而言，无论原告还是被告都享有经由上下两级法院的公正审判以解决彼此间民事纠纷的审级利益。在原审法院严重违反审判程序的情况下，不仅诉讼程序的内在正当性受到了破坏，当事人的诉讼利益也受到重大损害，若不发回重审而由上诉法院自行纠正，当事人形式上虽然受到两级法院审判，但其本来所享有的由两级法院予以公正审判的审级利益就受到了侵蚀，因为其实质上只经过了一次公正审判。② 此外，很多违反

---

① 参见［德］克劳斯·罗科信：《刑事诉讼法》，吴丽琪译，法律出版社 2003 年版，第 533 页。

② 参见占善刚、熊洋：《关于二审程序中诉之追加问题的思考》，载《甘肃政法学院学报》2007 年第 3 期。

法律程序的行为在侵犯了当事人诉讼权利的同时，也违反了法律的基本准则，甚至破坏了法律所要维护的公共利益。如法院对于应当公开审判的案件没有公开审判，不仅剥夺了当事人获得公正审判的权利，而且违反了作为宪法原则的公开审判原则；又如法院对某一案件应当组成合议庭来从事审判，却指定一名法官独任审判，不仅剥夺了当事人获得公正审判的机会，也违反了法院组织法所确立的审判组织制度。因此，在世界大部分国家和地区的民事诉讼法中，一审法院的程序违法，大体皆被规定为发回重审的事由。上诉审法院通过发回重审否定原审判决的理由通常不是原审判决缺乏充足的事实基础或者令人信服的实体法律依据，而是一审法院在判决形成过程中由于违反法定程序而破坏了公正审判原则。

从比较法上考察，域外的国家和地区在程序违法的规制上，基本上采取"程序错误与程序后果相适应的原则"。也即对于侵害当事人诉讼权利，破坏公正审判原则的严重程序违法行为，推定其必然导致判决存在错误而发回重审。而对于一般的程序违法行为，则须进一步考察其与判决结果有无因果关系而决定是否发回重审。如在美国，对于违反基本诉讼原则的行为，联邦最高法院直接将其列为上诉审法院自动撤销原判的根据。而对于初审法院一般的程序违法行为，必须考虑案件的具体情况，以"无害错误原则"为导向，在对不同的利益进行权衡后，作出选择，以避免耗费成本却不产生收益的发回重审。① 大陆法系国家如德国虽没有像美国那样以无害错误原则为依据决定是否发回重审，仍是将程序瑕疵的程度作为是

---

① 1919 年，美国国会制定《司法法典》，首次要求联邦上诉法院适用无害错误规则，无需考虑那些无损当事人"重要权利"的审判错误。美国联邦最高法院则于 1946 年在 Kotteakos v. UnitedStates 案件中首次认可无害错误规则，并且于 1967 年在 Chapman v. California 案件中将无害错误规则适用于宪法性错误。在 Johnson v. UnitedStates 案件中，联邦最高法院认定有六种错误是所谓的结构缺陷性错误：完全剥夺被告人的律师辩护权；审判法官丧失中立；非法地将与被告人同种族的人排除于大陪审团之外；侵犯被告人在庭审时自我代理的权利；侵犯被告人接受公开审判的权利；对排除合理怀疑标准，法官向陪审团错误地作出指示。

否发回重审的依据①；在日本的司法实践中，"发回重审一般适用于控诉审考虑到当事人的审级利益并认为由一审进行审理较为合适的情形"。② 在我国台湾地区发回重审也必须将"程序违背与第一审判决内容有因果关系"作为发回重审的条件。③

二、《民事诉讼法》第 170 条发回重审事由之评析

在我国现行《民事诉讼法》中，程序违法也是发回重审的事由之一。修改前的《民事诉讼法》第 153 条规定："（三）原判决认定事实错误，或者原判决认定事实不清，证据不足，裁定撤销原判决，发回原审人民法院重审，或者查清事实后改判；（四）原判决违反法定程序，可能影响案件正确判决的，裁定撤销原判决，发回原审人民法院撤销。"2012 年修改后的《民事诉讼法》将原来的第 153 条改为第 170 条，将"原判决认定事实错误，裁定撤销原判决，发回原审法院重审或查清事实后改判"修改为"原判决、裁定认定事实错误……，以判决、裁定方式依法改判、撤销或者变更"，将"原判决认定事实不清，证据不足，裁定撤销原判决，发回原审人民法院重审，或者查清事实后改判"修改为"原判决认定基本事实不清的，裁定撤销原判决，发回原审人民法院重审，或者查清事实后改判"。将"原判决违反法定程序，可能影响案件正确判决的，裁定撤销原判决，发回原审人民法院重审"修改为"原判决遗漏当事人或者违法缺席判决等严重违反法定程序的，裁定撤销原判决，发回原审人民法院重审"。不难看出，立法者对发回重审事由的种种修订，旨在限定须发回重审的违反法定程序的情

---

① 德国《民事诉讼法》第 539 条规定："第一审的诉讼程序有重大欠缺时，控诉法院可以将判决与有欠缺的部分程序予以撤销，将案件发回第一审法院。"

② 日本《民事诉讼法》第 308 条规定："控诉法院应当将案件发回第一审法院。但是，对案件没有必要重新辩论则不在此限。"

③ 我国台湾地区"民事诉讼法"第 451 条规定："第一审之诉讼程序有重大瑕疵者，第二审法院得废弃原判决，而将该事件发回原审法院，但以因维持审级制度认为必要时为限。"

形，限缩法官自由裁量的空间，减轻当事人的诉讼负累。① 然作进一步推究，笔者认为第 170 条关于发回重审事由的规定仍有诸多失范之处，主要表现为三个方面：

（一）将"原判决认定基本事实不清"作为发回重审事由有悖于证明责任理论

诉讼程序是司法机关在当事人和其他诉讼参与人的参与下，按照一定的顺序、方式和手续做出裁判的过程。其运作的目的在于准确认定事实、正确适用法律，对案件作出正确的裁决——解决民事纠纷。② 严格遵守程序往往具有保障实体裁判的功能，也即在大多数的情况下，遵守了诉讼程序的要求，往往能够避免事实认定出现错误。通常来讲，原判决认定基本事实不清可能由两方面原因所导致：其一，原审法院违反法定诉讼程序，该运行的程序没有运行，该遵守的原则没有遵守，因此导致案件事实没有认定清楚；其二，囿于认知能力的限制，原审法院依据法定程序，穷尽审理手段，依据双方当事人提供的证据仍然未能认清基本事实。就第一种情形而言，笔者认为，由于"原判决认定基本事实不清"乃是由原审法院未遵守法定程序导致，此种情形下被发回重审表面上是由于"原判决认定基本事实不清"本质上仍是基于程序违法，因此，"原判决认定基本事实不清"并不能单独作为发回重审的事由。就第二种情形而言，笔者认为将"认定基本事实不清"的案件发回原审法院重审则明显有悖于民事诉讼证明责任理论，缺乏正当性。根据证明责任原理，在民事诉讼中，待证事实在审理结束时若仍处于真伪不明的状态，应由对该事实负证明责任的当事人承担不利后果。因此，上诉审法院在原审判决"认定基本事实不清"的情况下，理应自行审理，审理后仍无法认定的，应当依据证明责任进行裁判，而不是发回重审。综上，笔者认为将"认定基本事实不清"

---

① 全国人大常委会法制工作委员会民法室：《中华人民共和国民事诉讼法条文说明、立法理由及相关规定》，北京大学出版社 2012 年版，第 284 页。

② 参见廖永安、黎藜：《论民事诉讼法与民事实体法的关系—以消费者权益保护诉讼为考察对象》，载《北方法学》2008 年第 1 期。

作为发回重审的事由缺乏法理依据。

（二）民事诉讼法对于一般程序违法行为应当如何处理没有规定

依据现行《民事诉讼法》第 170 条之规定，发回重审仅限于严重违反法定程序的情形。对于其他的严重程度稍低，可能影响当事人辩论权，损害当事人审级利益的违反法定程序的行为应当如何处理，立法却付之阙如。这种制度设计必然使得当事人在遭受一般程序违法行为的侵害时无法获得救济。依据现代法治理论，当事人有权获得法院公正的裁判，这既包括实体上的公正，也包括程序上的公正。当事人所获得的裁判若没有体现实体上和程序上的公正时，该裁判即欠缺正当性，因为实体法与程序法规范本身的规范的统合确定了判决的正当性，所以当原审裁判没有体现程序上的公正可能影响实体上的公正时，其效力应予以否认。① 因此，对于可能影响当事人利益的一般程序违法行为，法院也应当给予当事人救济的途径。

（三）现行《民事诉讼法》对发回重审程序事由的规定极具不确定性

《民事诉讼法》第 170 条规定："原判决遗漏当事人或者违法缺席判决等严重违反法定程序的，裁定撤销原判决，发回原审人民法院重审。"从立法技术上讲，这是一项例示性规范，即"原判决遗漏当事人"和"违法缺席判决"仅构成了"严重违反法定程序"之具体形态。"严重违反法定程序"的行为除"原判决遗漏当事人"和"违法缺席判决"外还包括其他的与前两类违法行为性质相当的程序违法行为。对于哪些行为可以被法官评价为"严重违反法定程序的行为"仍然需要法官根据案件的具体情形作出自己的判断。因此，相较于修改前的《民事诉讼法》第 153 条所规定的"原判决违反法定程序，可能影响案件正确判决"，"严重违反法定程序"仍是不确定概念，其结果，立法所作的关于因程序违

---

① 参见 ［日］上村明广：《再审事由》//石川明、高桥宏志：《注释民事诉讼法（9）》，有斐阁 1996 年版，第 18 页。

法而发回重审事由的修改，仅导致法官在"可能影响案件公正判决"判断上的自由裁量权转移到对"严重违反法定程序"的判断上。这种修改完全无法起到限制法官恣意的目的。

三、导致发回重审的程序违法事由之应然设计

为求民诉法立法所规定的因程序违法而发回重审的事由具有内在正当性且便于法官作出正确的判断，笔者认为，理应遵循下面的思路来规定发回重审的事由：

（一）明确列举绝对的导致发回重审的程序违法事由

所谓绝对的发回重审程序违法事由，是指上诉审法院毋须对违法行为的性质及其影响作出进一步的判断，直接据此作出撤销原判、发回重审裁定的事由。在发回重审制度中设置"绝对的发回重审事由"，对于有效地抑制下级法院的程序错误、维护程序公正是极为必要的。因为法院的审判过程一旦违反了程序正义的基本原则，不论其是否产生了不公正、不可靠的裁判结果，都将对公正的审判造成消极的影响，为案件的审理带来一种诉讼程序上的非正义，这就意味着这种违反程序正义的审判程序既不具有公正性，也不具有合法性和正当性，从而无法为人们所普遍接受。因此，笔者认为，足以构成绝对发回重审事由的程序违法可以分为以下几类：

1. 当事人未能有效参与诉讼。受裁判结果直接影响的人应有充分的机会有效地参与到裁判的制作过程中来，从而对裁判结果的形成施加积极的影响，这是程序公正的实质要求。美国学者贝勒斯指出："一个人在对自己利益有着影响的判决制作以前，如果不能向法庭提出自己的主张和证据，不能与其他各方及法官展开有意义的辩论、证明和说服等，就会产生强烈的不公正感，这种感觉源于他的权益受到了裁判者的忽视，他的道德主体地位遭受了法官的否定，他的人格遭到了贬损。"[①] 为此，笔者认为，当事人未能有效参与诉讼应包括以下四种情形：第一，遗漏必须参加诉讼的当事人

---

① 陈瑞华：《刑事审判原理论》，北京大学出版社 1997 年版，第 63 页。

的；第二，当事人未经合法代理的；第三，当事人未经合法传唤而作出缺席判决的；第四，应当公开审理而未公开审理的。

2. 裁判组织不合法。如果要公正迅速地解决当事人之间的纠纷，就必须保证纠纷得到公正的审判。而公正审判的重要前提是由合法、适格的法官居中进行裁判。由不合法的裁判组织作出判决必然会动摇社会民众对公正司法的信赖进而会削弱司法制度的根基。因此，裁判组织不合法应当作为发回重审的事由，具体包括两种情形：第一，原审法院违反了法定的回避制度。法官中立原则是现代诉讼程序的基本原则，是"程序正义的基础"，回避制度为法官保持中立、平等对待双方当事人提供了制度上的保障。法官违反了回避制度，无异于一个不具有审判资格的法官充当了案件的裁判者，其所作的裁判自然也就不具有正当性。第二，合议庭在组成上违反法律的规定。违法组成的法庭根本不具备审判的资格，它所进行的审判活动也就属于违法的审判，其所作的裁判自然也就不具有法律效力。

（二）增加规定相对的发回重审程序违法事由

所谓相对的发回重审程序违法事由，是指违反了法定的具体操作规范，上诉审法院可根据案件具体情况，斟酌是否裁定发回重审的事由。与绝对的发回重审事由的程序违法相比，相对的发回重审事由的程序违法性相对较弱。其并未构成对民诉法基本原则、基本制度的违反，仅是对诉讼技术规范的违反，如法院违反审限规定，未采取有效方式送达，该当庭宣判的未当庭宣判等。这种程序违法行为固然影响当事人的诉讼利益，但笔者认为，其如果构成相对的发回重审事由，应同时符合以下两个方面的要求：

1. 程序违法与原审判决有因果关系。对于一般程序违法的上诉案件，上诉审法院在作出发回重审的裁定时，必须考虑原审法院的审判程序错误与原审判决之间的关系。只有在这种程序违法行为已经达到可能影响原审判决结果的程度时，上诉审法院才有必要作出撤销原判的裁决。如果上诉法院认为程序违法行为不影响结果，则有权维持原判。因为实现诉讼程序正义无论包括多少价值层次，最终都要归结到对结果公正性的保障上，程序的正义总是被与通过程序而达到的结果正义联系起来考虑。① 上诉审法院只有在认为原审法院假如不存在有关程序违法行为就不会作出原审判决的时候，才可以将这种受到程序违法行为直接影响的原审判决加以撤销，发回重审。反之，假如原审法院的某一程序违法行为不会对原审判决结果产生任何直接的影响，上诉法院即不能撤销原判决。无论是美国的无害错误原则，英国上诉法院的判决可靠性原则，还是德国的相对第三审上诉理由规则，都奉行了这一理念：原审法院的程序违法行为只有在达到足以影响判决结果公正性时，才可以成为上诉审法院发回重审的充分条件。另外，也应当指出，在民事诉讼中，有些程序乃是专为当事人的利益而设的，依诉讼法理，法院没有遵守的瑕疵可因当事人不进行责问而治愈。之所以承认放弃责问权不得再对抗有瑕疵的诉讼行为，其目的在于维护程序的安定。②

2. 以维持审级制度为必要。第一审诉讼程序即使存在程序违法行为，可能影响案件正确判决，上诉审法院也要斟酌审级制度之本旨，只有在认为如果不发回重审，就会剥夺当事人审级利益的情况下才可以发回重审。这是因为，发回重审作为一种权利救济制度，其具有自身难以克服的缺陷和局限：发回重审并不是对程序违法的实施者加以惩罚，它们所影响的恰恰是没有实施违法行为的当事人的利益；发回重审不仅没有使违法者个人受到惩罚，却在客观上使那些没有实施任何违法行为的个人和机构受到利益损害，这显然是不公平的，因为当事人对程序违法的事实不具有非难可能性。另外因为初审法官违反法律程序，案件的原审判决被上级法院撤销，所有业已进行完毕的审判程序也宣告无效，法院为审判所投入

---

① 参见［日］谷口安平：《程序正义与诉讼》，刘荣军译，中国政法大学出版社 1996 年版，第 2 页。

② 日本《民事诉讼法》第 141 条规定："当事人对于违反诉讼程序有关规定在知悉或可能明知的情况下，没有立即陈述异议时，丧失对此进行陈述的权利。对不得不放弃的权利，不在此限。"

的司法资源和诉讼成本没有取得任何积极的收益。正是因为发回重审这种自身缺陷，所以应当严格限制发回重审的适用范围，做到只有在必须发回重审才能保护当事人审级利益的情形下才能适用发回重审。

第七章　民事诉讼运行中的附随程序

第一节　期间的法律规制与不变期间

期间谓民事诉讼主体，尤其双方当事人为实施诉讼行为所应遵守的期限。迟延期间往往对诉讼主体产生不利益。故期间制度设计之良窳不仅攸关民事诉讼程序能否得以顺畅进行，更是关乎当事人双方之诉讼利益能否得到妥适保护。依诉讼法理，笔者认为，民事诉讼法关于期间制度之规范，颇失允洽，尤以在途期间、申请执行期间、不变期间等三者为著。

一、关于在途期间

从诉讼理论上讲，当事人为诉讼行为以其向受诉法院实施为常。审判实践中，由于当事人的住居地与法院所在地距离远近不同，当事人为实施某一特定的诉讼行为奔赴受诉法院之路途上时间则亦长短不一。设若当事人不在受诉法院所在地居住，其向受诉法院为诉讼行为必也较在受诉法院所在地居住之当事人更耗费时日。是故若将当事人为实施某特定诉讼行为而耗费在路途上的时间亦计算在期间之内，不仅在客观上易致该当事人为诉讼行为应遵守之期间大大缩水，而蒙生不测之利益，且致使不同当事人所享受的期间利益因住所地距法院所在地路程不一而有大小之差别从而与当事人平等原则有悖。为杜绝此弊，大陆法系国家或地区民诉法例将在途期间摒除在当事人所实施的诉讼行为期间之外。譬如日本《民事诉讼法》第 96 条第 2 款规定："对于不变期间，法院可以为住所或居所在远距离地的人而规定附加期间。"又如我国台湾地区"民事诉讼法"第 162 条规定："当事人不在法院所在地居住者,计算法定期间,应扣除其在途之期间。"现行《民事诉讼法》第 82 条第 4 款"期间不包括在途时间"之规定亦本诸此旨而设。

在解释上,期间不包括在途时间①实则为受诉法院应于法定期间外,附加在途时间之谓。当然,附加在途期间仅限于法定期间,盖法院于指定当事人为某一诉讼行为应遵守之期间时,本应依具体情形定之,在途时间当然亦在其斟酌之列,故法院指定期间实应囊括了在途时间,而无另行扣除之必要。《民事诉讼法》第 82 条虽未明定期间不包括在途时间仅适用于法定期间,但从理论上作此解释应无疑义。

细究《民事诉讼法》第 82 条:"期间不包括在途时间,诉讼文书在期满前交邮的,不算过期。"之规定,我们似不难发现,在逻辑上"期间不包括在途时间"的规范实乃"诉讼文书在期满前交邮的,不算过期"的原因规范。从该条文关于前后两个规范之间用逗号而非句号的立法安排来看,"期间不包括在途时间"毋宁认为乃专为后一规范而设,并不具有独立适用之意义。也即"诉讼文书在期满前交邮的,不算过期"这一话语既非"期间不包括在途时间"之列举规定,更非其例示规定,而是从前者推衍出来的具有递进关系的结果规范。依"明定其一,排除其他"之立法原理,《民事诉讼法》第 82 条第 4 款所真正蕴含的价值预设乃是:当事人若以书面的方式实施某一诉讼行为,只要其在法定期间届满前一日将该诉讼文书交邮,纵然受诉法院收到该诉讼文书时,期间已经届满,该诉讼行为亦被认为是在期间内所为而有效力。反之,当事人若非经由邮局送交诉讼文书,而是直接向受诉法院递交诉讼文书,当事人是否耽误了该法定期间便以受诉法院接到诉讼文书之是否在期间之内为判断基准,与该当事人启程赴受诉法院之日是否

---

① 在途时间,从性质上讲,属于非行为期间即中间期间,同《民事诉讼法》第 84 条规定的 60 日的公告送达期间属于一类。

尚在期间之内无涉。审判实践中的操作无一不循此而为。

　　显而易见的是，立法作如此安排，不仅有悖诉讼法理，也严重扭曲了在途期间之设立意旨。从诉讼法理上讲，当事人所为之诉讼行为皆以受诉法院为相对人，诉讼行为之生效向以当事人之意思表示到达法院为准，如原告起诉，须法院接到起诉状始生起诉之效果，他如上诉，申请再审莫不以当事人之意思表达到达法院始生上诉，申请再审之效果。诚如台湾学者曹伟修先生所言："所谓诉讼行为，系指在法院为之，当事人在家中或在他处所所为之准备行为，当然不能认为已为诉讼行为。当事人上诉书状到达法院，即应以是日为上诉书状提出于法院之期日，其何时付托邮局代送书状，自可不问。"① 故而"当事人不得以上诉期间最后一日，将上诉状交邮，即谓其已遵守上诉之不变期间"。② 而《民事诉讼法》第82条第4款"诉讼文书在期满前交邮的，不算过期"之规定适足表明其就诉讼行为之生效采取的是发信主义，殊违诉讼法理。退一步讲，即便承认诉讼行为之生效可采发信主义，当事人决定为诉讼之时即承认其产生相应的效力，合乎逻辑的结论应是：当事人只要在法定期间内开始实施某一诉讼行为，便可谓当事人已遵守了该期间。诉讼文书是当事人经由邮局送交抑或委托代理人递交甚至本人亲自递交至受诉法院，应无分别，果尔，在法定期间届满前一日，当事人奔赴法院为相应之诉讼行为，即便到达法院已过期间亦不能称之为期间已经耽误。循此而言，现行《民事诉讼法》仅承认"诉讼文书在期满前交邮的，不算过期"之规定亦无立足之据。一言以蔽之，该项规范使得在途期间之适用范围严重缩减甚至被虚化，未能在审判实践中发挥其应有之功能，客观上使得居住在法院所在地之外的当事人之期间利益未能得到应有之保障。故"诉讼

---

　　①　曹伟修：《最新民事诉讼法释论》（上册），金山图书公司1978年版，第471页。

　　②　陈计男：《民事诉讼法论》（上册），三民书局2002年修订二版，第298页。

文书在期满前交邮的，不算过期"这一规范于立法修改时应予以废除，以全面彰显在途期间之功用。当然，在途期间仅为未居住在法院所在地之当事人为诉讼行为而设，对于与受诉法院在同一所在地之当事人为诉讼行为并不适用。①

另外，由于诉讼代理人所为之诉讼行为乃以当事人本人名义而为，与本人之诉讼行为具有同一效力，故当事人有诉讼代理人，诉讼代理人居住在受诉法院所在地且依代理权限能实施某诉讼行为，受诉法院于该诉讼行为便无庸附加在途期间。这两点，于将来修法时似宜一并考虑。

二、关于申请执行期间

民事执行程序乃以实现当事人私权为目的，与民事审判程序以确定当事人私权为目的有别。当事人所提之诉如果为给付之诉，负有给付义务的一方当事人于判决确定后若未主动履行判决所确定的给付义务，另一方当事人可以向法院申请强制执行以实现业经判决确定之私权。② 依《民事诉讼法》第239条第1款"申请执行的期

---

① 依《民诉法解释》第227条"人民法院适用普通程序审理案件，应当在开庭3日前用传票传唤当事人。对诉讼代理人、证人、勘验人、翻译人员应当用通知书通知其到庭。当事人或其他诉讼参与人在外地的，应留有必要的在途时间"之规定，人民法院指定庭审期日，即以诉讼参与人是否在法院所在地居住为基准而决定是否附加在途时间。该项规定于立法修改时可资借鉴。

② 依现行《民事诉讼法》第240条、第241条、第242条及最高人民法院1998年发布的《关于人民法院执行工作若干规定》（以下简称《执行规定》）第2条之规定，能作为私权执行名义的不限于受诉法院之确定判决，尚包括法院调解书、财产保全之裁定、先予执行之裁定、仲裁裁决、赋予强制执行效力的公证债权文书、刑事附带民事判决、裁定、调解书等。由于上述执行名义之执行与受诉法院确定判决所裁皆为私权，在执行中亦适用同一程序而并无轩轾，故本书基于行文方便，仅以确定判决作为考察对象。另外，依《执行规定》第19条，执行程序除具有给付赡养费、扶养费、抚养费内容的执行名义，民事制裁决定书以及刑事附带民事判决、裁定、调解书由审判庭移送执行机构执行而启动以外，其余皆须由债权人申请而开始。

间为二年。申请执行时效的中止、中断，适用法律有关诉讼时效中止、中断的规定"之规定，可知当事人向法院申请强制执行，得遵守 2 年之法定期间。《执行规定》第 18 条更是将其作为法定条件之一，规定当事人若未在法定期限内申请强制执行，执行法院得以执行条件不具备而裁定不予受理。依笔者悬揣，《民事诉讼法》之所以设定当事人申请执行期限，目的无非在于督促当事人于判决确定后尽快地申请执行以早日实现私权。依诉讼法理，现行法规定申请执行期间至为不当。

其一，执行债权人向法院申请执行以实现私权之权利与当事人向法院起诉请求确定私权之权利相同，皆为当事人所享有的请求国家予以司法保护之诉权的具体形态。就性质而言，二者皆为公法上之请求权。当事人向法院起诉既无期间的限制，向法院申请执行便无由设定期间以为限制。现行法规定当事人申请执行须遵守 2 年的法定期间，不啻是对当事人诉权行使的无理侵蚀甚至剥夺，与诉权之固有性质极不相容。

其二，申请执行期间之设定损害了民法上的诉讼时效制度适用的完整性。如前所言，惟给付判决方可作为执行名义，从本质上讲，给付判决所确定的之给付请求权方为由法院以强制执行的方式予以实现的权利。该给付请求权的内容为金钱之给付、物之交付，还是作为或不作为之给付，[1] 也无论其乃基于债权而生还是基于物权而生，究其实质，均为实体法上的请求权。故以请求权为客体的诉讼时效制度在执行程序中应有适用余地。[2] 征诸民法理论及《民法典》第 195 条（原《民法总则》第 195 条）的规定，债权人向法院起诉请求债务人履行给付义务，诉讼时效中断，自判决确定之时起，诉讼时效中断事由即为终止。该给付请求权的诉讼

---

[1]　给付如果以意思表示为内容，依据国外立法通例，率皆以判决确定视为债务人已为给付，而毋须为强制执行。

[2]　在比较法上，德国、瑞士及我国台湾地区民法皆以请求权为消灭时效之客体，日本民法以债权及其他非所有权的财产权为消灭时效客体，我国《民法典》虽未明定诉讼时效之客体，但无论是学说解释，还是实务操作俱认请求权为诉讼时效之客体。

时效重新计算。① 按诸诉讼时效制度，债权人只要给付请求权尚未过诉讼时效，法院便无由不予保护。故债权人于给付判决确定后，申请法院强制执行以实现实体权利，只要该实体权利尚在诉讼时效期间内，执行法院即得为执行行为以实现执行债权人的实体权利。又由于诉讼时效并非程序性事项，而是属于当事人须援引法院始为判断的实体抗辩事项。故即便给付请求权因诉讼时效经过而予以消灭，债权人仍可向法院起诉，法院断不能仅因诉讼时效经过为由裁定不予受理或驳回起诉。《民诉法解释》第219条之规定即蕴含此旨，该条规定："当事人超过诉讼时效期间起诉的，人民法院应予受理。受理后对方当事人提出诉讼时效抗辩，人民法院经审理认为抗辩事由成立的，判决驳回原告的诉讼请求。"同理，诉讼时效经过后，执行债权人向法院申请强制执行，执行法院也应受理，受理后查明诉讼时效无中断、中止或延长事由始可驳回执行债权人之执行请求。② 反观《民事诉讼法》第

---

① 《民法典》第195条（原《民法总则》第195条）虽规定"从中断、有关程序终结时起，诉讼时效期间重新计算"，但就文义解释而言，中断时起应理解为中断事由终止时起方合乎逻辑。从比较法上考察，这样的理解亦符合域外立法通例。譬如德国《民法》第211条第1款规定："时效因起诉而中断时，在诉讼以确定判决或者其他方式终结之前，继续中断。"又如日本《民法》第157条第1款规定："（一）中断的时效，自中断事由消灭时起，重新开始进行。"该条第2款规定："因裁判上的请求而中断的时效，自裁判确定时起，重新开始进行。"我国台湾地区"民法"第137条第1款规定："时效中断者，自中断之事由终止……时，重行起算。"该条第2款规定："因起诉而中断之时效，自受确定判决，或因其他方法诉讼终结时，重新起算。"

② 考诸域外立法例，债权人于给付判决确定后，可以随时向法院申请强制执行，纵令给付请求权已过诉讼时效，也仅得由执行债务人以执行债权人为被告提起执行异议之诉，以排除确定判决之执行力。执行法院不得径行驳回债权人之执行请求。譬如德国《民事诉讼法》第767条第1款规定："对于判决所确定的请求权本身有异议时，债务人可以以诉的方式向第一审的受诉法院提起。"日本《民事执行法》第35条第1款规定："债务人对债务名义的请求权存在或其内容有异议时，可以提起请求不允许以该债务名义强制执行的请求异议之诉"。我国台湾地区"强制执行法"第14条规定："执行名义成立后，如有消灭或妨碍债权人请求之事由发生，债务人得于强制执行程序终结前，向执行法院对债权人提起异议之诉。"

239 条及《执行规定》第 18 条，将申请执行期间未届满作为执行程序启动的条件之一，便使得诉讼时效于判决所确定的请求权无适用之可能从而损害了民法所确立的诉讼时效制度适用之完整性。不仅如此，2 年的申请执行期间由于均较《民法典》第 188 条（原《民法总则》第 188 条）所规定 3 年的普通诉讼时效为短，客观上亦不利于执行债权人实体权利的保护。凡此种种，适足表明《民事诉讼法》第 239 条所规定的申请执行期间之确立实属不当，日后修正《民事诉讼法》宜将其予以删除，俾判决所确定之民事权利也受诉讼时效制度之规制，从而消弭民事诉讼法与民事实体法之间不必要的冲突。

三、关于不变期间

（一）问题的提出

根据现行《民事诉讼法》第 82 条"期间包括法定期间和人民法院指定的期间"之规定可知，在我国的民事诉讼中，期间似仅有法定期间与指定期间之区分，并无不变期间这一期间类型。不过，《民诉法解释》第 127 条出现了"不变期间"之字眼，将现行《民事诉讼法》第 56 条所规定的第三人提起撤销之诉的 6 个月、第 205 条规定的当事人申请再审的 2 年以及第 223 条所规定的利害关系人提起撤销除权判决之诉的 1 年等期间定性为不变期间。我们有足够的理由相信，最高人民法院在制订该项司法解释时，对于不变期间有着自己的认识。即在司法解释制订者看来，并非所有的法定期间皆可称为不变期间，因为现行《民事诉讼法》所规定的其他诸多法定期间，如被告提交答辩状的期间（第 125 条）、上诉期间（第 164 条）、申请执行期间（第 239 条）等在《民诉法解释》中均未被界定为不变期间。依"明示其一，排除其他"之法理，我们可以合乎逻辑地得出这样的结论，最高人民法院仅承认部分法定期间为不变期间。但其所制定的所有相关的司法解释仍未对不变期间所具有的特质及其适用作明确的解释。

自 1982 年《民事诉讼法》（试行）颁行时起，我国学者在撰写的民诉法教科书中论及期间制度时，无一不承认不变期间乃与可变期间相对立的期间类型。尽管在具体的表达上有所不同，但学者对不变期间所作之阐释并无本质差别。如有认为，不变期间是指，一经规定，除有法律规定的情形，不允许人民法院延长或缩短的期间；① 有认为，不变期间是指一经规定，非有法律规定的情形，不允许人民法院或诉讼参加人延长或缩短的期间；② 有认为，不变期间是指一经确定即不允许任何人改变的期间。③ 不难看出，学者们对不变期间的内涵所作之界定事实上均未超出"不变期间"的字面含义。不仅如此，对不变期间作上述界定，也使得在我国的民事诉讼中不变期间与法定期间等同而缺乏与后者区分的必要。这是因为，在我国现行《民事诉讼法》所规定的诸多法定期间中，除第268 条所规定的在我国领域内没有住所的被告提交答辩状的期间，以及第 269 条所规定的在我国领域内没有住所的当事人提交上诉状、答辩状的期间，法律明确规定可以由当事人申请延长外，均既不能由当事人或其他的诉讼参加人合意延长或缩短，也不能由法院依申请或依职权予以延长或缩短。果尔，在我国的民事诉讼中，不变期间实则为法定期间的别称，并无必要作为独立的期间类型存在。④ 然则从诉讼之法理上讲，不变期间属于独立的期间类型，无论是在内涵上还是在适用上均有别于其他法定期间。不变期间相对于其他期间而言究竟有何不同？《民诉法解释》第 127 条关于不变期间的规定是否正确？在我国现行《民事诉讼法》所规定的诸项期间中，哪些期间在解释上应被认为属于不变期间的范畴？对这些

① 参见柴发邦主编：《民事诉讼法教程》，法律出版社 1982 年版，第222 页。

② 参见柴发邦主编：《民事诉讼法学新编》，法律出版社 1992 年版，第237 页。

③ 参见谭兵主编：《民事诉讼法学》，法律出版社 1997 年版，第 312页。

④ 或许正是由于这个原因，有学者甚至认为不变期间即指法定期间。参见江伟主编：《民事诉讼法》，高等教育出版社 2004 年版，第 214 页。

问题的科学解答，不仅有助于我们在理论上厘清不变期间的特质，在实践中正确适用不变期间，而且能为今后我国《民事诉讼法》的进一步完善提供学说上的参考。

（二）不变期间的内涵

从最宽泛的意义上讲，法定期间泛指《民事诉讼法》所规定的各项期间，具体包括三种期间类型：其一，当事人实施某一诉讼行为所应遵守的行为期间，如上诉期间，申请再审期间等；其二，为保障当事人实施一定的诉讼行为，开启下一阶段诉讼程序所必要的时间，如公告送达中的公告期间；其三，法院实施特定诉讼行为所应遵守的期间，如立案期间、判决宣告期间等。在上述期间类型中，第二种期间乃特定诉讼行为发生效力之前所必要的时间经过，并非行为期间，在学理上称为中间期间或犹豫期间。① 第三种期间虽为行为期间，但由于其规制的对象为法院，在法院不遵守该行为期间时，并不会产生任何诉讼法上的效果而仅具有训示意义，故其称为职务期间或非真正期间。法定期间一语通常在狭义上的层面上使用，仅指第一种期间，即当事人实施特定诉讼行为所应遵守的期限。②

在大陆法系民事诉讼法中，其通常乃就当事人实施若干诉讼行为所应遵守的期间直接冠以"不变期间"之名，以示与其他的法定期间之区别。因此，在大陆法系民事诉讼中，不变期间指当事人实施特定诉讼行为所应遵守的被其《民事诉讼法》明定为"不变期间"的期间。德国《民事诉讼法》第 224 条第 1 款后段与意大利《民事诉讼法》第 152 条第 2 款对不变期间的外延更是作了专门的宣示性规定，前者规定："不变期间只指本法规定为不变期间的期间"，后者规定："法律所定期间，除法律自身明示其为不变

① 参见 ［日］新堂幸司：《新民事诉讼法》，弘文堂 2005 年版，第 354 页。

② 参见 ［日］小室直人、贺集唱、松本博之、加藤新太郎：《新民事诉讼法（Ⅰ）》，日本评论社 2003 年版，第 201 页。

期间外，皆为通常期间。"总体而言，在大陆法系民事诉讼法中被明示为"不变期间"的皆为当事人不服受诉法院所作之裁判而寻求进一步救济的期间。譬如，德国《民事诉讼法》第 339 条第 1 款、第 516、552、577、586 条分别将受缺席判决的当事人声明异议的期间、控诉期间、上诉期间、即时抗告期间、提起再审之诉的期间确定为不变期间。又如在日本的《民事诉讼法》中，第 285 条所规定的控诉期间、第 313 条所规定的上告期间、第 327 第 2 款所规定的特别上告期间、第 332 条所规定的即时抗告期间、第 336 条所规定的特别抗告期间、第 342 条第 2 款所规定的提起再审之诉的期间均被明示为不变期间。再如，我国台湾地区"民事诉讼法"第 440、481、487、500 条分别将上诉期间、抗告期间、提起再审之诉的期间确定为不变期间。此皆为适例。大陆法系民事诉讼法之所以将当事人不服法院裁判的救济期间设定为不变期间，并规定较短的期限，目的是为了谋求诉讼程序的迅速进行与安定，并期早日确定双方当事人之间的实体法律关系。①

如果仅以《民事诉讼法》条文中是否出现了"不变期间"的字眼作为判断某项期间是否为不变期间的准则，则我国现行《民事诉讼法》所规定的各种期间均非不变期间，而仅为通常法定期间。就此而言，《民诉法解释》第 127 条关于不变期间的规定无异于为突破立法的"创制性"规范，已逾司法解释之本旨。但依笔者之见，该项司法解释并未违背《民事诉讼法》之精神与诉讼法理。因为根据前面的分析已知，在大陆法系民事诉讼中，举凡当事人不服受诉法院所作之裁判而寻求救济的期间皆被确立为不变期间，当事人提起再审之诉等期间也在其列。我国《民事诉讼法》所确立的当事人申请再审制度尽管在具体构造上不同于大陆法系民事诉讼中的再审之诉制度，但二者在本质上并无不同，均乃为当事

---

① 参见 [日] 小岛武司、小林学：《基本讲义民事诉讼法》，信山社 2006 年版，第 112 页；陈计男：《民事诉讼法论》（上），台湾三民书局 2002 年版，第 300 页。

人不服法院的确定裁判而设的特别救济制度。因此，《民诉法解释》第 127 条将当事人申请再审等期间解释为不变期间不仅与大陆法系民事诉讼法通例相契合，也契合不变期间之本质。但我们应同时看到，《民诉法解释》第 127 条所规定的不变期间，在范围上显然失之过狭。观诸前述大陆法系民事诉讼法例可知，不变期间除当事人提起再审之诉的期间外，尚包括控诉、上告等当事人不服受诉法院所作的裁判而寻求进一步救济的期间。在我国的民事诉讼中，由于实行两审终审制，当事人不服受诉法院所作裁判的救济途径除申请再审外，仅有上诉一途。因此，在解释上，理应将我国现行《民事诉讼法》第 164 条所规定的上诉期间定性为不变期间。

（三）不变期间的特质

如上所述，不变期间为法定期间之一种，与通常的法定期间相对应。为谋求诉讼程序的快速推进，各国或地区《民事诉讼法》虽然就当事人实施诉讼行为设有期间的限制，但法定期间的长短具体到特定的民事案件中可能并不适当。为兼顾诉讼程序的快速推进与对当事人诉讼权利的保障，应当允许受诉法院根据案件的具体情况对法定期间作个别的调整，或延长之或缩短之。但是，在民事诉讼中，允许受诉法院延长或缩短的法定期间仅限于通常的法定期间，于不变期间并无适用的余地。也即不变期间一旦为法律规定，无论出于何种理由均不得由受诉法院依职权或基于当事人的申请延长或缩短。易言之，"期间，可得伸长或缩短，以裁定期限及通常法定期间为限，法定不变期间，无论如何，不得伸长或缩短"。[1]不变期间之所以具有此项特质，其根本原因在于当事人对于不变期间的严格遵守直接关系到诉讼程序的早日确定，这一利益"恒较通常法定期间为重大，故不许伸长或缩短之"。[2] 征诸大陆法系国

---

[1]　姚瑞光：《民事诉讼法论》，大中国图书出版公司 1981 年版，第 213 页。

[2]　姚瑞光：《民事诉讼法论》，大中国图书出版公司 1981 年版，第 213 页。

家或地区民事诉讼法，规定不变期间不允许由受诉法院延长或缩短乃为通例。如德国《民事诉讼法》第 224 条第 1 款规定："除不变期间外，期间可以由当事人之间的合意缩短之。"奥地利《民事诉讼法》第 128 条第 1 款规定："法定期间，除不变期间外，以法律没有相反的规定为限，可以由法院伸长。"意大利《民事诉讼法》第 152 条第 2 款规定："不变期间，即便双方当事人存在合意，也不能够伸长缩短。"日本《民事诉讼法》第 96 条规定："法院对法定的期间或由其指定的期间，可以延长或缩短。但不变期间，不在此限。"我国台湾地区"民事诉讼法"第 163 条规定："期间，如有重大理由，得伸长或缩短之。但不变期间，不在此限。"

综观我国现行《民事诉讼法》所规定的各项期间，仅第 268 条、第 269 条所规定的在我国领域内没有住所的被告提交答辩状的期间，以及在我国领域内没有住所的上诉人、被上诉人提交上诉状、答辩状的期间乃可以申请人民法院延长的期间。因此，根据不变期间具有不允许延长或缩短之特质，似可以认为，在我国的民事诉讼中，仅前述两项期间为通常法定期间，余者皆为不变期间。不过这样的推论显然是不能立足的，因为如前所述，大陆法系的民诉法之所以明确规定不变期间不允许延长或缩短，目的是为了谋求诉讼程序及当事人之间实体法律关系的早日确定。也正是由于这个原因，其民诉法将不变期间限定为直接攸关裁判确定的期间，如上诉期间、抗告期间等。而在我国《民事诉讼法》规定的诸多当事人行为期间中，除第 164、269 条所规定的上诉期间、第 205 条所规定的申请再审期间外，均为诉讼程序进行中的期间，将其解释为可变期间显然是不符合不变期间的本质特征的。而我国现行《民事诉讼法》第 269 条规定在我国领域内没有住所的被告可以申请法院延长上诉期间更是于理无据。因为根据前面的分析可知，上诉期间为直接关系到法院裁判确定的期间，理应为不变期间，现行《民事诉讼法》第 269 条规定当事人可以申请法院延长上诉期间事实上乃是将上诉期间作为通常法定期间对待，这显然不符合上诉期间应有之特质。①

（四） 不变期间的耽误及其救济

如前所述，在民事诉讼中，法定期间乃由《民事诉讼法》明确规定的当事人实施某一诉讼行为所应遵守的期限。当事人若在法定期间内没有实施相应的诉讼行为，即构成期间的耽误，情形严重者，即产生失权的效果。② 此虽未为各国或地区民事诉讼法所明定，按诸法定期间之要义，为当然的解释。③ 因此，在当事人由于不可归责于己之事由未能遵守法定期间时，即有必要对此予以救济。由于当事人在耽误通常的法定期间时，诉讼尚系属于受诉法院，当事人在其后进行的诉讼程序对于未实施的诉讼行为仍有补行的可能，故而《民事诉讼法》并无必要专门对其设立救济途径。④

---

① 我国现行《民事诉讼法》第 269 条之所以规定在我国领域内没有住所的上诉人可以向受诉法院申请延长上诉期间，不外乎是考虑到此类上诉人既在我国领域内没有住所，其实施上诉行为必较在我国领域内有住所的当事人更耗费时日，允许延长上诉期间有利于保障其上诉权的行使。不过，这样的考虑或担心事实上并无必要。因为依据同法第 82 条第 4 款前段之规定，在我国的民事诉讼中，期间并不包括在途时间，因此，只要第一审法院在所作的判决书中为此类上诉人确定相对于在我国领域内有住所的当事人更长的在途时间即可解决此问题。

② 参见 ［日］ 小岛武司、小林学：《基本讲义民事诉讼法》，信山社 2006 年版，第 110 页。

③ 与此相反，当事人如果没有在法院所指定的期间内实施相应的诉讼行为并不当然产生失权的效果，当事人在受诉法院顺次所为之裁判作出之前，若能补行所耽误之诉讼行为，仍不失其效力。我国台湾地区学者杨建华先生对此有精到之阐释："迟误裁定期间者，因该期间原得伸长或缩短之，故逾越裁定期间，即非当然丧失得于期间内为诉讼行为之权利……起诉或上诉在程序上为不合法，审判长或法院酌定期间命当事人补正其欠缺，当事人如未于该期间内补正者，法院固得以裁定驳回起诉或上诉，但在法院尚未以裁定驳回起诉或上诉前，如前说明，既不生失权之效果，当事人自仍得有效为该期间内应为之诉讼行为。"参见杨建华：《问题研析民事诉讼法》（二），台湾三民书局 1996 年版，第 288 页。

④ 参见 ［日］ 新堂幸司：《新民事诉讼法》，弘文堂 2005 年版，第 356页。

而在当事人耽误法定不变期间时，由于此时法院所作的裁判已经当然地确定，当事人已无在继起诉讼程序中补行被耽误的诉讼行为之可能。故而，《民事诉讼法》有必要对于当事人因不可归责于己的事由耽误不变期间者设立专门的救济途径。① 在大陆法系民事诉讼诉中，当事人耽误不变期间的救济途径乃是由该当事人向法院申请回复原状并补行相应的诉讼行为。譬如，德国《民事诉讼法》第233 条规定，当事人非因过失而未能遵守不变期间时，可以准其申请回复原状。同法第 234 条规定，回复原状，应在二周以内申请。② 回复原状期间自障碍消失之日开始。迟误期间已满一年的，不能再申请回复原状。又如，日本《民事诉讼法》第 97 条第 1 款规定，当事人由于不可归责于己的事由不能遵守不变期间时，于其事由消灭后一周内，可以追行于不变期间内应为之诉讼行为。在外国的当事人，期间为两个月。再如，我国台湾地区"民事诉讼法"第 164 条第 1 款规定，当事人或代理人，因天灾或其他不应归责于己之事由，迟误不变期间者，于其原因消灭后十日内，得申请回复原状。不难看出，尽管前述国家或地区民诉法所规定的当事人申请回复原状的期间长短以及具体程序不尽相同，但均将当事人迟误不变期间乃是因不可归责于己之事由所致作为回复原状的前提要件。根据学者的解释，所谓不可归责于己之事由，乃是指一般人在实施诉讼行为时虽已为通常之注意仍不能预见或不能避免的情况。③ 不可预计的自然灾害、当事人身患重病等皆属于不可归责于己之事由

---

① 参见［日］小岛武司、小林学：《基本讲义民事诉讼法》，信山社2006 年版，第 112 页。

② 根据 2003 年的《第一次司法现代化法》，在德国的民事诉讼中，当事人迟误上诉期间时，可以申请回复原状的期间为一个月。参见［德］罗森贝克、施瓦布、戈特瓦尔德：《德国民事诉讼法》（上），李大雪译，中国法制出版社 2007 年版，第 484 页。

③ 参见［德］罗森贝克、施瓦布、戈特瓦尔德：《德国民事诉讼法》（上），李大雪译，中国法制出版社 2007 年版，第 475 页；［日］小岛武司、小林学：《基本讲义民事诉讼法》，信山社 2006 年版，第 112 页；陈荣宗、林庆苗：《民事诉讼法》（中），台湾三民书局 2006 年版，第 399 页。

的适例。① 应值得注意的是，在当事人已委托了诉讼代理人代为实施诉讼行为之场合，诉讼代理人若对于耽误不变期间存在过失，即便当事人本人无过失，也不允许回复原状。这是因为当事人本人既然能享有诉讼代理人所带来的利益，在代理人有过失时，即应与本人具有归责事由同视。如律师作为诉讼代理人，其助手在收到法院送达的判决书后忘记将其交给律师，使得律师错过上诉期间，此种情况下，当事人即不能向法院申请回复原状。②

依据大陆法系民事诉讼法之通例，回复原状并不意味着重新启动被耽误的不变期间，而是仅仅允许当事人可以补行在该不变期间内应为的诉讼行为。③ 故当事人向法院申请回复原状时，即应补行于被耽误的不变期间内应为的诉讼行为。如当事人耽误了上诉期间，即应在申请回复原状时同时补行上诉行为。根据德国《民事诉讼法》第 238 条第 1 款的规定，当事人申请回复原状的程序与应补行的诉讼行为之适用程序合并进行。法院在必要时亦可先进行回复原状之程序。日本《民事诉讼法》与我国台湾地区"民事诉讼法"虽均无类似德国《民事诉讼法》第 238 条第 1 款的规定，但学者关于回复原状的适用所作之解释与德国《民事诉讼法》第 238 条第 1 款规定并无不同。如日本学者认为，回复原状的事由乃当事人补行诉讼行为的适法要件之一，法院对其所作之调查应在补行的诉讼行为程序中进行。例如，补行的行为是提起控诉，法院即应将

---

① 当事人虽然身患重病，但在委托的诉讼代理人有上诉权时即不能成为申请回复原状之事由；此外，当事人虽然身患重病，但若其事实上能委托诉讼代理人代为实施诉讼行为或者能依其他方法避免迟延实施诉讼行为的，均不能作为回复原状之事由。参见［日］小室直人、贺集唱、松本博之、加藤新太郎：《新民事诉讼法（Ⅰ）》，日本评论社 2003 年版，第 210 页；陈荣宗、林庆苗：《民事诉讼法》（中），台湾三民书局 2006 年版，第 399 页。

② 参见［日］小岛武司、小林学：《基本讲义民事诉讼法》，信山社 2006 年版，第 210 页。

③ 参见［德］罗森贝克、施瓦布、戈特瓦尔德：《德国民事诉讼法》（上），李大雪译，中国法制出版社 2007 年版，第 475 页；［日］新堂幸司：《新民事诉讼法》，弘文堂 2005 年版，第 359 页。

回复原状之事由作为当事人有效实施控诉行为的要件之一，并在控诉程序中对其予以审查。但是，如果回复原状的事由根据其性质适宜先于其他要件而被法院审查、判断时，法院也可将当事人的辩论限制在该回复原状的事由是否存在上。① 我国台湾地区学者在回复原状的适用上亦持相同的见解。②

　　我国现行《民事诉讼法》虽未明确规定那些期间为不变期间，却也对当事人由于不可归责于己之事由而耽误法定期间设立了救济途径。《民事诉讼法》第 83 条规定："当事人因不可抗拒的事由或者其他正当理由耽误期限的，在障碍消除后的 10 日内，可以申请顺延期限……"依该条文的内容可知，在我国的民事诉讼中，当事人迟误法定期间的救济途径乃"申请顺延期限"制度。"申请顺延期限"虽然在用语上与大陆法系民事诉讼法中的"申请回复原状"不同，但两者之间在本质上并不存在差异，均是强调当事人非因自己的过失耽误期间的、可以向法院申请补行被耽误的诉讼行为。不过，值得检讨的是，大陆法系民事诉讼法所确立的回复原状制度乃专为当事人耽误不变期间而设的救济途径，而我国现行《民事诉讼法》所规定的"顺延期限"制度却适用于包括指定期间在内的所有期间的耽误。这显然是不妥当的，因为根据前面的分析已知，当事人耽误指定期间，基于指定期间之性质并不当然产生失权的效果，故无庸为当事人耽误指定期间设立救济途径。而当事人耽误上诉期间、当事人申请再审期间（性质上即属不变期间）以外的法定期间时，由于此时诉讼系属尚未消灭，故当事人在继起的诉讼程序仍有可能补行相应的诉讼行为，所以亦无需就通常的法定期间专门设立救济途径。仅在当事人因不可归责于己之事由耽误上诉期间、申请再审的期间等不变期间时，始有专设救济途径之必要。因此，笔者认为，我国《民事诉讼法》第 83 条所确立的顺延

---

① 参见［日］新堂幸司：《新民事诉讼法》，弘文堂 2005 年版，第 359 页。

② 参见陈荣宗、林庆苗：《民事诉讼法》（中），台湾三民书局 2006 年版，第 399 页。

期限制度在解释上应仅适用于上诉期间等不变期间的耽误。当然，为杜疑义，将来进一步修改《民事诉讼法》时，实宜明定之。

（五）结论

综上所述，由于我国现行《民事诉讼法》及相关司法解释关于期间的规范仅间接昭示了不变期间的某一层面要义，加之《民诉法解释》第127条明确出现了"不变期间"之字眼，不仅使得学界对不变期间未能作全方位的认识，而且导致审判实务中关于不变期间之适用倍感困惑。为正确厘定不变期间所固有的区别于通常法定期间与指定期间之特质，并杜绝审判实务中期间制度适用紊乱无序之流弊，我国民诉法将来进一步修改时，实应借鉴域外《民事诉讼法》之通例，对于上诉期间、当事人申请再审期间等直接关系到诉讼程序确定的期间冠以"不变期间"之名，并且明定对于不变期间无论出于何种理由皆不允许法院延长或缩短。与此同时，完善现行《民事诉讼法》第83条，规定申请顺延期间仅适用于不变期间的耽误。

第二节　妨害民事诉讼强制措施

根据2012年修正的《刑事诉讼法》第194条、《民事诉讼法》第110条以及2014年修正的《行政诉讼法》第59条第6款关于诉讼参与人和其他人违反法庭秩序的制裁规定可知，人民法院对于在不同诉讼中实施的违反法庭秩序的行为所科处的制裁并不相同。若在刑事诉讼中实施，最高可处以1000元的罚款，在民事诉讼中实施最高可处以10万元的罚款，而在行政诉讼中实施，最高可处以1万元的罚款。类似这样的在不同诉讼领域实施危害程度相当之行为却遭受明显不同的处罚之规定在现行诉讼立法中并非个别现象。从表面上看，新修订的三大诉讼法对妨害诉讼的强制措施的规定似乎仅体现为立法者没有周全考虑我国现行法律框架下的三大诉讼法之间以及诉讼法与其他法律之间的协调问题。但笔者认为，其更深层次的原因在于立法者没有正确地厘定妨害诉讼的强制措施的应然性质。

一、妨害诉讼的强制措施之性质

从立法体例来看，在我国三大诉讼法中，仅《民事诉讼法》第十章专章规定了对妨害民事诉讼的强制措施。通常认为，其是指人民法院在民事诉讼的过程中，为了制止和排除诉讼参与人以及案外人对民事诉讼的干扰，维护正常的诉讼秩序，保障民事诉讼以及执行活动的顺利进行，而依法对妨害人所采取的具有制裁性质的各种强制手段的总称。① 显而易见的是，刑事诉讼、行政诉讼中也会存在类似民事诉讼的妨害诉讼秩序的行为，因而也会存在针对该行为的强制措施。不过现行《刑事诉讼法》《行政诉讼法》并未如《民事诉讼法》那样设专章规定妨害诉讼的强制措施，而是分散设有关于妨害诉讼的强制措施之规范。笔者认为，深入地检讨我国妨害诉讼的强制措施立法，必须首先对妨害诉讼的强制措施的性质有正确地认识。关于妨害诉讼的强制措施的性质，目前国内法学界有几种主流观点，第一种观点认为其是教育手段或工具；第二种观点认为其为带有制裁性质的强制性教育手段；第三种认为其以教育手段为主，制裁性质为辅。② 笔者认为，目前的几种通说均未能正确地认识妨害诉讼的强制措施的性质而失之妥当。正确地界定强制措施之性质显然应当从主体、功能、程序等多种角度分析。

（一）科处强制措施的主体之行政性

依据性质的不同，国家机关行为的作用一般可以分为立法作用、行政作用和司法作用。其中，立法作用即制定法律；司法作用即适用法律进行审判；行政作用即立法作用和司法作用以外的一切作用。因而在现代法律制度中，国家权力基本体现为立法权、司法权、行政权，但立法权、司法权、行政权并不是截然对立、非此即彼的关系。例如，在行政复议制度中，上级行政机关对下级行政机关作出的具体行政行为进行复核，此时上级行政机关不仅是行政系

---

① 参见江伟：《民事诉讼法》，高等教育出版社 2012 年版，第 250 页。

② 参见李响：《秩序与尊严——民事诉讼强制措施重构刍议》，载《法治研究》2011 年第 8 期。

统里的行政主体，而且是作为行政相对人和下级行政机关之间的居间裁决者。上级行政机关作为行政系统里的一员，其所具有的行政性质不言而喻，但作为一个居间裁决者更多的会体现出其司法性质。① 因而对于行政主体性质之界定，除从立法结构、体系上予以形式上的区分外，尚应从功能上作实质上的区分。就我国法院而言，司法机关往往兼具司法与行政机关之特质。如司法机关在审判诉讼事件外，尚具有受理若干性质属于行政事务的权限，于此种情形而言，法院就该项事务属于行政机关。② 法官除对具体案件行使裁判权外，尚要处理其他必要由法院处理之事项，例如强制执行事项，法院内部行政事项以及辅助裁判权行使之事项等。较之于裁判权的行使，法院处理前述事项显然应属行政性质。在诉讼程序进程中，人民法院对违背诉讼秩序的行为人科处强制措施，其目的是为了保障诉讼的顺利进行。法院对该辅助裁判权行使之事项的处理，既不是制定法律，也不是依据法律针对两造当事人之审判，实乃发挥其行政作用。因此，科处强制措施的主体虽为法院，但并不能将其称为司法机关，毋宁认为应将其作为行政机关对待。

（二）强制措施功能之制裁性

从我国现行诉讼立法诸多关于妨害诉讼的强制措施的规范来看，强制措施与刑事制裁实具有某种内在关联。例如，现行《民事诉讼法》第 110 条、第 111 条、第 112 条以及第 113 条均出现人民法院可以根据情节轻重予以罚款、拘留；构成犯罪的，依法追究刑事责任之类似表述。现行《行政诉讼法》第 59 条第 6 款以及《刑事诉讼法》第 194 条皆有类似之文义。斟酌此类规定，不难发现，立法者似乎乃是将强制措施作为弱于刑罚的制裁对待。如果说刑罚是对违反道德或反伦理程度较高，对社会构成的损害或危险较大的行为进行的一种制裁。那么，强制措施则是对妨害诉讼秩序的

---

① 参见杨海坤、朱恒顺：《行政复议的理念调整与制度完善——事关我国〈行政复议法〉及相关法律的重要修改》，载《法学评论》2014 年第 4 期。

② 参见吴志光：《行政法》，台湾新学林出版股份有限公司 2013 年版，第 112 页。

行为人所实施的一般违法行为之制裁。学者论及强制措施是教育手段或具有制裁性的教育手段，仅仅注意到了强制措施之预防功能，却忽视了强制措施的制裁性质。在多数情况下，强制措施科处时，妨害行为已经停止，如果说这种强制措施的采用具有预防作用的话，也只是类似于刑罚上的一般预防的作用，而这种一般预防的目的正是凸显其具有制裁和惩罚的性质。① 总而言之，强制措施虽具有教育和制裁作用，但教育功能只有透过制裁实施妨害诉讼的人而对社会中的普通民众达到威慑效果时才能体现出来。因此，强制措施的首要功能应该是制裁性。

（三）强制措施程序运行之行政性

妨害诉讼的强制措施在处理的构造与诉讼程序并不相同。其仅涉及作为公权力的行使者的法官与破坏诉讼秩序的行为人之间的关系，并不涉及双方当事人之间以及当事人与法院之间的关系。法院并未行使审判职能以解决两造当事人之纠纷，而是通过国家强制力确保诉讼程序能够顺畅进行。显而易见，对妨害诉讼的强制措施虽然作为诉讼运行的重要组成部分规定于诉讼法中，但其本身并非属于诉讼程序，而是对于诉讼程序的必要保障手段。显而易见的是法院对妨害诉讼的强制措施之科处更类似于行政权的运行，存在上级行政机关与下级行政机关间之命令服从关系。例如，现行《民事诉讼法》第46条规定的院长许可之回避即为院长行使司法行政权。此时的法院院长作为法院内部行政上的称谓并无诉讼法上的地位，其作出许可回避之决定也无诉讼上裁定的性质，法院院长纯粹是作为行政官而非司法官而作的允许之意，实为法院的内部行政行为。② 同理，现行立法规定对妨害诉讼的强制措施中的罚款、拘留的决定必须经过人民法院院长批准。批准也应当视为作为上级行政官的院长对作为下级行政官的审判法官之命令。又如，《民事诉讼

---

① 参见林莉红：《民事或行政诉讼中强制措施的制裁性》，载《法学杂志》1997年第5期。
② 参见王甲乙、杨建华、郑建才：《民事诉讼法新论》，台湾三民书局2002年版，第41页。

法》第 116 条规定："对决定不服的，可以向上一级人民法院申请复议一次。"由此可见，妨害人针对强制措施所能采取的救济途径类似于行政法中规定的行政复议制度。

综上所述，由于人民法院科处强制措施时所具有的主体之行政性、功能之制裁性、程序运行之行政性使得其更像行政机关实施行政行为。更准确地讲是针对违法行为施加的秩序罚。毋庸讳言，国家或公共团体为了维持一定的社会秩序，并基于统治者的意愿达成各种不同之国家目的，通常会以法规构建起一套完整的法律秩序。对如此类法律秩序，国家公民即负有遵守的义务。倘若公民违背本应遵守的义务，破坏了法律秩序，其将受到相应之制裁，从而确保法律秩序的维持。为了满足不同的需求，国家所采取的制裁种类甚多，如刑罚、行政秩序罚、行政上之强制执行等。其中之行政秩序罚即乃行政主体，为了维护行政秩序，针对不履行行政法上之义务者所施加的非刑罚之制裁。一般而言，对于行政秩序罚之处罚者，其违法之性质相对刑罚较轻，且系单纯的违背行政法规之义务。并经常通过大量而琐碎的形式出现，如环境污染、交通违规、打架斗殴尚未涉及刑事问题等。此种违反行政法上义务的行为虽尚未严重到需要刑罚制裁之程度，但由于已造成对社会秩序之破坏，因而有必要加以制裁。① 简言之，行政秩序罚乃行政机关为了维持行政上之秩序，达成国家行政之目的，对违反行政上之义务者，所科处之制裁。将妨害诉讼的强制措施与行政秩序罚对比，不难发现，二者虽然存在某些形式上的区别，但实质上并无太大差异。从根本上讲，皆是为了维持秩序而对行为人施加的制裁。具体而言，行政秩序罚乃是对破坏社会秩序违反行政法上义务之行为人所科处的制裁，妨害诉讼的强制措施是对破坏诉讼秩序违反诉讼义务之行为人所科处的制裁。一言以蔽之，无论是从行为主体、功能、程序运行还是从其与刑罚之关系来看，妨害诉讼的强制措施与行政秩序罚皆无本质上的区别。正因如此，完全可以将妨害诉讼的强制措施定位

---

① 参见洪家殷：《行政罚法论》，台湾五南图书出版公司 2006 年版，第 1 页。

为秩序罚。

二、我国妨害诉讼的强制措施之立法反思

如上所述，由于妨害诉讼的强制措施实乃针对破坏诉讼秩序违反诉讼义务之行为人所科处的制裁，在性质上应该属于行政上的秩序罚，因而妨害诉讼的强制措施在立法上应该遵循行政秩序罚所应恪守的行政法上一般原则。综观我国强制措施立法，其显然没有做到这一点。

（一）强制措施的设定有违平等原则

依据平等原则的要求，行政主体在没有正当理由的情形下，对行为人科处秩序罚时，不能进行差别对待。具体而言，在行政秩序罚的事件中，禁止对相同的行为做不同的处理，或对不同的行为做相同的处理。① 从我国诉讼法之规定来看，强制措施之规定严重违反了行政秩序罚所应遵循的平等原则之内在要求。

1. 2012 年《民事诉讼法》第 115 条关于罚款的规定违背平等对待任何相对人之要求

2012 年《民事诉讼法》第 115 条第 1 款规定："对个人的罚款金额，为人民币十万元以下。对单位的罚款金额，为人民币五万元以上一百万元以下。"依据此条可以看出，对于个人和单位实施的妨害诉讼的行为所处之，罚款在数额上存在显著差异。立法者作如此差别设置也许是认为单位的财力、物力远大于个人，对于单位仅科以与个人罚款金额相同之制裁无法达到警示作用，为有效地维护诉讼秩序应分别规范。但这样的立法无论是从理论还是从实践层面考虑均存有疏漏。从理论上讲，单位和个人应予以平等对待，不因身份上的差异而受不同对待。从实践来看，一些单位的财力、物力并不比单个人大，只有在罚款金额与行为主体所实施的妨害行为之性质、情节相适应时，才能更好地达到惩罚妨害行为人、维护秩序的目的。

---

① 参见占善刚：《民事诉讼中罚款之检讨》，载《法商研究》2013 年第 6 期。

2. 对于妨害诉讼的强制措施之规定违反了禁止对相同的行为做不同的处理之内在要求

从性质上讲，违反民事诉讼秩序的行为和违反行政诉讼秩序的行为以及违反刑事诉讼秩序的行为，都是违反诉讼秩序的行为，倘若行为人实施的妨害行为具有相同的危害程度、主观恶意，根据平等原则的要求，法院对于妨害人所科处的制裁无论是在种类还是在幅度上均应当保持一致。不过对比 2012 年《民事诉讼法》第 110 条、2012 年《刑事诉讼法》第 194 条和 2014 年《行政诉讼法》第 59 条第 6 项之规定可知，行为人即便在不同的诉讼中实施的性质、危害程度、主观恶意完全相同的不遵守法庭规则，扰乱法庭秩序等妨害诉讼的行为，所受罚款之制裁的数额也并不相同。①

不仅上述立法违反了禁止对相同的行为做不同处理之要求，而且与此相类似的情形在三大诉讼法中多有体现。例如，针对伪造、隐匿、毁灭证据的行为，《民事诉讼法》第 111 条第 1 项和《行政诉讼法》第 59 条第 2 项中皆存有明确规定，虽然对于妨害人所科处的制裁在种类上相同，但关于罚款金额的设定依旧存有显著差异。而《刑事诉讼法》第 52、59 条针对制裁伪造、隐匿、毁灭证据的行为，仅规定"必须受法律追究"和"应当依法处理"。从官方的解释来看，这些行为若"构成伪证罪、包庇罪、滥用职权罪等犯罪的，依法追究刑事责任。不构成犯罪的，依法给予行政处罚或者处分"。而"给予行政处罚"在现行法律框架内只能援引《治安管理处罚法》第 42 条予以处罚，也即对其"处五日以下拘留或者五百元以下罚款；情节较重的，处五日以上十日以下拘留可以并处五百元以下处罚"②。

（二）强制措施的设定有违比例原则

妨害诉讼的强制措施之设定不仅需要遵循平等原则，还应遵守

---

① 参见全国人大常委会法制工作委员会刑法室编著：《中华人民共和国刑事诉讼法解读》，中国法制出版社 2012 年版，第 115 页、第 133 页、第 136 页。

② 参见吴庚：《行政法之理论与实用》，中国人民大学出版社 2005 年版，第 39 页。

比例原则。与平等原则相同，比例原则也被视为宪法位阶之法律原则。通常而言，比例原则细分为三项子原则，即适当性原则、必要性原则和衡量性原则。适当性原则要求行政行为应适合于行政目的之达成；必要性原则要求行政行为不能超越实现行政目的之必要程度，换而言之，即达成行政目的必须采用影响最为轻微的手段；衡量性原则乃指行政主体采用的手段需要按照目的加以衡量。质言之，任何干涉措施所造成的损害应轻于达成目的所获得的利益，才能称该措施具有合法性。具体至诉讼中，比例原则的适用，亦应符合上述三项内容的要求：第一，人民法院作科处强制措施之决定应有助于诉讼秩序之维护；第二，有多种制裁手段能达成维护诉讼秩序的目的时，应选择对人民权益损害最少的方式；第三，采取的强制措施所造成的损害不能与为了维护诉讼秩序而浪费的司法资源显失均衡。① 根据比例原则的上述要求，不难发现，我国诉讼法上的强制措施之设定存有诸多不妥之处。

1. 妨害诉讼的强制措施的种类违反比例原则

从我国立法来看，民事诉讼中强制措施的种类包括拘传、训诫、责令退出法庭、罚款和拘留五种手段。按照行政处罚的学理划分，通常的处罚种类包括申诫罚、财产罚、行为罚和人身自由罚四类。对比分析，不难看出，训诫属于申诫罚，主要适用于轻微违法、不足以进行实质性处罚的行为，目的在于让行为实施人知道其行为的不当之处，避免继续犯类似错误；罚款属于财产罚，通过让违法行为人承受财产上的损失，进而达到制裁违法行为人并促使其改正的目的。相较于申诫罚，财产罚的处罚较重，适用于一定程度的行政违法行为；责令退出法庭属于行为罚，乃剥夺或者限制违法者为特定行为的权利或资格之处罚；拘留乃人身自由罚，相较于其他三种类型，处罚力度最大，法律上的适用也最严格。② 应当认

---

① 参见应松年：《行政处罚法教程》，法律出版社 2012 年版，第 66~67 页。

② 全国人大常委会法制工作委员会民法室：《中华人民共和国民事诉讼法解读》，中国法制出版社 2012 年版，第 291 页。

为，这四种强制措施的设立基本上做到了比例原则的要求，但拘传的设定并不符合比例原则。

根据《民事诉讼法》第 109 条的规定，拘传适用于必须到庭的被告。之所以适用于必须到庭的被告，是因为在特殊案件，被告不到庭将使法庭难以查清案件事实，致使案件迟迟无法终结。《民诉法解释》第 174 条第 1 款将"必须到庭的被告"界定为指"负有赡养、抚育、抚养义务和不到庭就无法查清案情的被告"。然在该条司法解释第 2 款中进一步强调"人民法院对必须到庭才能查清案件基本事实的原告，经两次传票传唤，无正当理由拒不到庭的，可以拘传"。这样的解释不仅不符合法理，也有违法律保留原则。① 就域外立法例而言，德国、日本和我国台湾地区针对拒不到庭的被告所采取的手段为一造辩论判决，并不将拒不到庭的被告作为惩罚的对象。从法理上分析，是否参加诉讼进行言词辩论应为当事人处分权范围内的事项。拘传对于必须到庭的被告而言，不仅剥夺了其对诉讼可支配事项的处分权，而且侵害了被告的人身自由。退一步讲，即使因案件事实不清而须强制被告到庭，被告若不进行陈述仍无法使法院查明案件事实。笔者认为，民事诉讼中拘传的设定显然有违比例原则，应将其予以废除。

而同样的情形，《行政诉讼法》第 66 条第 2 款的处罚措施虽然未规定将拒不到庭的被告之主要负责人拘传至法庭，但是其"将被告拒不到庭或者中途退庭的情况予以公告"以及"向监察机关或者被告的上一级行政机关提出依法给予其主要负责人或直接责任人员处分的司法建议"之处罚方式，仅能通过大众或上级机关的监督间接予以强制，并不能直接有效解决程序推进之症结。此种作法是否适当，亦有疑义。

2. 强制措施适用的范围有违比例原则

2012 年新修订的《民事诉讼法》第 112 条和第 113 条分别将

① 参见杨建华：《民事诉讼法要论》，郑杰夫增订，北京大学出版社 2013 年版，第 311 页。

恶意诉讼和恶意逃避执行作为强制措施的对象。这既缺乏现实必要性，也无正当性。因为，依罚款、拘留对恶意诉讼和恶意逃避执行的行为进行处罚，相较于双方当事人恶意串通所得到的不正当利益而言，并不相匹配。如此一来，双方当事人会在因恶意串通而获取的既得利益与受强制措施的制裁之间进行取舍，从而不能有效规制恶意诉讼和恶意逃避执行行为的发生。事实上，恶意诉讼和恶意逃避执行的行为并不属于破坏诉讼秩序的行为，而是对于同为平等主体的私权益之侵害，应当属于实体法上的侵权行为。通过对行为人处以强制措施维护私权益虽然不无效果，但是无法达到直接救济权益被侵害者的私权利益之目的。因此，很难说通过强制措施来制裁恶意诉讼和恶意逃避执行行为具有适当性。

2014 年新修订的《行政诉讼法》第 59 条第 5 项针对"欺骗、胁迫等非法手段使原告撤诉"的行为，予以训诫、责令具结悔过或罚款等制裁措施。同上述恶意诉讼相类似，原告因欺骗或者胁迫而撤诉，显然是其实体法上之权益遭受侵害，允许原告重新提起诉讼即可。至于予以训诫、责令具结悔过或罚款等制裁，实乃欠缺必要性之举动。

总之，从 1980 年颁布《刑事诉讼法》时起，对妨害诉讼的强制措施便规定于诉讼法的立法体例中，且一直沿用至今。三十多年来，立法者虽然不断扩大强制措施适用的范围和处罚力度。但是立法者从未清晰地认识到强制措施的秩序罚之性质以及由此而衍生的强制措施的设定上应当恪守的平等原则、比例原则的基本要求。这不仅欠缺正当性，更给司法实践带来一定的危害。

三、结语

综上，我国三大诉讼法关于强制措施的立法规范有违具有宪法位阶的一般原则之内在要求。其根本原因在于立法者一直未能清晰地认识强制措施的行政秩序罚性质。笔者认为，在将来进一步修法时，应当立足于强制措施的秩序罚性质对其作合理、正确的制度安排。

第三节　民事诉讼中的罚款

2012 年修改后的《民事诉讼法》不仅将逾时举证、恶意诉讼、恶意串通逃避执行等作为新的妨害民事诉讼的行为予以规制，更是大幅提高了针对妨害民事诉讼行为的罚款金额。其中，针对个人的罚款金额从原《民事诉讼法》所规定的一万元以下提高到十万元以下，针对单位的罚款金额从原《民事诉讼法》所规定的一万元以上三十万元以下提高到五万元以上一百万元一下。以对个人的罚款金额为例，修改后的《民事诉讼法》所规定的十万元以下相比于 1982 年的《民事诉讼法》（试行）所规定的 200 元以下，1991 年正式颁行的《民事诉讼法》所规定的 1000 元以下及 2007 年修订后的《民事诉讼法》所规定的一万元以下，分别增长了 500 倍、100 倍及 10 倍，不仅远远高于同期我国居民人均可支配收入或纯收入的增幅，① 甚至与现行《刑法》针对入罪的同一形态的妨害民事诉讼行为所科处的罚金数额相当。笔者认为，修改后的《民事诉讼法》关于罚款金额的设定不仅没有照顾到其与相关法律规范之间的协调，即其本身也是严重背离了民事诉讼罚款的应然本质，显然是不妥当的。而之所以有这样的修法，根本的原因在于立法者自《民事诉讼法》（试行）时即未能正确地认识民事诉讼罚款的性质。

一、民事诉讼罚款的应有性质

从学理上讲，根据制裁的根据、制裁的手段与制裁的对象的不同，法律上的制裁约可分为刑事制裁、行政制裁与纪律制裁三种。

---

① 根据国家统计局发布的数据，我国城镇居民家庭人均可支配收入 1982 年是 535.3 元，1991 年是 1700.6 元，2007 年是 13785.8 元，2011 年是 21809.8 元。我国农村居民家庭人均纯收入 1982 年是 270.11 元，1991 年是 708.55 元，2007 年是 4140.36 元，2011 年是 6977.3 元。如果将其与同时期施行的《民事诉讼法》所规定的针对个人的罚款金额对比则不难发现，《民事诉讼法》所设定的罚款金额占人均年收入的比重呈日益增加的趋势。

刑事制裁乃国家基于刑罚权针对一般人的犯罪行为而科处的生命刑、自由刑等刑事处罚。行政制裁有广义与狭义之分，前者是指国家及公共团体为达成一定的行政目，针对违反行政法上的义务的行为所科处的制裁。其既包括针对一般人的违反秩序的行为所处的行政罚或秩序罚，也包括针对公务员等具有特别身份关系的人的违法失职行为所科处的撤销、申诫等纪律罚，甚至包括强制义务人履行义务的措施。而狭义的行政制裁仅指行政机关为维持一定的行政秩序，对于违反行政义务的人所施加的刑事处罚以外的以秩序罚为主要内容之处罚。① 纪律制裁即广义的行政制裁中的纪律罚，又称为惩戒罚，基于特别权力关系而产生，与狭义的行政罚或秩序罚有本质的不同。② 总体而言，行政制裁是以行政上的不法行为为适用对象，以行政机关为实施主体，因而迥异于以刑事犯罪行为为适用对象而由司法机关为实施主体的刑事制裁。

为了准确地理解作为行政罚的秩序罚，还必须将其与执行罚区分开来。所谓执行罚是指国家为强制义务人履行公法上的义务，对义务人预先进行如果不履行义务将进行一定惩罚的告诫，在义务人确实没有履行义务时而作的处罚。不难看出，秩序罚与执行罚均为国家对于违反公法义务的人所施加的不利益并且均是以违反行政上的义务为前提要件。但二者存在本质的差别，表现为：秩序罚以维持行政上的秩序为目的，重点在于对行为人过去所实施的违反义务的行为进行追究；而执行罚则以督促义务人履行行政义务为目的，重点在于实现与该行政义务已经履行的同一状态。③ 因此，执行罚本质上并非处罚，而是属于行政上强制执行的手段。④

从各国立法所设定的秩序罚种类看，罚款事实上是最重要的并

---

① 参见洪家殷：《行政秩序罚论》，台湾五南图书出版公司 2000 年版，第 7 页。

② 参见林纪东：《行政法》，台湾三民书局 1994 年版，第 362 页。

③ 参见陈新民：《行政法学总论》，台湾三民书局 1997 年版，第 281 页。

④ 参见陈敏：《行政法总论》，台湾三民书局 1998 年版，第 618 页。

且是最多适用的秩序罚。① 同刑罚上的罚金一样，罚款也是以使相对人的财产受遭受不利益作为制裁的内容。但罚款与罚金存在明确的界限，表现为罚款较少蕴含罚金所必须具备的伦理价值判断，目的也不是为了使相对人负担社会伦理责任的赎罪，而是为了维护社会秩序。②

罚款，作为秩序罚的典型，其不仅广泛地存在于一般行政法领域，而且普遍的存在于诉讼法领域。与一般行政法上的罚款以维护行政法上的秩序为目的而针对违反行政法上的义务的行为所施加的制裁相似，在诉讼法上，罚款是为了维持诉讼法上的秩序针对违反诉讼法上的义务所施加的制裁。民事诉讼领域中的罚款固然如此，刑事诉讼及行政诉讼中的罚款概莫能外。以证人出庭作证为例，考诸域外立法，为严格贯彻审判中的直接、言词原则，无论是其《民事诉讼法》还是《刑事诉讼法》抑或《行政诉讼法》，均将出庭作证规定为证人对代表国家行使裁判权的法院所负的公法义务，并且为了促使证人履行出庭作证义务，无不同时规定证人如果违反该义务将受到罚款等制裁。譬如，德国《民事诉讼法》第 380 条第 1 款规定："经合法传唤而不到场的证人，可以不经申请而命其负担因不到场而生的费用。同时可以对他处以违警罚款，不纳罚款时，对他科以违警拘留。"德国《刑事诉讼法》第 51 条也规定了刑事诉讼中证人无正当理由不出庭将被法院命负担由此所产生的诉讼费用及罚款。德国《行政法院法》第 98 条规定："除法律有特别规定外，德国《民事诉讼法》第 358—444 条及第 450—494 条的规定，准用于法院审理行政案件。"由此可知，在德国的行政诉讼中，证人违反出庭作证义务同样会被法院处以罚款。又如日本《民事诉讼法》第 192 条第 1 款规定，证人无正当理由不出庭时，法院可裁定命令其负担由此而产生的诉讼费用，并处以 10 万日元

---

① 参见洪家殷：《行政秩序罚论》，台湾五南图书出版公司 2000 年版，第 193 页。

② 参见洪家殷：《行政秩序罚论》，台湾五南图书出版公司 2000 年版，第 191 页。

以下的罚款。日本《刑事诉讼法》刑诉法第 150 条也规定，证人受合法传唤无正当理由不出庭，法院将裁定处 10 万日元以下的罚款并命赔偿由此而生的诉讼费用。日本《行政事件诉讼法》第 7 条规定：关于行政事件的诉讼，本法未规定的事项，适用民事诉讼法的规定。由此可知，在日本的行政诉讼中，证人无正当理由不履行出庭作证义务时，同样会被法院处以 10 万日元以下的罚款。

如果将行政法上的罚款与民事诉讼中以证人违反作证义务所受制裁为典型例证的诉讼法上的罚款作一比较，可以发现二者虽然存在某些形式上的差异，但本质上并无不同。具体来讲，行政法上的罚款虽然以行为人违反一般行政上的义务为前提要件，而民事诉讼法上的罚款则以行为人违反诉讼法上的义务为前提要件，但二者的实施均是为了维持一定的秩序，并且均具有制裁的实质，因而都属于秩序罚。① 从国家作用这个层面分析，我们更有理由将民事诉讼中的罚款定性为行政制裁。国家作用依据性质的不同，一般可分为立法作用、司法作用与行政作用。其中，立法作用在于法规的制定，司法作用在于国家刑罚权的判断以及通过一定的裁判程序来确定人与人之间的权利义务关系。行政作用乃立法作用、司法作用以外的一切作用。判断国家机关的行为属于哪一种作用，取决于该作用或行为本身的性质，与承担该作用的国家机关本身并无关系。在现实中，国家作用具体分配给哪个机关，不仅因具体的宪法体制的不同而不同，并且会因个别法律的不同而不同。因而，行政部门实施的作用，从形式意义上讲，可尽将其归为行政作用，但是从实质意义上讲则不尽然，如委任立法本质上实乃立法作用，而行政裁决则属于实质意义上的司法作用。同样的道理，法院所实施的国家作用也并非全都是司法作用，如民事强制执行虽由法院实施，但是其并非实质意义上的司法作用。在民事诉讼中，法院针对违反诉讼义务或违反诉讼秩序的行为科处罚款形式上虽是司法作用，但实质上

---

① 参见 [日] 盐野宏：《行政法》，杨建顺译，法律出版社 1999 年版，第 178 页；[日] 门口正人：《民事证据法大系》（第三卷），青林书院 2006 年版，第 12 页。

实乃行政作用。因为罚款虽由法院实施，但此时法院并非在真正意义上行使审判权，而是针对违反诉讼义务的行为进行裁，在功能上实属于行政权的作用，而不是司法作用。① 故而在功能意义上讲，将实施罚款的法院称为行政机关并不为过。正因如此，完全可以将民事诉讼上的罚款定位为具有行政制裁性质的秩序罚。② 相反，绝不能认为在民事诉讼罚款是由法院实施的即否认其作为行政制裁的秩序罚性质。③

二、民事诉讼罚款性质定位的立法透视

（一）我国民事诉讼罚款的立法沿革

在我国的《民事诉讼法》中，罚款是作为对妨害民事诉讼的强制措施之一予以专章规范的，此种立法体例自 1982 年《民事诉讼法》（试行）时起相沿至今基本没有更易。根据《民事诉讼法》（试行）第 11 条的规定，罚款适用于以下六种妨害民事诉讼的行为：（一）伪造、隐藏、毁灭、证据；（二）指使、贿买他人作伪证；（三）隐藏、转移、变卖、毁损已被查封、扣押的财产；（四）以暴力威胁或者其他方法阻碍司法工作人员执行职务或者扰乱司法机关的工作秩序；（五）对司法工作人员、证人、鉴定人、勘验人、诉讼参加人、协助执行的人进行侮辱、诽谤、诬陷、殴打或者以其他方法进行打击报复；（六）有义务协助执行的人，对人民法院的协助执行通知书无故推托、拒绝或者妨碍执行。同法第 78 条第 1 款规定，罚款的金额为 200 元以下。

1991 年 4 月 9 日七届人大第四次会议正式通过了《民事诉讼法》，与《民事诉讼法》（试行）相比，《民事诉讼法》关于罚款的设定有主要以下几点变化：第一，为凸显维护诉讼秩序的重要

---

①　参见［日］盐野宏：《行政法》，杨建顺译，法律出版社 1999 年版，第 7 页。

②　参见［德］沃尔夫：《行政法》，高家伟译，商务印书馆 2002 年版，第 342 页。

③　参见洪家殷：《行政秩序罚论》，台湾五南图书出版公司 2000 年版，第 144 页。

性,《民事诉讼法》将违反法庭规则、扰乱法庭秩序的行为从《民事诉讼法》(试行)第 11 条所规定的阻碍司法工作人员执行职务行为中剥离出来,由第 101 条专门予以规范。① 第二,针对执行难,《民事诉讼法》第 102 条第 1 款第 6 项将"拒不履行生效裁判"增设为可科处罚款的妨害民事诉讼行为。第三,针对调查取证及协助执行难,《民事诉讼法》第 103 条将拒不协助调查、执行的行为增设为可科处罚款的妨害民事诉讼行为。值得注意的是,正是由于该条的增设,使得民事诉讼罚款的适用对象从《民事诉讼法》(试行)时期的个人扩张到单位。② 第四,考虑到通货膨胀及人民收入的实际增长,更好地达到罚款的目的,《民事诉讼法》将对个人的罚款金额从《民事诉讼法》(试行)时期的 200 元以下提高至 1000 元以下,并首设针对单位的罚款。罚款金额为 1000 元以上 3 万元以下。从总体上讲,与《民事诉讼法》(试行)相比,1991 年的《民事诉讼法》关于罚款的设定无论是在适用的范围、适用的对象还是罚款的金额均有所扩张或提高。相应的,罚款这种强制措施手段也更加严厉了。

　　2007 年 10 月 28 日第十届全国人大常委会第三十次会议通过了《关于修改〈中华人民共和国民事诉讼法〉的决定》,对《民事诉讼法》作了部分修改,其中涉及罚款的修改有两处:第一,将被执行人拒绝报告或者虚假报告财产情况增设为可以科处罚款的妨害民事诉讼行为。第二,提高了罚款的金额,将对个人的罚款金额从 1000 元以下提高到 1 万元以下;对单位的罚款金额从 1000 元以上 3 万元以下提高到 1 万元以上 30 万元以下。从全国人大常委会法工委所作的关于《民事诉讼法修正案》(草案)的说明来看,这两个方面的修改目的都是为了"强化执行措施,促使被执行人依

----

　　① 参见马原:《民事诉讼法的修改与适用》,人民法院出版社 1991 年版,第 4 页。

　　② 《民事诉讼法》第 102 条虽然也增加规定单位可以作为一般妨害民事诉讼行为的实施主体,但对于此类行为,该条仅规定对单位的主要负责人或直接责任人予以罚款。

法履行义务",2012 年 8 月 3 日,第十一届全国人大常委会第二十八次会议通过了《关于修改〈中华人民共和国民事诉讼法〉的决定》,时隔五年,对《民事诉讼法》作了第二次修正。此次修正涉及罚款的主要有两个方面:第一,为促使当事人积极提供证据,防止诉讼不适当地迟延,修改后的《民事诉讼法》第 65 条、第 112 条、第 113 条进一步将当事人逾期举证、恶意诉讼及恶意串通逃避执行等行为增设为可科处罚款的妨害民事诉讼的行为;第二,进一步提高罚款的金额,将对个人的罚款金额从一万元以下提高到十万元以下;对单位的罚款金额从一万元以上三十万元以下提高到五万元以上一百万元以下。从全国人大常委会法工委所作的关于《民事诉讼法修正案》(草案)的说明中可以看出,此次关于罚款尤其是罚款金额的修改,仍是针对执行实践中存在的执行难问题而进行的,目的同样是为了加大对拒不执行的惩处力度,制裁逃避执行行为。

纵观我国民事诉讼罚款制度的立法沿革,不难看出其总体上呈现出以下特征:第一,在我国的民事诉讼中,罚款乃是作为针对妨害民事诉讼的强制措施之一予以规定的,从最早作专章规定逐渐演变成也散见于其他条文中予以规范。2007 年《民事诉讼法》修改时增设"被执行人拒绝报告或虚假报告财产情况"为可科处罚款的妨害民事诉讼行为以及 2012 年《民事诉讼法》修改时增设"逾期举证"为可科处罚款的妨害民事诉讼行为即其著例。第二,罚款金额呈飞跃式增长。从 1982 年到 2012 年三十年间,罚款金额增长逾五百倍,这在各国立法史上是极其罕见的。第三,罚款适用的重心从最初的针对扰乱法庭秩序的行为逐渐转移到拒不履行生效裁判的行为。

或许是由于《民事诉讼法》(试行)时起,罚款即在我国的立法中被冠以"对妨害民事诉讼的强制措施"之一予以专章规定的缘故,在我国,无论是学界还是实务部门对于民事诉讼罚款的性质长期以来一直缺乏清晰的认识,这反过来似乎又间接地促成了立法机关针对民事诉讼罚款的错误修法。在《民事诉讼法》(试行)时期,关于民事诉讼中的罚款,基本上认为其乃诉讼上的强制手段,而不是法律制裁，这种强制手段是制止和教育手段而不是处罚手段。① 因而认为罚款不同于刑事制裁、民事制裁和行政制裁，乃为保障民事诉讼而根据民诉法所设的特殊的教育方法和保障手段。②，1991 年《民事诉讼法》正式颁行后，在罚款性质的理解上仍一如《民事诉讼法》（试行）时期的认识并赓续至今。如有认为罚款作为强制措施，乃对有妨害民事诉讼行为的人采用的一种带有制裁性的强制教育手段；③ 有认为罚款是制止违法行为和教育违法行为人的强制手段；④ 有认为罚款与行政处罚中的罚款虽然一样，但性质不同，其实质上是一种制止违法、违纪行为和教育行为人反正错误的强制性措施。⑤

（二）我国民事诉讼罚款的性质

综观 2012 年修改后的《民事诉讼法》关于罚款的规范可知，在我国的民事诉讼中，罚款适用于以下行为：（1）逾期举证行为（第 65 条）；（2）扰乱法庭秩序行为（第 110 条）；（3）诉讼外妨害民事诉讼的行为，包括拒不履行生效裁判行为（第 101 条）；（4）恶意诉讼行为（第 112 条）；（5）恶意串通逃避执行行为；（第 113 条）；（6）拒不协助调查、执行行为（第 114 条）；（7）拒绝报告，虚假报告财产情况行为（第 241 条）。仔细推究，笔者认为，我国《民事诉讼法》所规定的上列七种形态的妨害民事诉讼的行为性质并不完全相同，相应地，法院针对其所科处的罚款的

---

① 参见石宝山、郭学贡：《民事诉讼法》，吉林大学出版社 1985 年版，第 170 页；柴发邦主编《民事诉讼法教程》，法律出版社 1983 年版，第 232 页。

② 参见江伟主编：《中国民事诉讼法教程》，中国人民大学出版社 1990 年版，第 211 页。

③ 参见柴发邦主编：《民事诉讼法学新编》，法律出版社 1992 年版，第 267 页。

④ 参见唐德华：《新民事诉讼法条文释义》，人民法院出版社 1991 年版，第 179 页。

⑤ 参见江流、孔礼海：《民事诉讼法讲话》，人民日报出版社 1991 年版，第 109 页。

性质也并不一样。具体讲来：

第一，逾期举证、拒不协助调查、执行以及拒绝报告、虚假报告财产情况等行为均属于当事人或负有协助义务的第三人违反诉讼法义务的行为。根据前述法理，法院对其科处的罚款性质上显然属于秩序罚。

第二，扰乱法庭秩序行为从本质上讲并非是违反诉讼法义务的行为而是违反行政法上的遵守公共秩序义务的行为。尽管如此，我们仍不能否认法院对扰乱法庭秩序行为所科处的罚款的秩序罚性质，因为对该行为科处罚款的目的在于维护审判秩序。①

第三，拒不履行生效裁判行为以外的诉讼外妨害民事诉讼的行为，诸如伪造、毁灭证据，以暴力、威胁、贿买方法阻止证人作证，隐藏、转移、变卖、毁损已被查封、扣押的财产，对司法工作人员、诉讼参加人、证人等人员进行侮辱、诽谤、诬陷、殴打或者打击报复，以暴力、威胁或者其他方式阻碍司法工作人员执行职务等行为显然也不属于违反诉讼法义务的行为，而为一般的行政不法行为。不过，法院对这些行为所科处的罚款仍然不失为秩序罚。

第四，拒不履行生效裁判行为本质上属于违反执行法院命令的行为。基于民事强制执行的行政法性质，笔者认为，应将该行为定性为违反行政执行的行为。因而，法院针对拒不履行生效裁判行为所科处的罚款本质上即属于行政罚中的执行罚，而非为维护一定的秩序所实施的秩序罚。②

第五，恶意诉讼与恶意串通逃避执行这两类行为均是债务人采用虚假诉讼这一特殊的方式侵害债权人利益的行为，本质上应属于民事侵权行为。其既非违反诉讼义务的行为，亦非违反诉讼秩序的行为。甚至可以说其连对一般行政法上的秩序的违反都谈不上。故

---

① 法院对扰乱法庭秩序的行为进行罚款等制裁，本质上属于法庭警察权的行使，因为其与法院审判职务的履行有关，故由法院采取更为便宜。从国外立法看，法庭警察权多由法院组织法予以规定。

② 参见陈计男：《强制执行法释论》，台湾元照出版有限公司 2002 年版，第 555 页。

笔者认为，恶意诉讼与恶意串通逃避执行这两类行为理应由民事实体法予以规范，我国《民事诉讼法》将其作为可科处罚款的妨害民事诉讼的行为予以规制显然欠缺正当性。

根据上文的分析，笔者认为，在我国的民事诉讼中，罚款一般具有两种性质，一为秩序罚，另一为执行罚。前者针对的是违反诉讼法义务的行为或一般的违反诉讼秩序的行为，后者针对的则是拒不履行生效裁判的行为。从《民事诉讼法》（试行）颁布迄至2012 年《民事诉讼法》的修改三十年立法历程中，我国立法者一直未能正确地认识民事诉讼罚款的性质，从而导致《民事诉讼法》关于罚款的规范不周全尤其是未能做到与其他法律特别是《行政诉讼法》《治安管理处罚法》《刑法》相关规定之间的协调。《民事诉讼法》关于罚款金额的设定即为最佳例证。突出地表现为：《民事诉讼法》不仅区分不同主体实施的同一形态的行为而设定不同的罚款金额，即罚款金额本身也大大逾越了其他相关法律针对同一性质的行为所设定的罚款金额，从而有违平等原则的内在要求。更有甚者，《民事诉讼法》所设定的罚款金额几与《刑法》所规定的针对同一形态的犯罪行为的罚金金额相当而与比例原则相悖。凡此种种，均极大地动摇了我国民事诉讼罚款制度适用的正当性。

三、民事诉讼罚款金额的设定应符合平等原则

如上所述，在民事诉讼中，罚款通常是针对违反诉讼法上的义务或违反诉讼秩序的行为而科处之制裁，具有秩序罚的性质。因而民事诉讼罚款金额的设定理应恪守设定秩序罚所应遵循的平等原则和比例原则的最基本要求。作为一项宪法位阶的原则，平等原则最基本的内涵是"相同之事物应为相同之处理，不同之事物应为不同之处理"。此从反面推论可知，平等原则强调，相同的事物不应有差别待遇，不同的事物可以有差别待遇。[①] 当然平等原则并非要

① 参见城仲模主编：《行政法之一般法律原则》（二），台湾三民书局1997 年版，第 123 页。

求绝对的同一，其仅强调国家机关针对同一性质的事物不可恣意地予以差别待遇。平等原则同时适用于立法、司法、行政领域，拘束国家的立法行为、司法行为、行政行为。①。

如果对现行《民事诉讼法》关于罚款金额的设定作一番梳理并将与其他法律的相关规范作一比较，即可发现，我国民事诉诉中罚款金额的设定严重违背了平等原则的内在要求。具体体现在两个方面：第一，《民事诉讼法》区分单位和个人实施的同一形态的妨害民事诉讼的行为而设定不同的罚款金额，违背了禁止恣意差别对待原则。《民事诉讼法》第115条第1款规定："对个人的罚款金额，为人民币十万元以下。对单位的罚款金额，为人民币五万元以上一百万元以下。"此区分立法体例始自1991年《民事诉讼法》正式颁行之时，相沿至今未有变更。由于从立法机关的各种官方性文件中也不能窥见作此种区分的立法理由，故笔者揣测，其似为在立法者看来，单位相比于个人，经济负担能力强，区分单位和个人而异其不同罚款金额似更可实现罚款的制裁目的。笔者认为，若果真以此为立法基础，则无论从法理上还是从逻辑上均不能成立。这是因为，罚款作为秩序罚，只有其金额与不法行为的性质、情节相适应才能更好地实现制裁不法行为，维护秩序之目的。事实上，这一机理在我国设有罚款规范的其他法律中早已有明确的宣示。如早在1996年颁布的《行政处罚法》第4条第1款即规定："设定和实施行政处罚必须以事实为依据，与违法行为的事实、性质、情节以及社会危害程度相当。"又如2005年颁布的《治安管理处罚法》第5条第1款也规定："治安管理处罚必须以事实为依据，与违反治安管理行为的性质、情节以及社会危害程度相当。"笔者认为，基于平等原则，在民事诉讼中，针对行为人实施的可实施罚款的违反诉讼秩序的行为，也应根据该行为的不法性以及社会危害程度处以相应的罚款。绝不能因实施的主体不同而异其罚款金额，否则即属于恣意地予以差别待遇而有悖平等原则。第二，《民事诉讼法》

① 参见城仲模主编：《行政法之一般法律原则》，台湾三民书局1991年版，第204页。

关于罚款金额的设定没有遵循同一性质的行为应作同一处理的原则。如上所述，民事诉讼中的罚款与其他法律所设定的罚款一样，均是针对未构成刑事犯罪行为而仅构成行政不法行为所作的制裁。因而，立法针对行为人在不同场合所实施的同一性质的不法行为应设定大抵相同的罚款金额始为正当，也才能因应罚款的秩序罚性质。这也乃各国立法通例。仍以证人履行出庭作证义务为例来说明，在大陆法系各国，无论是民事诉讼、刑事诉讼还是行政诉讼，证人违背作证义务所受的罚款金额基本是相同的，譬如，在德国，证人违反出庭作证义务所应科处的罚款金额均是依据德国的《刑法实施法》确定。① 而依德国《刑法实施法》第 6 条的规定，除特别规定外，罚款至少为 5 欧元，最多 1 千欧元。又如前文已提到，在日本，证人违反做证义务无论发生在那种诉讼中，所受罚款制裁的金额均为 10 万日元以下。

反观我国《民事诉讼法》，由于立法者根本没有认识到民事诉讼罚款的秩序罚的性质从而在罚款金额的设定上一直就没有注意到与其他相关法律之间的协调，从而造成在我国，行为人在不同领域实施的同一性质并且危害程度相当的不法行为所受的罚款制裁，金额殊异的极不合理现象的发生。这一不合理现象由于《民事诉讼法》两次修改大幅提高罚款的最高金额而显得更为突出。以对个人的罚款金额为例，1991 年正式颁行的《民事诉讼法》将针对个人的罚款金额从《民事诉讼法》（试行）所规定的 200 元以下提高到 1000 元以下，从而使得针对同一不法行为依据《民事诉讼法》予以罚款处罚与依据《治安管理处罚条例》予以罚款处罚在金额上将有显著不同。或许有人认为，1991 年《民事诉讼法》正式颁行时，根据当时的情形，200 元以下的罚款金额显然过低从而不能有效地达到罚款的目的，故将罚款金额提高到 1000 元以下是正当的。笔者认为，这种观点根本就是错误的，因为其未能正确地认识到无论是《民事诉讼法》（试行）还是 1991 年正式颁行的《民事诉讼法》所列举的诸种形态的妨害民事诉讼的行为本质上都不是

---

① 参见 Vgl. Musielak, Grundkurs ZPO, S. 24. 5. Aufl. 2000。

违反诉讼法义务的行为，而是违反一般的社会秩序的行政不法行为。显而易见的是，在我国已有专门的法律（《治安管理处罚条例》）对这些妨害民事诉讼的行为予以规制的背景下，《民事诉讼法》仍沿袭《民事诉讼法》（试行）的体例作重复规定从立法技术上讲已经不合时宜。退一步讲，即便认为《民事诉讼法》为突出强调对本质上属于一般不法行为的妨害民事诉讼的行为予以规制的意义而作重复规定而有其合理性，立法者也应注意到其与《治安管理处罚条例》相关规定保持本质上的一致，此乃民事诉讼中可科处罚款的妨害民事诉讼行为与《治安管理处罚条例》所规定的可科处罚款的行为本质上均为一般的行政不法行为因而理应作同一处理的内在要求使然。

有意思的是，早在 1991 年《民事诉讼法》正式颁行之前，1989 年通过的《行政诉讼法》第 49 条即规定针对妨害行政诉讼的行为（与民事诉讼中的妨害民事诉讼的行为同其形态，实质上也属于一般的行政不法行为）可处 1000 元以下的罚款。而 1994 年 5 月 12 日第八届全国人大常委会第十六次会议虽然对《治安管理处罚条例》进行了修正，却未对罚款金额进行修正。更值得注意的是，《刑事诉讼法》自 1979 年 7 月 1 日由第五届全国人大第二次会议通过后，虽历经 1996 年及 2012 年两次大幅修正，却未如《民事诉讼法》、《行政诉讼法》那样专章规定对妨害刑事诉讼行为的强制措施。我们当然不能说，发生在民事诉讼、行政诉讼中的诸如扰乱法庭秩序、毁灭证据、妨碍司法工作人员执行职务等不法行为在刑事诉讼中不会发生。毋宁认为，这是立法者的疏忽造成的。从某种意义上讲，这恰恰表明《民事诉讼法》《行政诉讼法》所规定的可科处罚款的妨害诉讼的行为并不能构成独立的不法行为形态，本质上仍属于一般的行政不法行为因而由诸如《治安管理处罚条例》之类的行政法予以调整、规范更为合适。2005 年 8 月十届全国人大常委会第十七次会议通过了《治安管理处罚法》，同时废除了《治安管理处罚条例》。尽管《治安管理处罚法》已将针对一般不法行为所科处的罚款金额从《治安管理处罚条例》所规定的 200元以下提高至 500 元以下，但仍远低于 2007 年修改后的《民事诉讼法》所规定的一万元以下，与 2012 年修改后的《民事诉讼法》所规定的十万元以下更是有霄壤之别。2012 年 10 月 26 日十一届全国人大常委会第 29 次会议虽然对《治安管理处罚法》进行了修改，但未修改罚款金额。前述立法实践充分表明，我国设有罚款规范的法律在罚款金额的设定上极不协调。从某种意义上讲，其似乎更能坐实我国立法者对于罚款的秩序罚的性质缺乏清晰的认识。如此一来，在我国现行的法律框架下，一个极不合理的现象不可避免地发生了。那就是，同一形态且危害程度相当的不法行为，行为人若在不同的领域中实施所受到的罚款制裁轻重迥然不一。以阻碍司法工作人员执行职务行为为例，该行为若发生在民事诉讼中，依《民事诉讼法》第 115 条的规定，法院可对行为人处十万元以下罚款；若发生在行政诉讼中，依《行政诉讼法》第 49 条的规定，法院可对行为人处 1000 元以下罚款；若发生在刑事诉讼中，因《刑事诉讼法》对其没有设制裁规范，因而法院只能适用《治安管理处罚法》第 50 条的规定，可对行为人处 500 元以下罚款。笔者认为，造成此种怪异现象的原因表面上看是因为各相关法律的颁布及修改时间不一致，但在笔者看来，其最根本的原因是因为立法者长期以来一直就没有正确地认识到无论是《民事诉讼法》所规定的可科处罚款的妨害民事诉讼的行为还是《行政诉讼法》所规定的妨害行政诉讼的行为，除违反了诉讼法上的义务的行为外，本质上均为一般的违反秩序的行政不法行为，其由《治安管理处罚法》规范即为已足，因而无须同时将其规定于《民事诉讼法》及《行政诉讼法》中。不仅如此，《民事诉讼法》针对可科处罚款的违反诉讼法上的义务的行为，在罚款金额的设定上也应注意与其他法律相关规定之间的协调以免造成同一行为不能作同一处理从而有违平等原则的不合理现象的发生。

四、民事诉讼罚款金额的设定应遵循比例原则

在民事诉讼中，罚款金额的设定不仅要符合平等原则，同时也要遵循比例原则。与平等原则一样，比例原则通常也被认为是一具

有宪法位阶的法律原则,适用于所有的国家行为。① 通说认为,比例原则由妥当性原则、必要性原则及均衡原则三个子原则所构成。所谓妥当性原则是指法律或公权力措施的采取必须能实现目的或至少有助于目的的达成,并且为正确的手段。所谓必要性原则,又可称为最少侵害原则,是指法律或公权力措施所选择的手段,不可逾越达成目的的必要限度,易言之,当存在多种手段或措施可达到目的时,应选择对人民权利侵害最小的措施。所谓均衡原则,又称狭义比例原则,是指公权力措施的采取虽然是达成目的所必须的,但是不得与其所得不成比例。该原则强调不能因公权力措施的采取而使相对人承受过多的不利益。② 具体就比例原则在罚款中的适用而言,笔者认为,其有两个方面的基本要求:第一,法院科处罚款必须有助于目的的达成。第二,罚款金额的设定应限定在合理的范围内。以比例原则为依据,不难发现现行《民事诉讼法》关于罚款的设定存在诸多不适当的地方,具体来讲:

第一,《民事诉讼法》第 112 条、第 113 条将恶意诉讼、恶意逃避执行作为罚款的适用对象是不妥当的。因为如前所述,该两类行为从性质上讲,仅为损害他人私益的民事侵权行为,并非违反诉讼秩序的行为。因而行为人实施这两类行为的后果应当是对受害人负损害赔偿的责任,而不是遭受作为秩序罚的罚款制裁。对这两类行为进行罚款显然不符合比例原则所强调的手段的采取必须有助于目的的达成这一基本要求。

第二,《民事诉讼法》第 111 条不区分生效裁判所确定的给付内容的性质,规定所有的拒不履行生效裁判行为均可科处罚款是不正确的。如前所述,在民事执行中,法院针对拒不履行生效裁判行为所科处的罚款本质上为执行罚,而非秩序罚,其目的是为了促使

---

① 参见陈新民:《德国公法学基础理论》(下),山东人民出版社 2001 年版,第 375 页。

② 参见陈新民:《德国公法学基础理论》(下),山东人民出版社 2001 年版,第 368~369 页;城仲模:《行政法之一般法律原则》,台湾三民书局 1994 年版,第 124~125 页。

债务人履行给付义务不是对其进行制裁。因此笔者认为，如果生效裁判确定的是金钱给付或其他财产权的给付甚至是可以替代的行为给付，由于法院在债务人拒不履行时，可采取查封、扣押、拍卖债务人财产或执行标的物或以债务人的费用由第三人代为履行等方式直接予以强制执行，故并不适宜对债务人科处罚款。因为即便对债务人科处罚款，罚款的征收本身往往亦须借助强制执行才能达到目的。因而，在前述类型的民事执行中，罚款并不能有助于执行目的的达成，至少其不是达成目的的最佳手段。据此可以认为，现行《民事诉讼法》规定罚款适用于所有的拒不履行生效裁判的行为显然有违比例原则。从域外立法来看，作为执行罚的罚款通常也仅仅是针对债务人拒不履行不可由他人替代的行为给付，而非所有的拒不履行生效裁判行为。如德国《民事诉讼法》第 888 条第 1 款规定："行为不能由第三人实行，而且是完全取决债务人的意思时，第一审受诉法院依申请可以宣告，债务人如不实施该项作为时，将处以强制金。如仍不实施，将处以秩序拘留。一次强制金的数额不得超过两万五千欧元。"又如我国台湾地区的"强制执行法"第 128 条第 1 款规定："依执行名义，债务人应为一定之行为，而其行为非他人所能代为履行者，债务人不为行为时，执行法院得定债务人履行之期间，债务人不履行时，得拘提、管收之，或处以新台币三万以上三十万元以下之怠金，其续经定期履行而仍不履行者，得再处怠金。"

第三，《民事诉讼法》所规定的罚款金额已经逾越罚款作为秩序罚所固有的必要限度。如前所述，现行《民事诉讼法》第 115 条所规定的罚款金额不仅远高于我国其他设有秩序罚的法律中所确定的罚款金额，也大大超过前面所提到的域外立法例所规定的罚款金额。若将前述域外立法例所规定的罚款金额折换成人民币计算，可知其均未超过一万元，远低于我国《民事诉讼法》所规定的罚款金额。若以罚款金额与收入之比为依据，更足见我国《民事诉讼法》所规定的罚款金额过高。更值得反思的是，现行《民事诉讼法》所规定的罚款金额甚至超过了《刑法》针对入罪的同一形态的行为予以罚金的数额。以《民事诉讼法》第 111 条所规制的可科处罚款的"以暴力、胁迫方法阻碍国家机关工作人员执行职务行为"与"扰乱法庭秩序行为"为例，行为人实施该两类妨害民事诉讼的行为如果尚未构成犯罪，法院依《民事诉讼法》第115条可对行为人科处十万元以下的罚款。相反如果已构成犯罪，法院依《刑法》第277条、309条并比照第113条的规定对行为人单处罚金，其最高金额也为十万元。这进一步证明《民事诉讼法》关于罚款金额的设定至为不当。因为罚金适用于刑事犯罪行为，而罚款仅适用于一般的不法行为。无论是社会危害性、侵犯法益的程度还是伦理上的可责难性，刑事犯罪行为均大于一般的不法行为，因而在一国的法律体系内，针对同一不法行为，法律所规定的可科处罚金的金额理应高于罚款的金额，而不是相反。一言以蔽之，现行《民事诉讼法》所设定的罚款金额远远逸出了作为秩序罚的罚款所应有的范围，极为不当。

五、结语

通过前文的分析可知，我国《民事诉讼法》关于罚款金额的设定不仅有违平等原则、比例原则的内在要求，更背离了罚款的秩序罚本质。而之所以有此种不合理的制度设计，其根本的原因是由于我国立法者自《民事诉讼法》（试行）时起一直未能廓清民事诉讼中的罚款的秩序罚性质。笔者认为，在《民事诉讼法》新近才作修改因而在可预见的一段时间内很难再作进一步修正的背景下，为杜绝罚款制度在民事司法实践中的不当适用而给人民财产权造成不必要的侵害，唯有期待最高人民法院出台相关司法解释，针对《民事诉讼法》第115条进行目的性限缩解释，确定能与罚款的秩序罚的性质相适应并且与其他法律相关规定协调的罚款金额上限。当然，其前提是最高人民法院能够正确地认识民事诉讼中的罚款的秩序罚性质。

第四节　民事诉讼中的拘传

民事诉讼中的拘传是指人民法院派出司法警察依法强制有关人

员到庭诉讼到场接受询问的措施，其适用效能在于清除诉讼过程中的障碍。① 在我国民事司法实践中，当事人无正当理由不出庭的现象时常有之。为了能够推动诉讼顺利进行，我国民事诉讼立法规定对必须到庭并且经过两次传票传唤仍无正当理由不到庭的被告可适用拘传强制其到庭。有学者撰文称，在"查明事实，分清是非""以事实为根据"等原则的指导下，拘传当事人到庭有利于受诉法院查明案情，顺利裁判，并且现行立法有关拘传制度的规定还远远不能保证法院能及时正确地审理案件，拘传制度的适用范围应扩大到原告等所有不到庭就无法查明案情的人。② 更有学者认为，从查明事实，树立司法权威的角度出发，拘传应适用于一切类型的民事案件。③

然而令人遗憾的是，在我国的民事司法实践中，拘传制度的适用远未达到立法者所期待的效果。这不能不令我们重新审视拘传被告到庭制度的妥当性与和目的性。更令人不解的是，2015 年《民诉法解释》竟然突破《民事诉讼法》，将拘传扩张适用于原告。这一造法性解释不仅有背法治国基本原则的法律保留原则，即其本身也是缺乏正当性。

一、民事诉讼中拘传制度之比较法考察

（一）我国民事诉讼中有关拘传制度之规范

在我国现行《民事诉讼法》中，拘传乃是作为对"妨害民事诉讼的强制措施"之一予规范的。该法第 109 条规定："人民法院对必须到庭的被告，经两次传票传唤，无正当理由拒不到庭的，可以拘传。"最高人民法院 2015 年公布的《民诉法解释》174 条除第 1 款将"必须到庭的被告"解释为"负有赡养、抚育、扶养义务

① 参见赵钢、占善、刘学在：《民事诉讼法》，武汉大学出版社 2015 年版，第 220 页。

② 参见叶向东：《完善拘传立法的修改意见》，载《法治论丛》1993 年第 2 期。

③ 参见张永泉、徐侃、胡浩亮：《我国民事拘传制度的缺陷及其完善》，载《法律适用》2009 年第 9 期。

和不到庭就无法查清案情的被告"之外，并于第 2 款规定，不到庭就无法查清案件事实的原告也可适用拘传。由此可知，在我国民事诉讼中，拘传制度只有在原、被告不到庭就无法查明案情且经两次传票传唤仍无正当理由不出庭时才可适用。并且根据民诉法的相关规定，拘传的适用程序非常严格，也即拘传必须由院长批准，并且应当将拘票直接送达被拘传人。在拘传前，应当向被拘传人说明拒不到庭的后果，经批评教育仍拒不到庭的方可拘传其到庭。

（二） 域外民事诉讼立法中有关拘传制度之规定

1. 美国

在美国民事诉讼中，传票一般用于传唤证人，若无正当理由不到庭可能被处以藐视法庭罪。美国《联邦民事诉讼规则》第 45 条（e）规定，任何人没有足够的理由而未服从于送达该人的传票，可能被视为对该传票发出法院的藐视。① 对于当事人无正当理由不出庭之规制，美国也未采取拘传当事人的做法。当原告不出庭时可能会遭受法院以没有推进案件为作非自愿的撤销案件之处理，非自愿撤销案件是被视为有关原告实体权利的，因此原告的请求权消灭并不能重新起诉。根据美国《联邦民事诉讼规则》第 55 条的规定，被告无正当理由不到庭会遭受缺席判决。也即被告收到起诉文书 20 天内没有作出回应的，原告可以向法院寻求缺席登记。被告仍然没有出现的，原告即可申请缺席判决。即使是实体事项存有争议，但如果案件的耽误对原告造成了伤害，法院即倾向进行缺席判决，遭受缺席判决的被告仍然可以向法院申请撤销之。②

2. 英国

同美国一样，英国的民事诉讼立法中也不存在拘传制度。英国《民事诉讼规则》第 34.10 条规定了强制证人出庭制度，且对拒不出庭的证人，法官可责令其承担因不出庭所产生的一切费用，证人故意不遵守强制出庭命令的，可能触发藐视法庭罪而被判处监禁。

---

① 参见 Fed. Civ. Proc. Rule45 （e）。

② 参见［美］理查德·D. 弗里尔：《美国民事诉讼法（上）》，张利、孙国平、赵艳敏译，商务印书馆 2013 年版，第 403~405 页。

如果被告没有对诉讼程序作回应，或无故不出庭，原告可以申请法院作缺席判决。

3. 德国

德国民事诉讼立法所规定的拘传制度主要用于证人和负有忍受勘验义务之当事人。德国《民事诉讼法》第 372 条之 1 第 2 款规定："有必要确定血统时，每个人都应受检查，无正当理由而再次拒绝检查时，可以直接予以强制，特别是为了检查，可以命令拘传。"此外，其第 380 条规定："经合法传唤而不到场的证人，可不经申请而命其负担因不到场而产生的费用。同时可处以违警罚款，不缴纳罚款时，对他科以拘留。如证人再次不到场，即再次给以违警制裁，也可以命令拘传证人，对此项裁定，可以提起抗告。"[1] 虽然德国《民事诉讼法》第 141 条第 1 款规定"为阐明案情有必要时，法院应命令当事人到场"，[2] 但是对于被命令出庭的当事人不出庭，则不适用拘传等违警制裁强制其到场，而是针对缺席的当事人作缺席判决，或将其之到庭作为间接证据，由法院依自由心证评价。因此，在德国的民事诉讼中，除了当事人根据其《民事诉讼法》第 141 条被法院命令到场外，既不存在应诉义务也不存在出庭义务。其《民事诉讼法》更没有设定手段直接强迫双方当事人出席。[3] 质言之，在德国虽设有拘传制度但并不适用于不出庭的当事人。

4. 日本

日本在其《法院组织法》中规定了违反诉讼秩序的强制措施，其中就包括拘传制度，但日本《民事诉讼法》对于无正当理由不出庭的被告没有拘传其到庭的规定。同德国一样，日本民事诉讼中的拘传制度主要适用于负有出庭义务的证人，日本《民事诉讼法》

---

① 谢怀栻：《德意志联邦共和国民事诉讼法》，中国法制出版社 2000 年版，第 92~94 页。

② 谢怀栻：《德意志联邦共和国民事诉讼法》，中国法制出版社 2000 年版，第 97 页。

③ 参见［德］奥特玛·尧厄尼希：《民事诉讼法》，周翠译，法律出版社 2003 年版，第 343 页。

第 194 条规定："对于无正当理由不出庭的证人，法院可以对其采取拘传措施。"在当事人无正当理由不接受寻问时，不适用拘传制度，但有可能遭受对方当事人所主张的寻问事项被法院视为真实之不利益。① 如果一方当事人在口头辩论期日缺席，则法官可将缺席一方所提出的诉状答辩书或其他记载事项视为口头陈述，进行缺席判决。

5. 我国台湾地区

同德国、日本一样，我国台湾地区民事诉讼中的拘传制度也只适用于证人，不适用于无正当理由不出庭的当事人。其"民事诉讼法"第 303 条规定"证人受合法之通知，无正当理由而不到场者，法院得以裁定处新台币三万元以下罚锾。证人已受前项裁定，经再次通知，仍不到场者，得再处新台币六万元以下罚锾，并得拘提之。拘提证人，准用刑事诉讼法关於拘提被告之规定；处证人罚锾之裁定，得为抗告；抗告中应停止执行。"同法第 576 条明确规定了对无正当理由不到庭的和当事人不得拘提。

（三）评析

比较我国及域外民事诉讼立法中关于拘传制度的规范，我们不难发现：

1. 在域外实行辩论主义的民事诉讼中，当事人不负有出庭义务，其《民事诉讼法》中均无对无正当理由不出庭的当事人进行拘传的规定；在当事人不出庭时，由法院作出缺席判决或通过法官的自由心证，对不出庭的当事人课以证据法上的不利益进行处理。因此，对无正当理由不出庭之当事人进行拘传乃是我国民事诉讼中独有的一项制度。

2. 对负有作证义务却无正当理由拒不到庭的证人进行拘传或制裁是国外的立法通例。在英美法系国家的民事诉讼中（诸如美国和英国）虽然没有拘传制度，但对不出庭的证人课以了更为严厉的制裁。在大陆法系国家或地区民事诉讼中，为了查明案情，均

① 参见［日］新堂幸司：《新民事诉讼法》，林剑锋译，法律出版社 2008 年版，第 435~446 页。

规定对无正当理由不到庭的证人可以拘传。而我国民事诉讼的拘传制度只适用于无正当理由不出庭之当事人而不适用于无正当理由不出庭的证人。

二、我国民事诉讼拘传制度之立法目的

拘传本是刑事诉讼法中的强制措施之一，具有极强的人身强制及制裁性质，为何要在保护私权利益，采处分权主义，辩论主义的民事诉讼中加以运用？根据笔者悬揣，我国民事诉讼法中采拘传被告到庭制度可能基于以下两点考虑：

第一，为了查明案情，推动诉讼顺利进行。我国的民事诉讼深受职权探知主义的影响，强调法院要查明事实，分清是非，并在此基础上作出裁判。在我国民事审判实务中，当案件存在着诸多难点、疑点，被告不到庭就无法查明案情时，部分法官怕错判而一定要等到被告到庭才作出判决。这样不可避免地导致诉讼的拖延故为了保障实体公正和诉讼的顺利进行，我国《民事诉讼法》将拘传作为对妨害民事诉讼的强制措施予以规定。

第二，出于社会影响和审判效果的考虑。《民诉法解释》规定负有赡养、扶养、抚育义务的被告也属于必须到庭的被告。其原因在于，这类案件的被告出庭应诉，不仅有利于案件及时解决，及时兑付原告生活费用，也有利于人民法院对被告进行说服教育，避免此类情况再次发生。[①] 司法解释制定者认为，在有关追索赡养、抚养、抚育费的案件中，只有拘传被告到庭当场对其进行劝说和教育，才能产生一定的教育意义，更好地保障原告的生活，同时由于赡养，扶养，抚育关涉社会道德和传统美德，若此类案件未妥当处理，可能会造成不良的社会影响，牵涉到公众敏感的神经。正是基此考虑，《民诉法解释》才将此类被告纳入"必须到庭的被告"之列，在其经两次传票传唤无正当理由不出庭时，可对其拘传。

————————

① 参见杜万华：《最高人民法院司法解释实务指南》，中国法制出版社2015年版，第300~301页。

三、我国民事诉讼拘传制度有违比例原则

在法治国家，比例原则是宪法位阶的一般法律原则，是形成法律秩序的根本准则，适用于所有的国家行为。① 因此，不仅仅是行政法，其他公法领域都应受比例原则的调整和约束，民事诉讼法也不例外。

通说认为，比例原则包括合适性原则、必要性原则及狭义之比例原则三个子原则。所谓合适性原则，是指法律或公权力措施之手段可以达到其想要达到的目的，或者该手段有助于目的的达成，若某一法律或公权力所采之措施无法达到其目的时，该法律或措施即不具备合适性；必要性原则亦被称为最少侵害原则，是指在有多个能达成目的的方法之中，应选择对人民最少侵害之方法；狭义的比例原则乃指，某一法律或措施，虽已符合合适性原则及必要性原则，但其所追求之目的与所使用之方法，不得不成比例，不能造成人民之过度负担。② 比例原则在涉及人民自由权方面，以最少侵害人权为宗旨，故在民事诉讼中，对涉及人身自由的拘传措施的设定更应符合比例原则的内在要求。笔者认为，如果我国民事诉讼中拘传制度的存在合理且必要，则应符合以下三个基本要求：一是适用拘传制度能够达到帮助法官查明案情之制度设计初衷；二是在多个可以推动诉讼顺利进行的手段中，拘传制度是侵害最小的手段；三是拘传制度的适用不会给法官和当事人造成过多的负担。然而，考察我国民事司法实践，拘传制度的适用已经远远背离了比例原则的上述基本要求。

（一）拘传制度不符合合适性原则

在我国的民事审判实践中，拘传制度在各地法院几乎都陷入了适用率极低和法官"不愿意适用、不敢适用、不必要适用"的尴

① 参见陈新民：《德国公法学基础理论（下）》，山东人民出版社2001年版，第375页。

② 参见姜世明：《民事程序法之发展与宪法原则》，台湾元照出版社2003年版，第21页。

尴尬境地。笔者在北大法宝裁判文书库中搜索全文中含有关键词"经两次传票传唤"的裁判文书共 135 份，其中属于原、被告经两次传票传唤的裁判文书共 116 份①，包括一审裁判文书 76 份，二审裁判文书 35 份，再审裁判文书 5 份。通过对这 116 份裁判文书的深入统计分析，笔者发现，这些案件中均存在原告或者被告经两次甚至多次传票传唤仍未出庭的现象，但仅仅只有一起案件中，受诉法院对无正当理由不出庭的被告适用了拘传制度，有部分案件甚至对无正当理由不出庭的被告发出了多次传票后也没有对其适用拘传制度。在上诉案件中，上诉人均以"原审被告是必须到庭的被告，原审法院经传票传唤后，未对被告拘传而缺席判决属于程序违法。"为上诉理由之一，但从裁判文书中看，几乎所有的二审法院都以"原审被告不属于必须到庭的被告，原审法院缺席判决程序合法为由"驳回了上诉人的这一上诉请求，在这些案件中，针对经两次传票传唤仍不出庭的原、被告的具体处理方式如下：

表1 针对经两次传票传唤仍不出庭的当事人的案件处理方式

	处理方式	案件数量（件）	适用率
原告经两次传票传唤仍无正当理由不出庭	裁定按撤诉处理	13	11.2%
	另行开庭审理	1	0.86%
	拘传	1	0.86%
	裁定按撤回上诉处理	6	5.1%
	裁定撤回再审申请	1	0.86%
被告经两次传票传唤仍无正当理由不出庭	缺席判决	61	52.6%
	驳回上诉，维持原判	29	25%
	裁定驳回再审申请	4	3.4%
	总计	116	100%

---

① 参见北大法宝网 http：//www.pkulaw.cn/Case/2018 年 4 月 10 日登录。

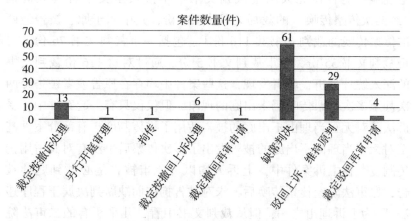

图 1 针对经两次传票传唤仍不出庭的当事人的案件处理方式

也有法官曾提到其"在基层法院从事民事审判 14 年，只在 2002 年实施过 1 次拘传，而且被告拘传到庭后，除了提出回避申请外一言不发"。① 这也印证了笔者根据裁判文书分析所得的结论，即在审判实践中，对无正当理由不出庭的当事人适用拘传的情况几乎是微乎其微。事实上，对故意不出庭的原、被告而言，即使将其拘传到庭，不仅不会促进案情的查明，而且由于其强烈的抵触情绪，导致其不仅不配合法官的审理工作，在法庭上一言不发，甚至在法庭上闹事给法官造成更多的麻烦。也正是基于这些顾虑，司法实务中，法官们基本上不愿适用拘传。毋庸讳言，拘传制度的存在并不能有效实现立法者所期待的推进诉讼顺利进行，帮助法官查明案情的目的。

另外，《民诉法解释》认为拘传负有赡养、扶养、抚育义务的被告到庭，能起到良好的教育效果，更好地保障原告的生活，然而，笔者所搜到的这 116 份裁判文书中国，其中涉及离婚纠纷、赡养纠纷、抚养纠纷、探望权纠纷、侵犯健康权、人格权等人身性质

---

① 高德玲：《被告拒不到庭的效率桎梏之破解——以取消民事诉讼拘传制度为切入点》，载《山东审判》2003 年第 1 期。

的纠纷共 38 件。然而，在这 38 起案件中，没有一件案件的受诉法院对不到庭的被告适用了拘传。道理不言自明，在赡养、扶养、抚育纠纷这类案件中的被告，大多都属于本来就不愿意到庭的情形，法院强制将他们拘传到庭，不仅会让他们觉得颜面尽失，还容易激起他们的不满和叛逆情绪，更加不利于纠纷的解决和原告的保障。因此，通过拘传被告到庭实现纠纷妥当的解决仅仅为立法者的良好期许。

（二）拘传制度不符合必要性原则

如前所述，法律规定拘传制度的目的在于强制必须到庭的当事人到庭就案情进行陈述，以便法官查明案情。然而根据我国现行《民事诉讼法》的规定，拘传仅仅只是强制当事人到庭的一种手段，受诉法院并不能因拘传而使当事人在纠纷解决中承受不利益，依然要依据其查明的事实作出裁判。实践中，法院送达传票时或许还能直接送达至当事人。但在实施拘传时，被拘传的当事人就常故意躲避法院的拘传，并不会因为拘传之规制而自觉出庭。因此，拘传制度不仅不能有效震慑和约束不出庭的当事人，还会造成诉讼的拖延。

事实上，从强制当事人到庭实现查明事实这一目的而言，拘传并非最佳手段，直接课不到庭的当事人以证据法上的不利益以规制其不到庭远较拘传为优。

作为案件的亲历者，当事人对事实真相所做的陈述无疑对法官查明事实具有重要的作用。从性质上讲，当事人就案件事实所做的陈述与证人证言均属言词证据，故证人出庭作证的义务可类推适用于作为证据方法的当事人。即当事人出庭为事实的陈述以协助法官查明案情乃其应尽的公法义务。据此笔者认为，我们可借鉴域外立法通例，在当事人违背出庭作证的义务时课以其证据法上的不利益，由受诉法院考虑全部案情，判断是否可以直接认定对方所主张的事实为真实。此种不利益很有可能会使得不出庭之当事人承担败诉的结果，这对当事人来说无疑是最直接、最有效的制裁方式。基于此规则，可以想见的是，若当事人不愿承担败诉风险，定会积极出庭协助受诉法院查明案件事实从而推动诉讼的顺利进行。因之,相比于拘传,课不到庭当事人以证据法上的不利益更为妥适。

(三) 拘传制度不符合狭义比例原则

从拘传的适用本身来讲,"送达难"将是法官直接面临的难题。在司法实务中,许多被告根本找不到人,导致诉讼文书和传票无法送达,由于适用拘传制度的前提是要对当事人两次传票传唤,故法院须耗费大量的时间在传票的送达和寻找被传唤的当事人上,且每传唤一次当事人,就要重新确定一次开庭审理时间导致诉讼拖延。在 2013 年河南省山阳区人民法院所审理的"王某诉王某×赡养纠纷案"① 中,该法院于 4 月 10 日作出受理决定,于 4 月 15 日向原告送达开庭传票,因被告无正当理由不出庭,该法院分别于 5 月 2 日、6 月 18 日、7 月 2 日向被告送达了三次传票,最终于 7 月 29 日才开庭审理法院,使得案件足足推迟了三个多月才进入审理阶段。由此可见,拘传制度不仅易造成诉讼拖延还增加了对方当事人的讼累。此外,拘传制度的启动还需经院长批准,手续繁琐,对于讲求快速结案的法院来说也是一种负担。

显而易见的是,拘传制度的适用对当事人及法院均造成了许多不必要的负担,显然不符合比例原则中的狭义原则。

四、对《民诉法解释》第 174 条规定之评析

2015 年《民事法解释》第 174 条第 2 款规定:"人民法院对必须到庭才能查清案件基本事实的原告,经两次传票传唤,无正当理由拒不到庭的,可以拘传。"《民诉法解释》之所以突破现行《民事诉讼法》,将拘传对象扩大至原告乃是考虑到有些案件需要原告到庭才能查清案件基本事实,实践中也存在着当事人恶意诉讼或者冒充他人提起诉讼的原告以不出庭按撤诉处理的方式逃避法院的追究,在这种情况下,如果按照撤诉处理的话,会损害国家、社会公

---

① 参见北大法宝 http://www.pkulaw.cn/case/pfnl_1970324839034075.html? keywords=%E6%8B%98%E4%BC%A0&match=Fuzzy,2016 年 4 月 12 日登录。

共利益或者是他人的合法权益，故需要拘传原告到庭。① 不过，笔者认为，无论是依诉讼法理，还是从合目的性上讲，规定对原告可以适用拘传都是不妥当的。

（一）对原告可以拘传之规定违背了法律保留原则

德国学者奥托·迈耶曾指出法律保留是法治的构成部分之一。可见在一个法治国家，法律保留应是贯穿于该国基本法和部门法的基本原则。法律保留原则可分为宪法意义上的法律保留和行政法意义上的法律保留，宪法意义上的法律保留是指，在国家法秩序的范围内，有些事项是专属于立法者规定的事项，而不能任由其他机构代为规范。行政法意义的法律保留，系指任何行政处分（行为）追根究底皆须有法律之授权基础。② 一言以蔽之，法律保留原则是指某些特定事项只能由立法机构通过法律或法律的授权加以规制，不允许其他任何机构通过法律以外的形式规范，并且行政机关在行使行政权时，必须依据法律的规定，没有法律就没有处罚。在我国，法律保留原则也是宪法位阶的一项基本原则，我国《宪法》中虽然没有明确规定法律保留原则，但在"公民的基本权利和义务"一章中，有不少条文均出现了"禁止非法"，"依照法律规定"的字眼，这正是法律保留原则在宪法中的体现。我国《立法法》明确规定行使国家立法权的机关是全国人民代表大会和全国人民代表大会常务委员会，即只有全国人大及其常委会才能制定法律。《立法法》第8条明确列举了只能由法律规定的事项，其中就包括对公民政治权利的剥夺、限制人身自由的强制措施和处罚。同法第9条进一步规定有关公民政治权利的剥夺和限制人身自由的强制措施和处罚的事项不能授权国务院立法。由此可见，法律保留原则是指导我国立法工作的重要基本原则。

如果对我国现行《民事诉讼法》关于拘传制度的规定与《民诉法解释》中的相关解释作一番比较即可发现，由于《民事诉讼

---

① 参见沈德咏：《最高人民法院民事诉讼法司法解释理解与适用（上）》，人民法院出版社2015年版，第497页。

② 参见陈新民：《行政法总论》，著者自刊1994年版，第52~53页。

法》第109条仅规定了对必须到庭的被告可以适用拘传，而《民诉法解释》第174条创设性地规定对必须到庭的原告也可以拘传，明显与宪法意义上的法律保留原则相背离，也与《立法法》的规定相冲突。理由很简单，拘传制度属于《立法法》中所规定的限制人身自由的强制措施一类，这是由法律绝对保留，不能由任何其他机构所规制的事项。因此，拘传制度能且只能由全国人大及其常委会制定法律予以规定，而《民诉法解释》是最高人民法院依据法律的授权对《民事诉讼法》在审判过程中具体的法律适用问题作的进一步明确的阐释或补充，其性质属于法律解释而非法律。《民诉法解释》第174条第2款创设性的规定对原告可以适用拘传显然有违法律保留原则自不必多言。

（二）规定对原告可以拘传来防止其经由撤诉逃避法律追究缺乏合目的性

我国现行《民事诉讼法》第145条第1款规定："宣判前，原告申请撤诉的，是否准许，由人民法院裁定。"即原告的撤诉行为须经法院裁定准许后才产生撤诉效果，这为了避免原告恶意诉讼侵害国家利益、社会公共利益或第三人利益。然而，同法第143条却规定"原告经传票传唤，无正当理由拒不到庭的，或者未经许可中途退庭的，可以按撤诉处理；被告反诉的，可以缺席判决"。第144条规定："被告经传票传唤，无正当理由拒不到庭的，或者未经法庭许可中途退庭的，可以缺席判决。"正是由于立法对原、被告无正当理由不出庭作区分处理的规定，造成了某些原告恶意利用"原告无正当理由不出庭按撤诉处理"的法律漏洞，故意不出庭以达到撤诉的目的。《民诉法解释》特意将拘传的适用对象扩大至原告，除考虑希望原告到庭协助法院查明事实之外，还有另外一个考虑就是防止这些恶意诉讼的原告借撤诉逃避法院的追究而损害社会公共利益和他人的利益。表面上看，依此目的而拘传原告到庭有其合理性，但实则具有本末倒置之嫌。道理很简单，正是因为原告无正当理由不出庭按撤诉处理这一规定，才给了恶意诉讼或欲撤诉的原告可乘之机。纵观德国、日本及我国台湾地区的民事诉讼立法，其均未对原、被告不出庭作区别对待。原、被告任何一方无正当理由不出庭均适用缺席判决或一造辩论判决。因此，防止原告借撤诉逃避法院追究，维护国家利益、社会共利益和他人利益的根本之途径在于要废除《民事诉讼法》中"原告无正当理由不出庭按撤诉处理"之规定，规定原告无正当理由不出庭也可以缺席判决，不仅符合同一行为同样处理之平等原则，也能从根本上规制原告藉不出庭以逃避法律制裁之目的。

五、结语

综上所述，笔者认为，我国现行《民事诉讼法》及《民诉法解释》所规定的拘传不仅难以实现其立法目的，还明显违背了比例原则和法律保留原则。笔者认为，完善缺席判决制度，课以不出庭之当事人证据法上的不利益乃是激励当事人出庭、防止恶意诉讼的原告借撤诉逃避法律的追究、推动诉讼顺利进行的最根本、最有效的手段，我国《民事诉讼法》进一步修改时应废除拘传制度。